DAS ULTIMATIVE ÜBERLEBENS-HANDBUCH

OUTDOOR

DAS ULTIMATIVE ÜBERLEBENS-HANDBUCH

OUTDOOR

SAUERLÄNDER

INHALT

WANDERN

Wandern ist *der* Outdoorsport schlechthin – und gleichzeitig die für uns Menschen natürlichste Fortbewegungsart. Es ist für den Kopf ebenso gesund wie für den Körper. Außerdem kannst du viele wunderschöne Landschaften nur zu Fuß erkunden.

Rucksäcke

Für alle längeren Wanderungen brauchst du einen bequem zu tragenden Rucksack.

Rucksack mit innerem Gestell
So sehen die meisten heute verkauften Rücksäcke aus, weil sie viel Bewegungsfreiheit lassen. Normalerweise sind sie um zwei senkrechte Aluminiumstäbe und ein starres Plastikschild herum konstruiert.

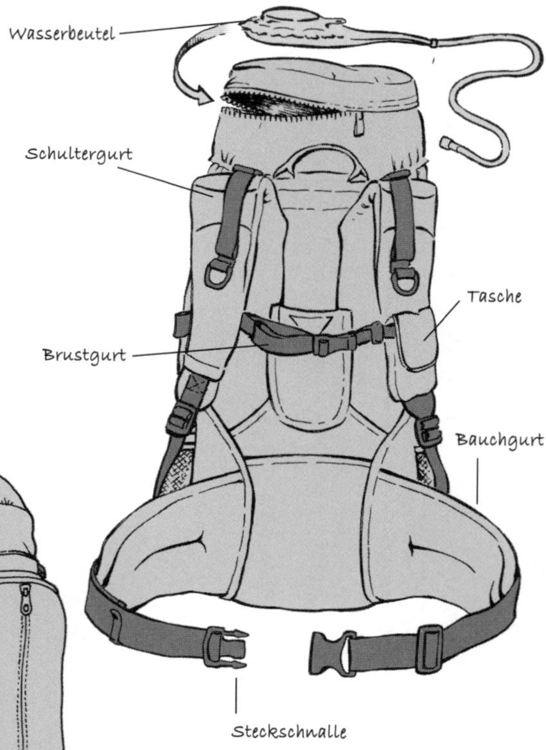

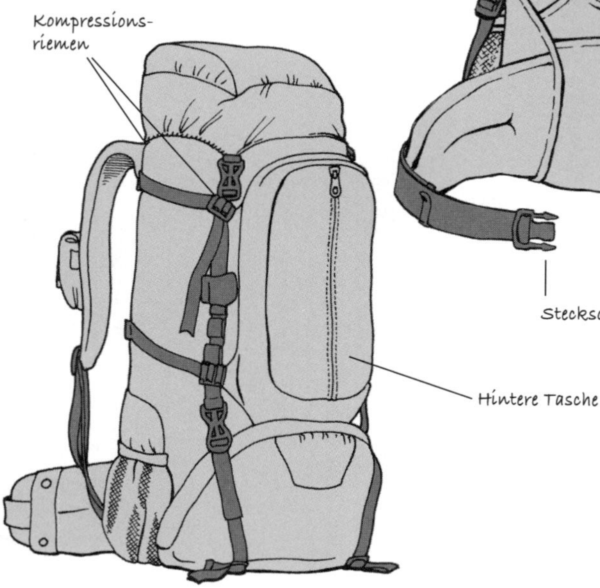

Tagesrucksack Für Wanderungen oder eine Tagestour reicht der kleine Rucksack.

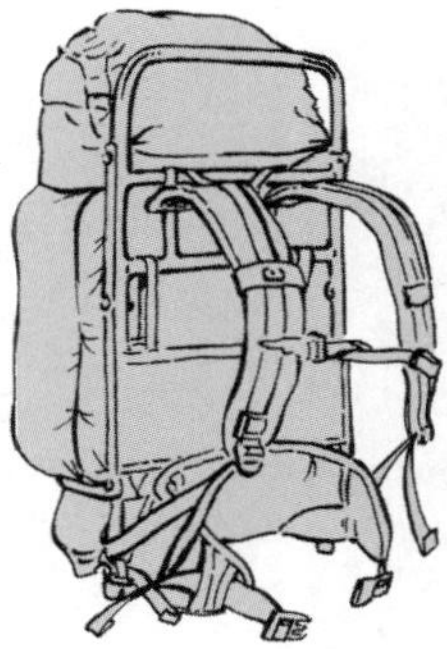

Gestellrucksack Gut für Reisen, für Wanderungen aber zu sperrig.

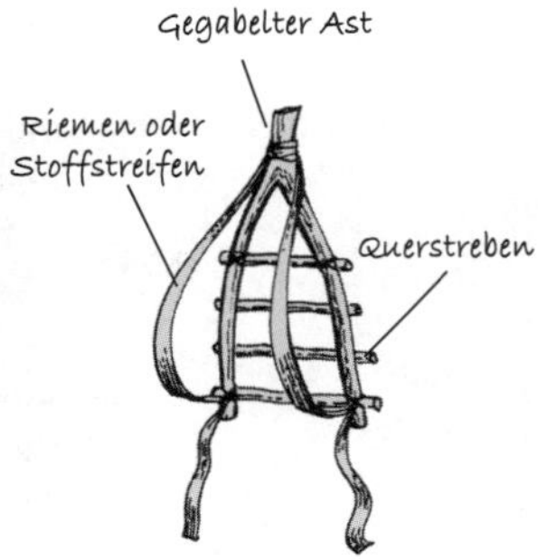

Not-Rucksack Befestige dein Gepäck an diesem improvisierten Tragegestell.

HUFEISEN-RUCKSACK SELBERBAUEN

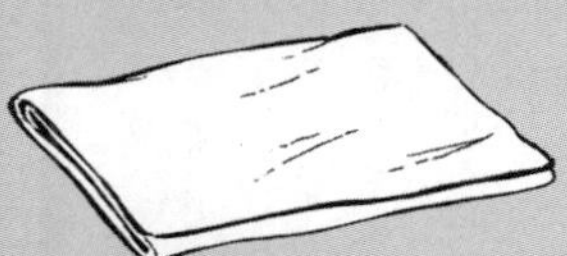

1 Breite einen Poncho, eine Decke oder Plane auf dem Boden aus.

2 Lege auf das eine Ende, was du mitnehmen willst.

3 Lege den Rand über deine Sachen, rolle sie ein und rolle weiter, bis du am anderen Ende angekommen bist.

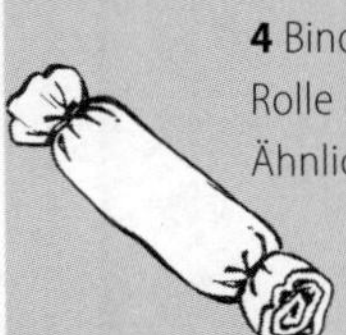

4 Binde die Enden der Rolle mit Schnur oder Ähnlichem zusammen.

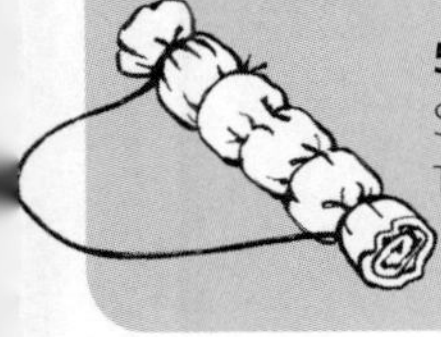

5 Verschnüre die Rolle an weiteren Stellen und befestige an ihr ein Trageband.

6 Jetzt kann es losgehen!

PACKEN

Das Gewicht verteilen Auch ein optimal angepasster, hochmoderner Rucksack wird schnell unbequem, wenn er nicht richtig gepackt ist. Ein paar einfache Regeln helfen dir, dich unterwegs auch mit Gepäck wohlzufühlen.

Seitenansicht Packe die schwersten Sachen so, dass sie bei deinem Rücken und in Schulternähe sind.

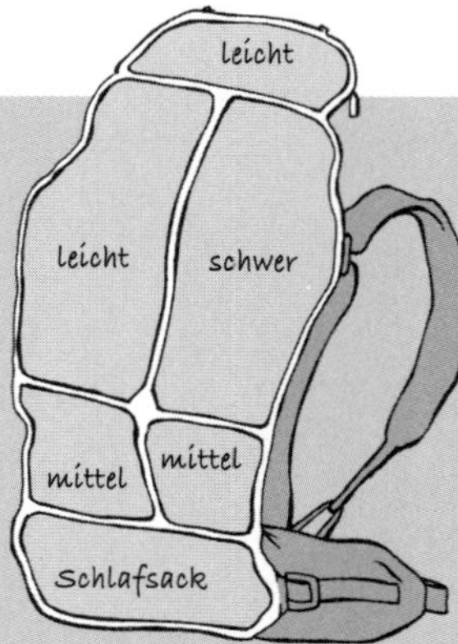

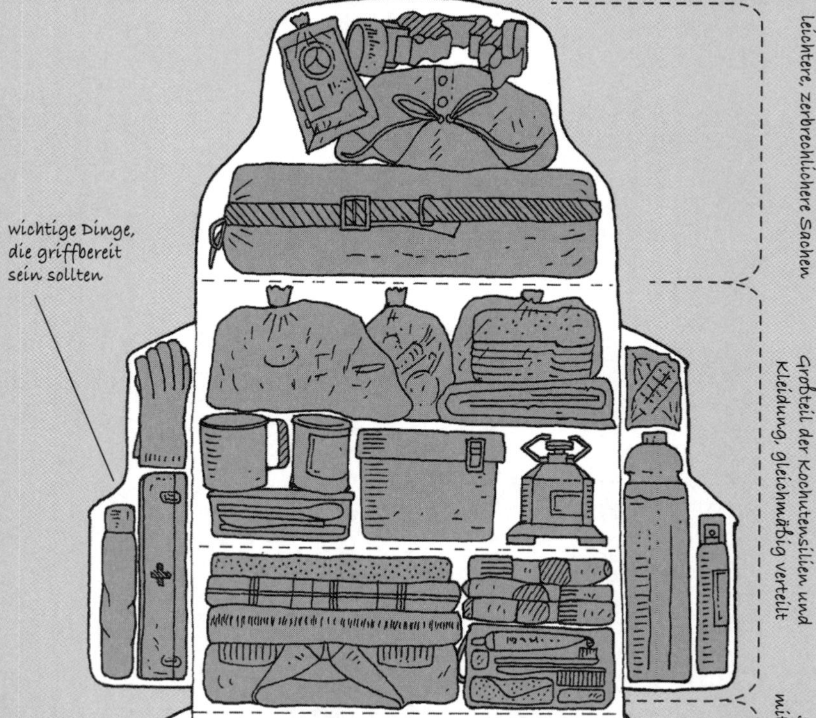

RIEMEN UND SCHNALLEN

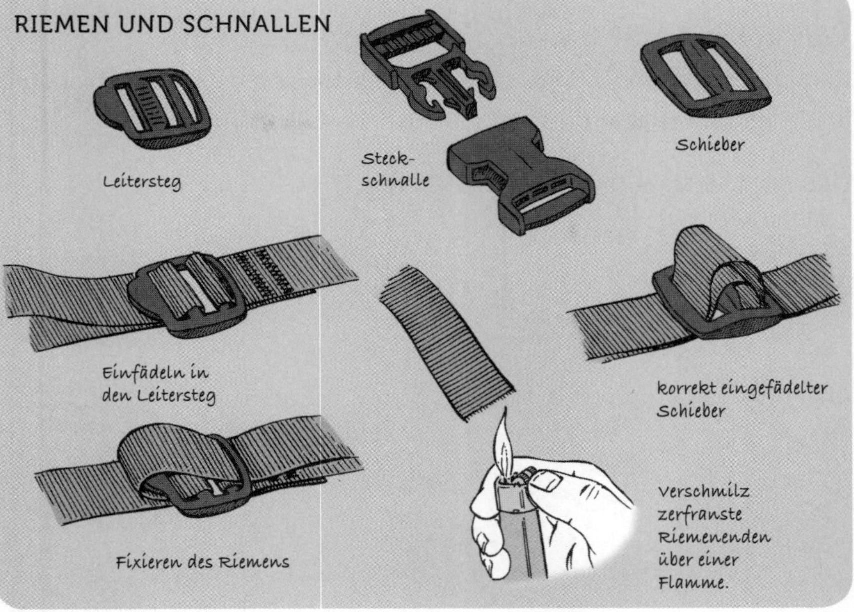

SO SCHULTERST DU EINEN RUCKSACK

1 Beuge bei geradem Rücken ein Knie und stelle den Rucksack auf dem Oberschenkel ab.

2 Gehe in die Knie und stecke einen Arm durch einen Schultergurt.

3 Stecke jetzt deinen anderen Arm durch den zweiten Schultergurt.

4 Schließe die Schnalle des Bauchgurts und stelle die Schultergurte richtig ein.

Ausrüstung

Was kommt mit? Was auf eine mehrtägige Wandertour mitgenommen wird, hängt teilweise auch von persönlichen Vorlieben ab. Einige Dinge aber dürfen auf gar keinen Fall fehlen.

DAS SOLLTE MAN DABEIHABEN

ÜBERLEBENSSET

Für den Notfall Es gibt einige kleine Dinge, die sich im Notfall als lebenswichtig erweisen können. Stelle ein Notfallset zusammen, das deinen Bedürfnissen entspricht, und nimm es auf all deine Touren mit.

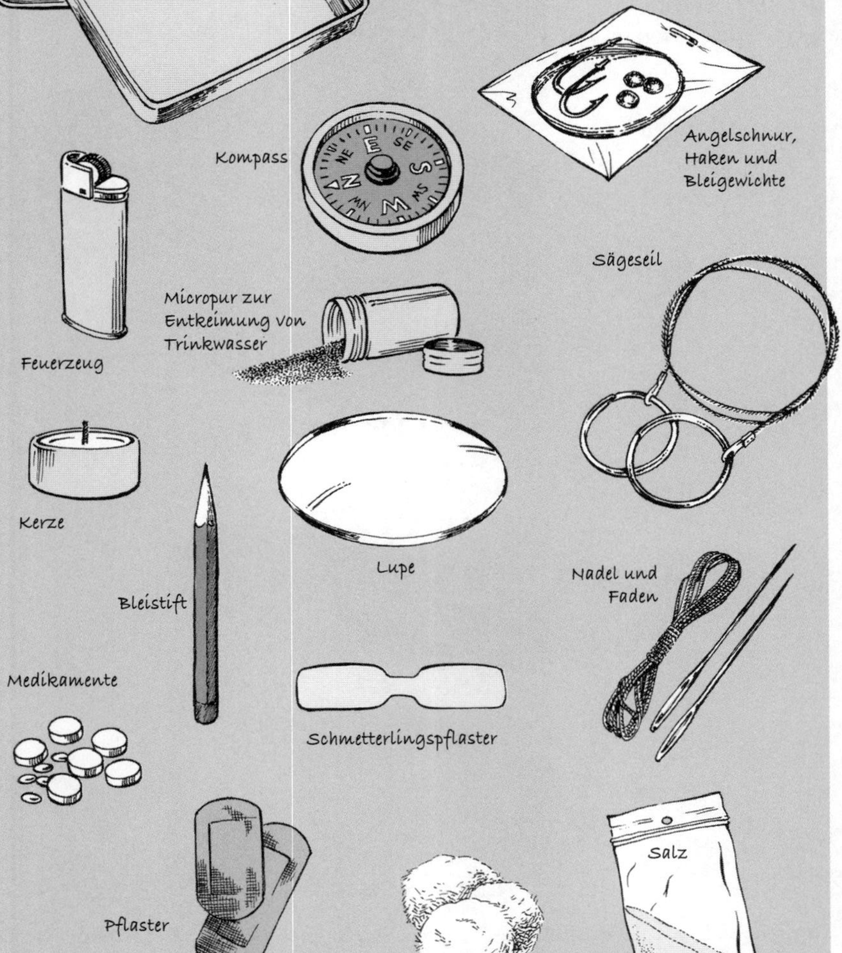

SCHUHE

Vorwärts mit festem Schritt Suche deine Wanderschuhe sorgfältig aus. Sie müssen zu deinen Füßen und der beabsichtigten Verwendung passen. Laufe neue Schuhe vor der ersten Wanderung gut ein.

AUFBAU EINES WANDERSCHUHS

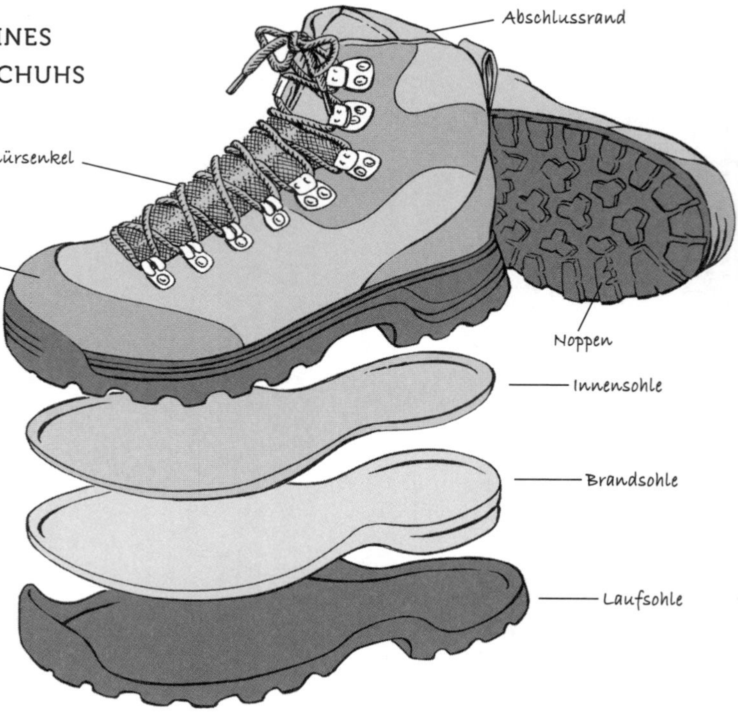

Turnschuhe Diese leichten Schuhe eignen sich für einfaches Gelände.

Bergstiefel Sie sind gut isoliert und geben Halt, sind für leichte Wanderungen aber zu klobig.

Dschungelboots aus Leinen und Gummi eignen sich für feucht-heißes Klima.

Desertboots Das Wildleder ist atmungsaktiv und schützt den Fuß gut vor dem heißen Sand.

SCHUHPFLEGE

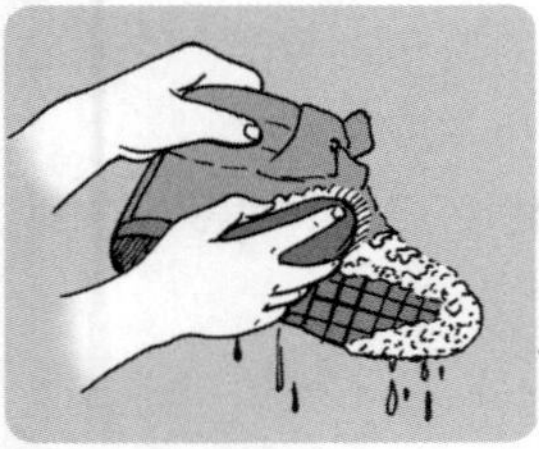

Waschen Wasche die Schuhe mit Seifenwasser und einer weichen Bürste ab.

Trocknen Lasse die Schuhe trocknen – aber nicht in der Sonne oder an einem Feuer.

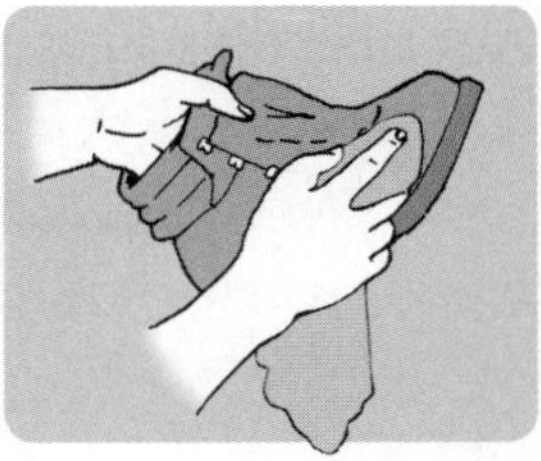

Pflege Creme das Leder ein und imprägniere die Schuhe anschließend.

WAS TUN BEI BLASEN?

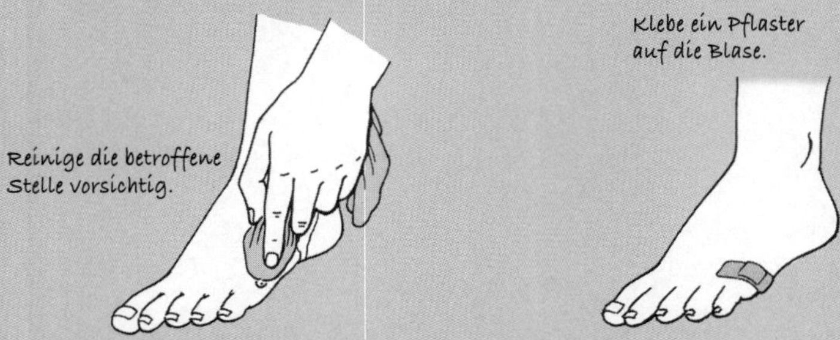

SOCKEN

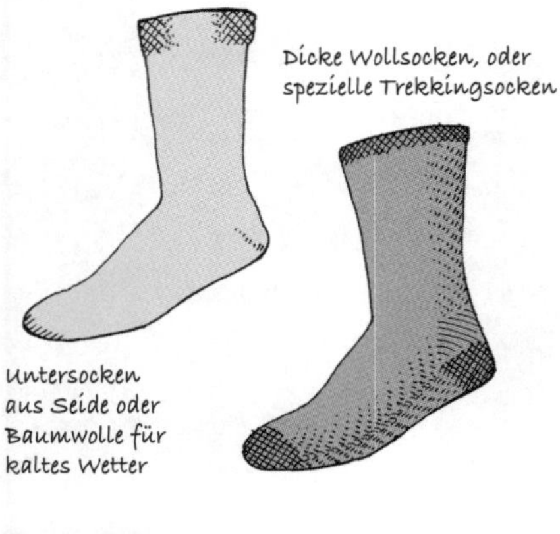

WANDERSTÖCKE

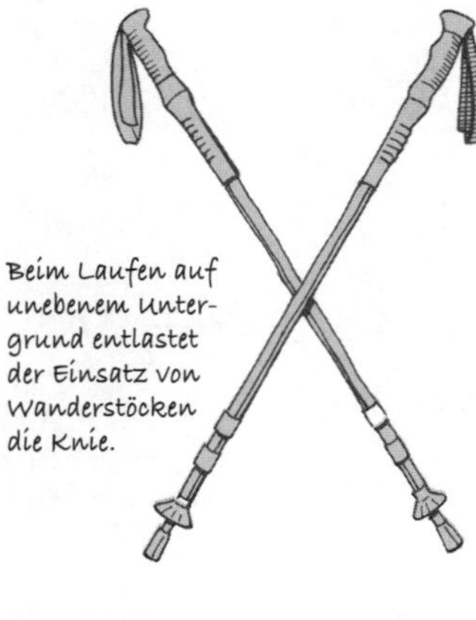

Gehen am Hang

Auf und ab Das Wandern in hügeligem oder bergigem Gelände fördert die Fitness. Außerdem sind oft gerade diese Landschaften besonders schön. Wenn du es richtig machst, kannst du den ganzen Tag bergauf und bergab gehen, ohne müde zu werden.

BERGAUF GEHEN

Kleine Schritte Mach beim Bergaufgehen kleinere Schritte als sonst. Schau ein Stück weiter auf den Boden, um die beste Route zu finden.

Zickzack Steile Hänge lassen sich im Zickzack leichter bewältigen. Zwar wird die Strecke dadurch länger, aber auch ein bisschen „flacher".

Handeinsatz Wenn es sehr steil wird, setze die Hände ein, um Halt an Felsen, Sträuchern oder Ästen zu finden.

BERGAB GEHEN

Fersen aufsetzen Halte beim Bergabgehen den Rücken gerade und verlagere das Gewicht beim Auftreten auf die Fersen.

Wanderstöcke Bergabgehen belastet verstärkt die Beine und besonders die Knie. Die Stöcke helfen, sie zu entlasten.

Machs dir leichter Gehe im Zick-zack oder in Serpentinen bergab. Das erleichtert es, ein gleichmäßiges Tempo beizubehalten.

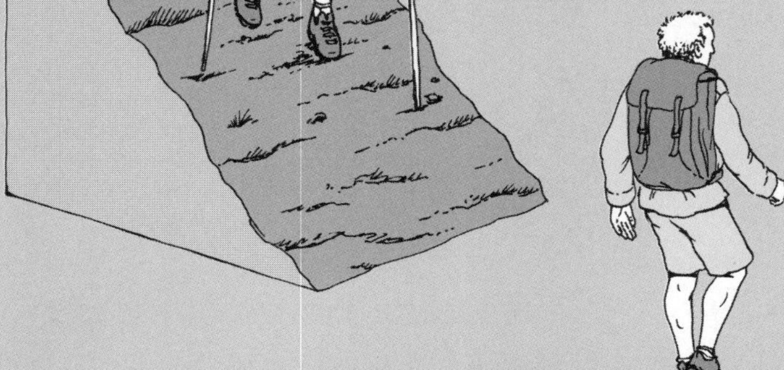

Flüsse überqueren

Wie kommt man hinüber? Wenn keine Brücke in der Nähe ist, kann ein Fluss zu einem unüberwindbaren Hindernis werden – wenn du nicht die richtigen Tricks kennst. Gehe beim Überqueren umsichtig und vorsichtig vor!

Waten Laufe beim Durchwaten eines Flusses immer gegen die Strömung. Mit einem stabilen Stock, auf den du dich auch stützen kannst, sondierst du vor jedem Schritt das Flussbett.

Mit der Strömung schwimmen
Beim Versuch, in gerader Linie rüberzuschwimmen, verschwendest du deine Kraft. Schwimme schräg zur Strömung!

Gruppenüberquerung
Auf diese Weise können drei Menschen eine sehr stabile Formation bilden. Beim Waten bewegt sich immer nur einer, die anderen stabilisieren ihn.

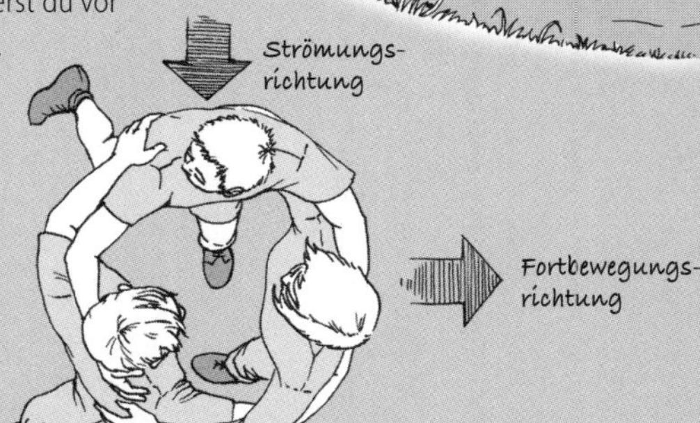

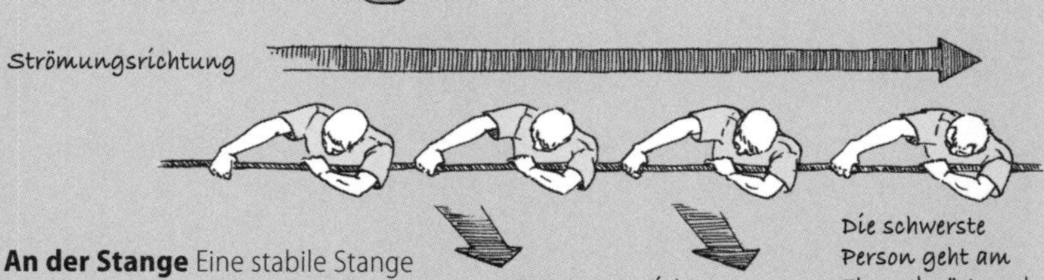

An der Stange Eine stabile Stange bietet einer watenden Gruppe Halt.

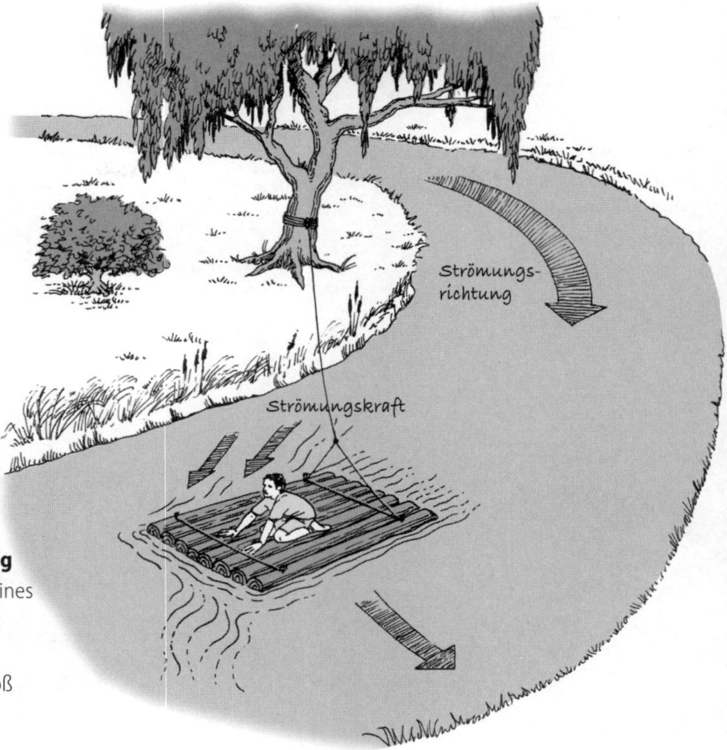

Pendelbewegung
In einer Biegung eines schnell fließenden Flusses wird ein angebundenes Floß zum anderen Ufer gespült.

Eisfloß Auch wenn es sehr kalt ist, bildet sich bei Flüssen das Eis oft nur an den Ufern. Wenn es dick genug ist, schneidest du mit Säge oder Axt ein Floß aus und benutzt es zur Überquerung.

BRÜCKE AUS EINEM SEIL

Erst mal rüber Wenn es für ihn ungefährlich ist, kann der beste Schwimmer an einer seichten Stelle über den Fluss schwimmen. Dort verankert er ein Ende des Seils.

Fest ziehen! Die übrigen Mitglieder der Gruppe machen in ihr Seil einen Laufknoten und spannen es straff.

SCHWIMMHILFEN

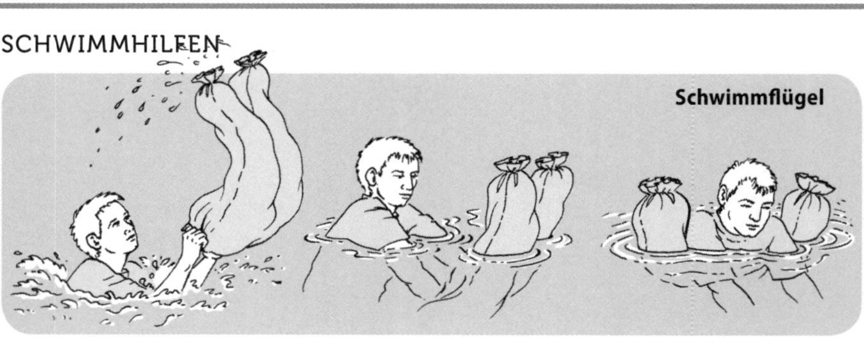

Schwimmflügel

1 Schwinge eine Hose mit unten zusammengebundenen Beinen nahe der Oberfläche durch die Luft.

2 Ziehe die Hose so unter Wasser, dass die Luft drin bleibt.

3 Vielleicht musst du die Hose zwischendurch wieder mit Luft füllen.

Mit Klettergurt Dies ist die beliebteste Methode. Du brauchst dafür Karabiner und einen Klettergurt.

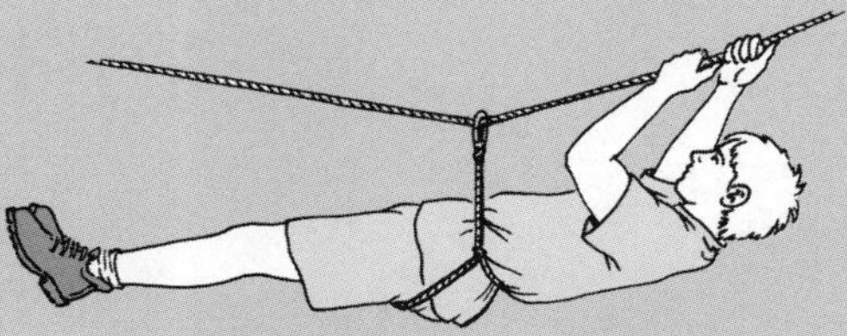

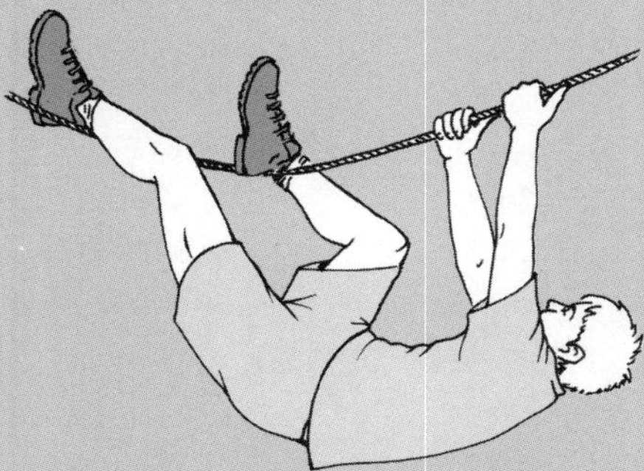

Wie ein Affe Mit Händen und über das Seil gekreuzten Fersen hängst du nach unten. Ziehe dich mit den Händen weiter, schiebe mit den Fersen nach.

Wie ein Soldat Dein rechter Fuß hängt über dem Seil, während du dich mit dem linken Bein ausbalancierst. Ziehe dich mit den Händen weiter, schiebe mit dem rechten Fuß nach.

Poncho-Floß

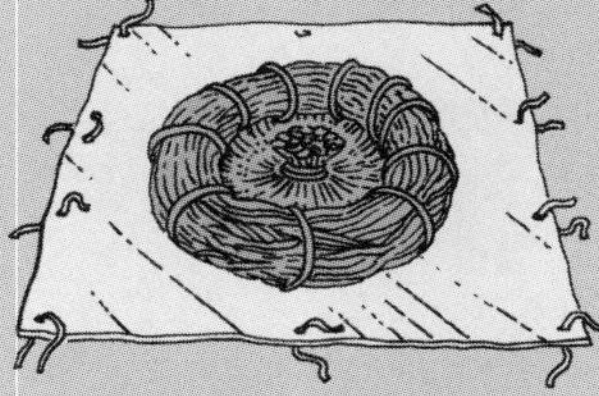

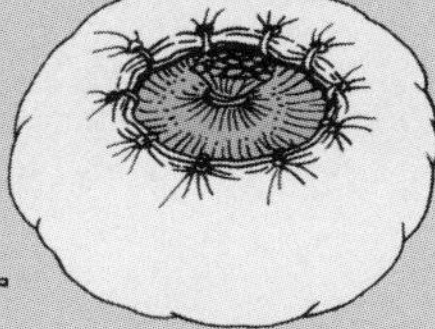

Luftmatratze Falls du kenterst, wirf den Rucksack ab!

1 Ziehe die Kapuze deines Regenponchos zu und forme darüber einen Ring aus Pflanzen.

2 Lege die Ränder auf den Ring und binde sie dort fest.

WEITERE SCHWIMMHILFEN

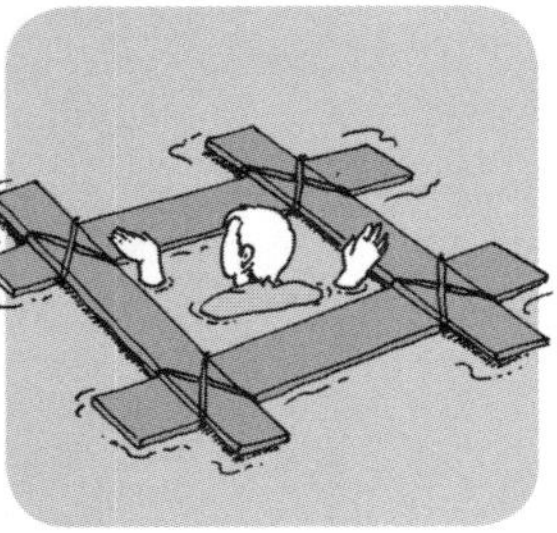

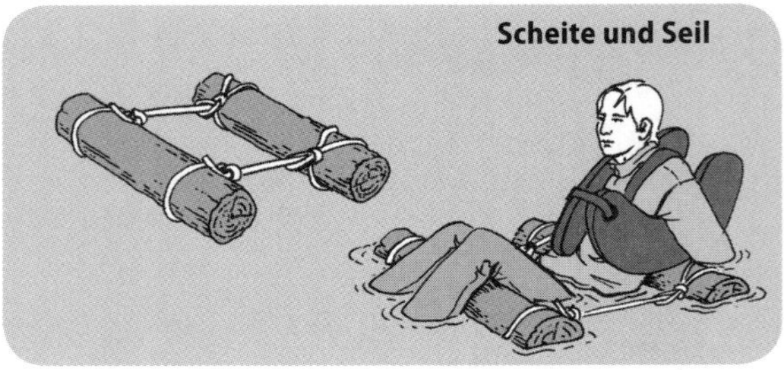

Bretter Vier mit Nägeln oder Schnüren verbundene Bretter ergeben ein sicheres Floß.

1 Verbinde zwei kurze, trockene Holzbalken mit Schnur.

2 Setze dich zwischen die Balken und paddle mit den Händen.

SO BAUST DU EIN PLANENFLOSS FÜR DEIN GEPÄCK

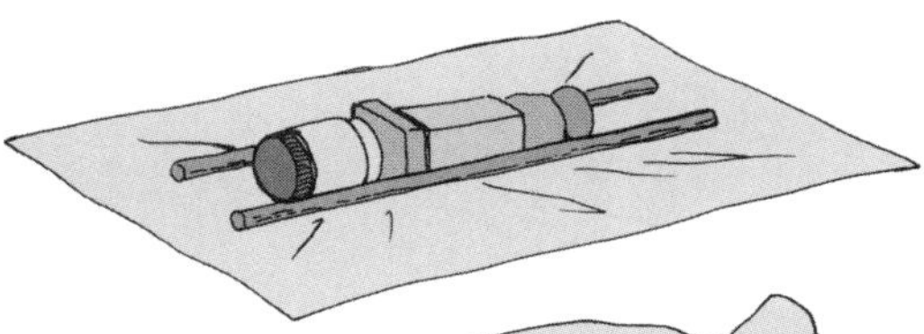

Lege deine Ausrüstung mitten auf die Plane.

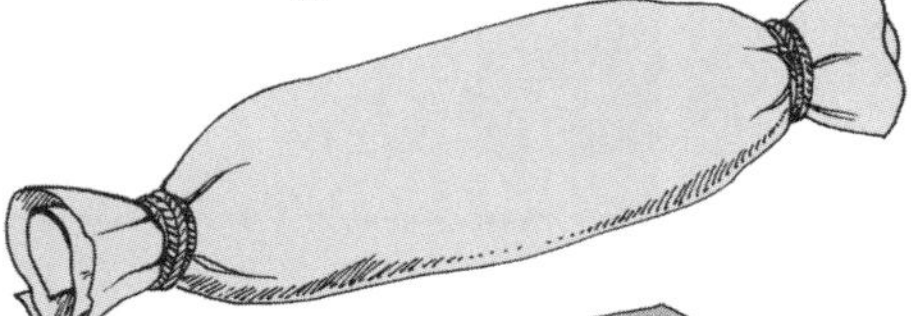

Verschnüre die Enden.

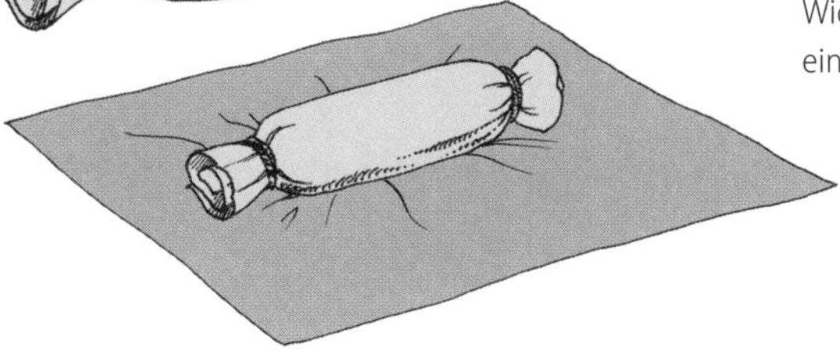

Wickle um die Rolle eine zweite Plane.

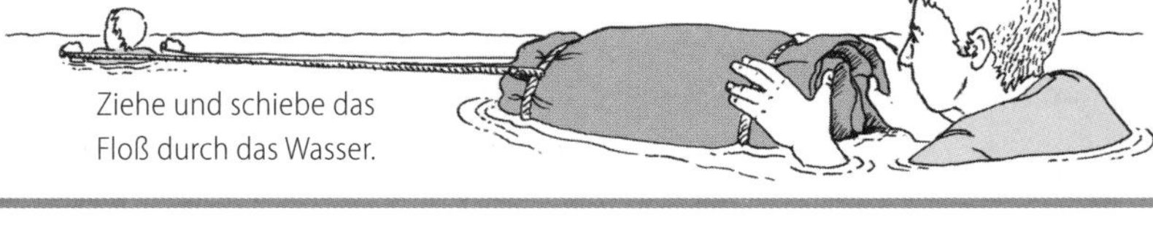

Ziehe und schiebe das Floß durch das Wasser.

SO BAUST DU EIN FLOSS

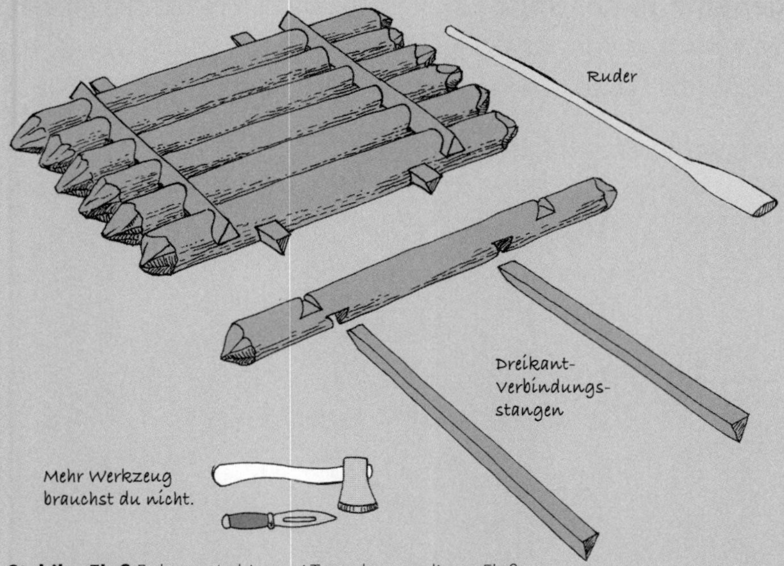

Stabiles Floß Es kann ein bis zwei Tage dauern, dieses Floß für zwei bis drei Personen zu bauen, aber draußen in der Wildnis kann es ein sehr nützliches Transportmittel sein.

Zu Wasser lassen Baue das Floß nahe am Wasser über zwei glatten Baumstämmen. Dann gleitet es ins Wasser, wenn du es hinten anhebst.

UNTERWEGS IM WINTER

Angenehm in der Kälte Eiskaltes Wetter heißt nicht, dass du drinnen bleiben musst. Mit der richtigen Kleidung und Ausrüstung werden sogar die frostigsten Landschaften zu deinem Winterwunderland.

OUTDOOR-WINTERKLEIDUNG

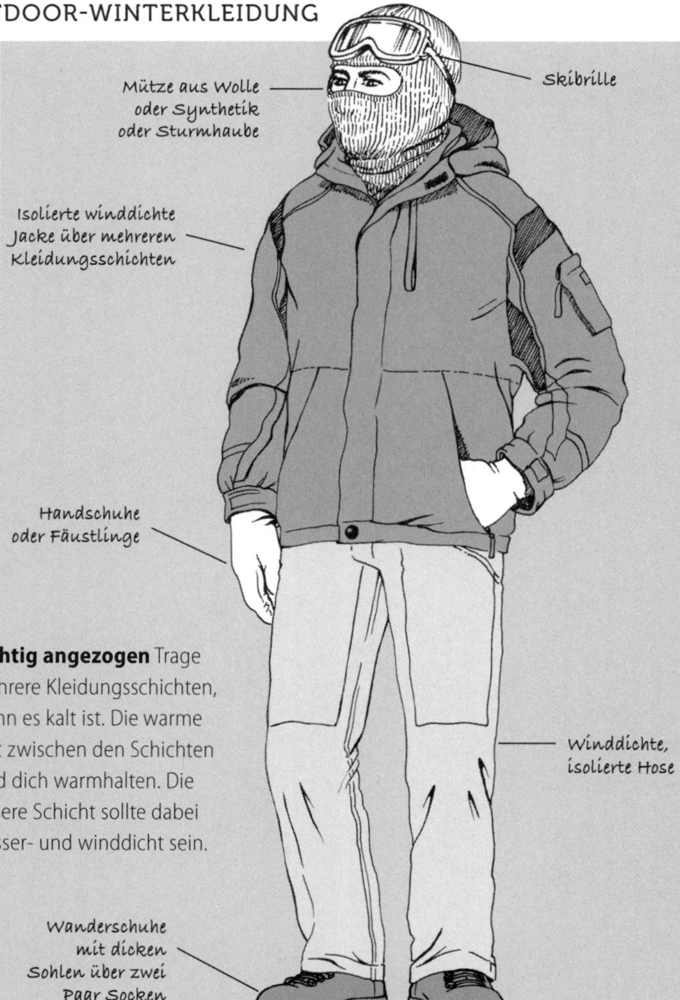

Richtig angezogen Trage mehrere Kleidungsschichten, wenn es kalt ist. Die warme Luft zwischen den Schichten wird dich warmhalten. Die äußere Schicht sollte dabei wasser- und winddicht sein.

WÄRMEVERLUST

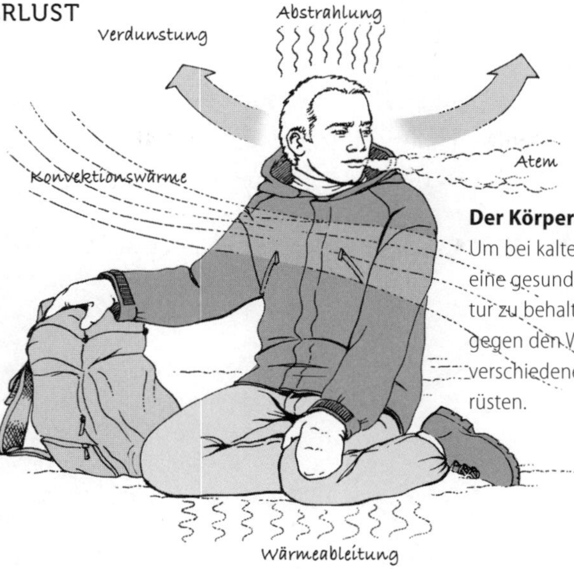

Der Körper und die Kälte
Um bei kalten Temperaturen eine gesunde Körpertemperatur zu behalten, musst du dich gegen den Wärmeverlust an verschiedenen Körperstellen rüsten.

Stoffe gegen Nässe
Damit es dir nicht kalt wird, musst du trocken bleiben. Ein ursprünglich wasserdichter Stoff ist Ölhaut – mit Leinöl eingeriebene Baumwolle.
Mit Polyurethan beschichtete Stoffe sind eine billigere und leichtere Alternative. Goretex® ist ein atmungsaktiver Stoff – er hält gegen Nässe dicht, während er Schweiß nach außen befördert.

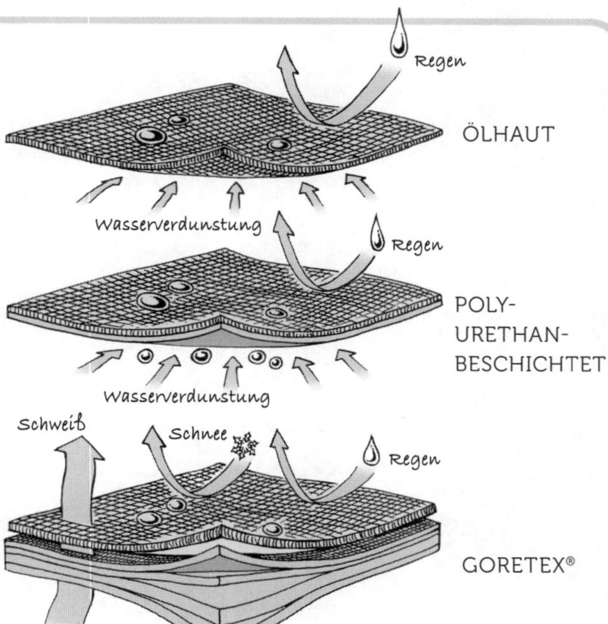

LAWINENGEFAHR

Weiß und tödlich Wenn du im Winter in den Bergen unterwegs bist, gib Acht vor Lawinen. Sie erreichen schnell Geschwindigkeiten von bis zu 130 km/h und reißen alles mit sich, was auf ihrem Weg liegt. Weltweit sterben jährlich ungefähr 150 Menschen durch Lawinen.

Lockerschneelawine Nur selten wirkt sie sich ebenso zerstörerisch wie eine Schneebrettlawine aus. Sie entsteht, wenn leichter, lockerer Schnee an einem Hang auf einer festen Unterlage aufliegt. Die oberste Schicht rutscht von einem Punkt aus ab. Oft kann man hinterher ein umgekehrtes V erkennen.

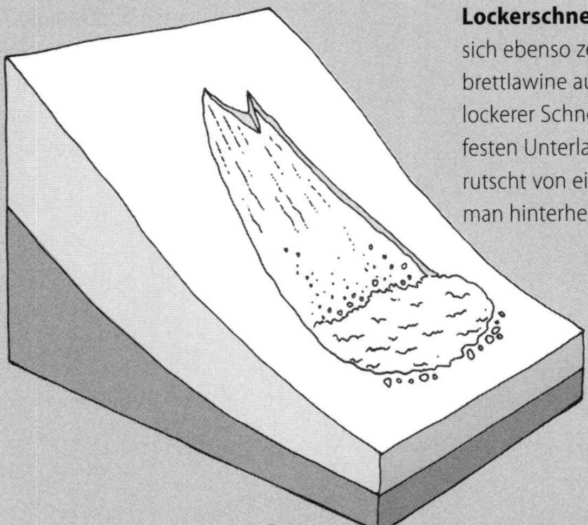

Schneebrettlawine Sie entsteht, wenn eine ganze, zusammenhängende Schicht Schnee, Schneebrett genannt, über weicherem Schnee nach unten rutscht. Dabei zerbricht das Schneebrett und setzt ungeheuer viel Energie frei. Ein Schneebrett kann einen Hektar groß und 10 Meter dick sein!

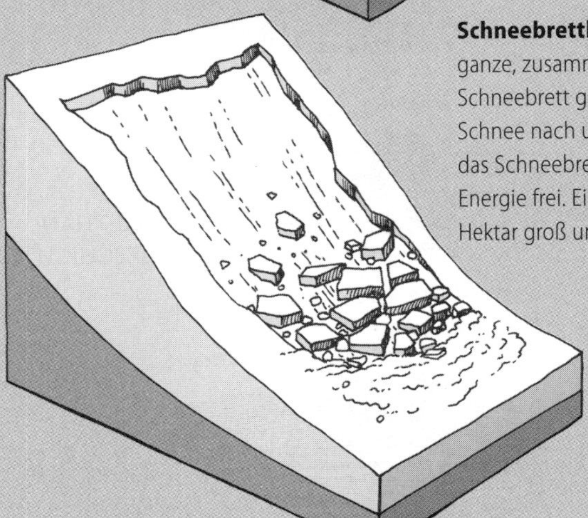

SCHICHTEN AM HANG

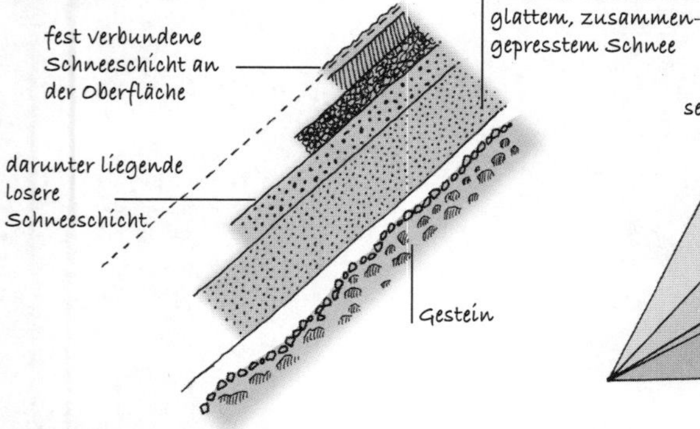

Konsistenz Eine feste Schneeplatte über einer losen Schicht, wird schnell zur Lawine.

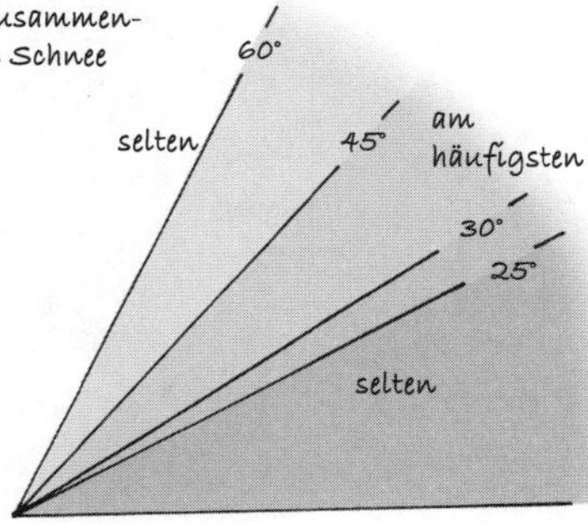

Steilheit Schneebrettlawinen entstehen meist an Hängen mit 30 bis 45 Prozent Neigung.

GEFÄHRLICHE STELLEN

Was liegt darunter? Sei an steilen Stellen vorsichtig, an denen sich Schnee ansammelt, wie an Wechten, konvexen Hängen und der windabgewandten Seite von Graten.

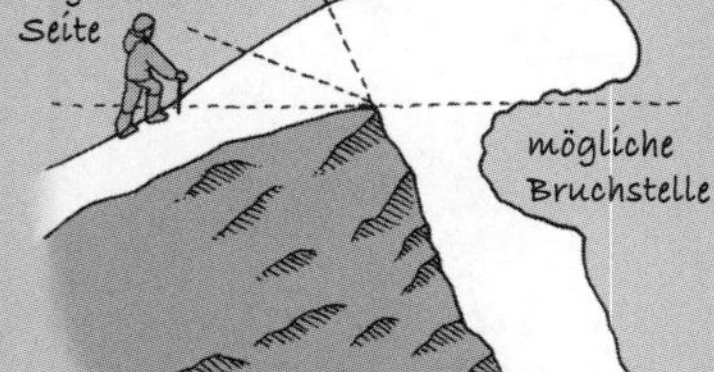

WECHTE

KONVEXER HANG

WINDABGEWANDTER HANG

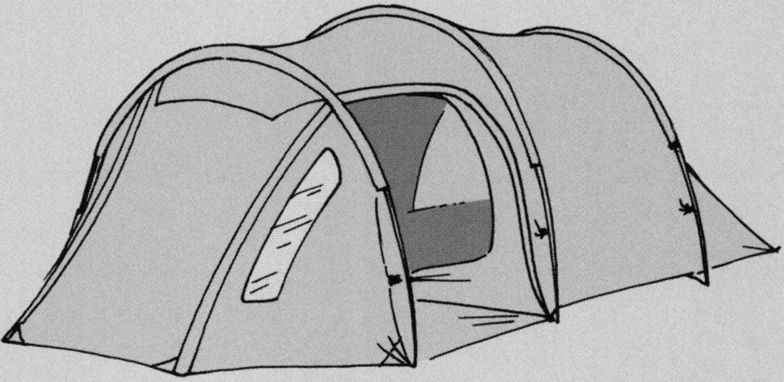

ZELTEN

Eine Nacht im Freien zu verbringen kann zum unvergesslichen Erlebnis werden – unvergesslich schön oder unvergesslich furchtbar. Zelten macht nur dann wirklich Spaß, wenn du die richtige Ausrüstung dabei hast und eine geeignete Stelle wählst.

Auswahl der Lagerstätte

Wo stellen wir es nur auf? Ein guter Zeltplatz sollte sicher, umweltschonend und bequem sein, damit das Campen auch wirklich Spaß macht.

DER IDEALE ZELTPLATZ

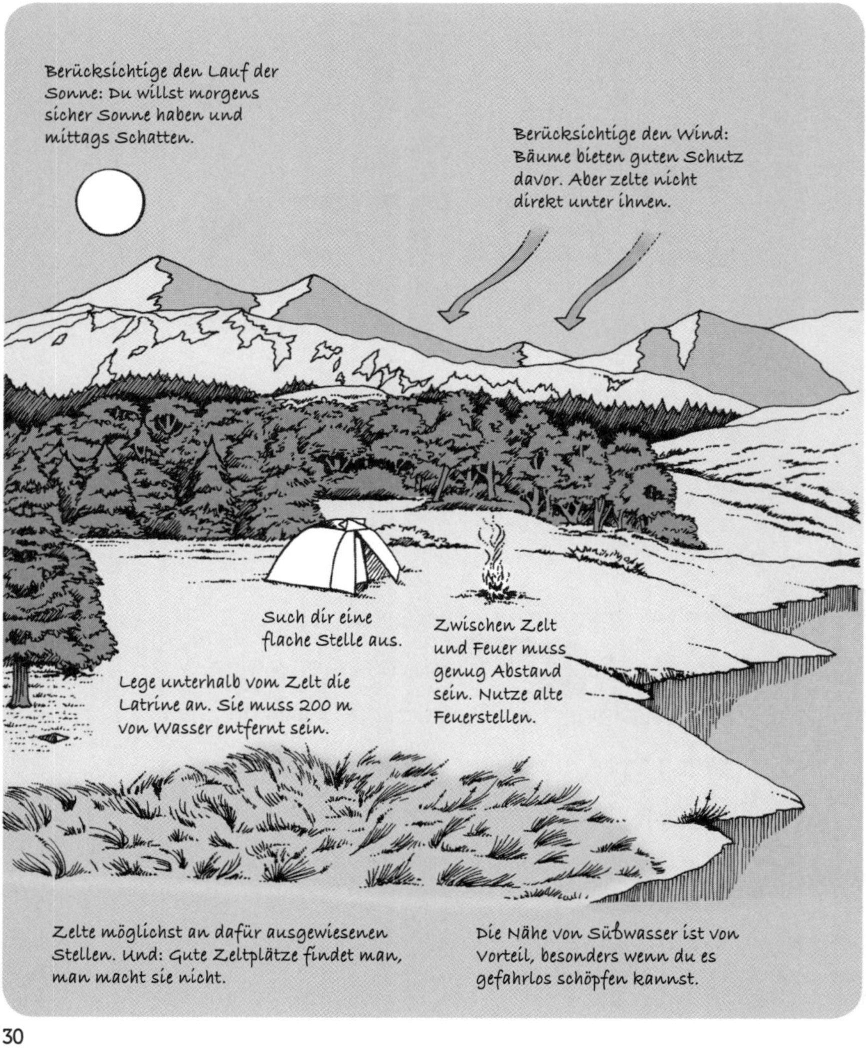

UNGEEIGNETE ZELTPLÄTZE

Überschwemmungsgefahr Sturzbäche und Schwemmebenen können bei Regen gefährlich werden – auch wenn es nur in der Ferne regnet.

Unter einem Baum Sogar gesund aussehende Äste können plötzlich herabfallen. Zelte nie direkt unter dicken Ästen.

Unter einer Felswand Zelte nie unter einer Klippe oder steilen Wand – besonders dann nicht, wenn viel Geröll herumliegt.

Lawinengefahr Halte dich während und nach Schneefällen von steilen Hängen fern. Dort können Lawinen abgehen.

Zelte

Ein Zuhause in der Wildnis Ein gutes Zelt bietet Zuflucht vor Wind, Kälte und heißer Sonne. Suche dein Zelt sorgfältig aus, und du hast lange Freude daran.

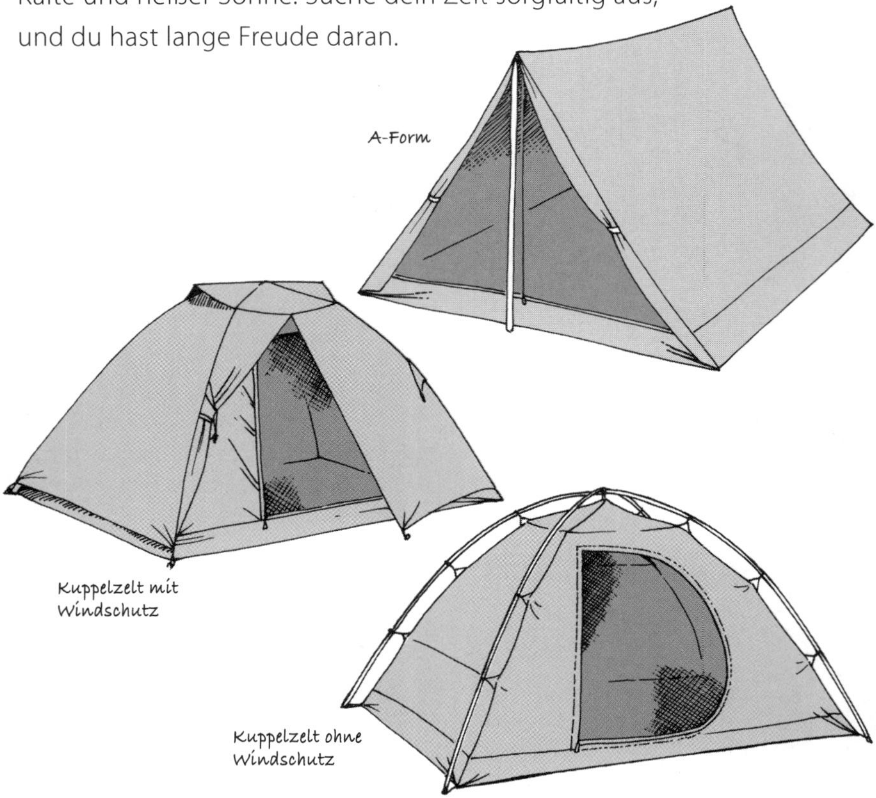

CLIPS, HÜLSEN UND STANGEN

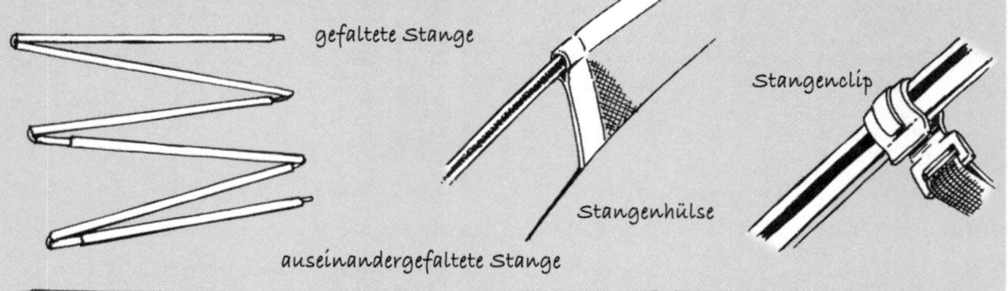

ANDERE ZELTTYPEN

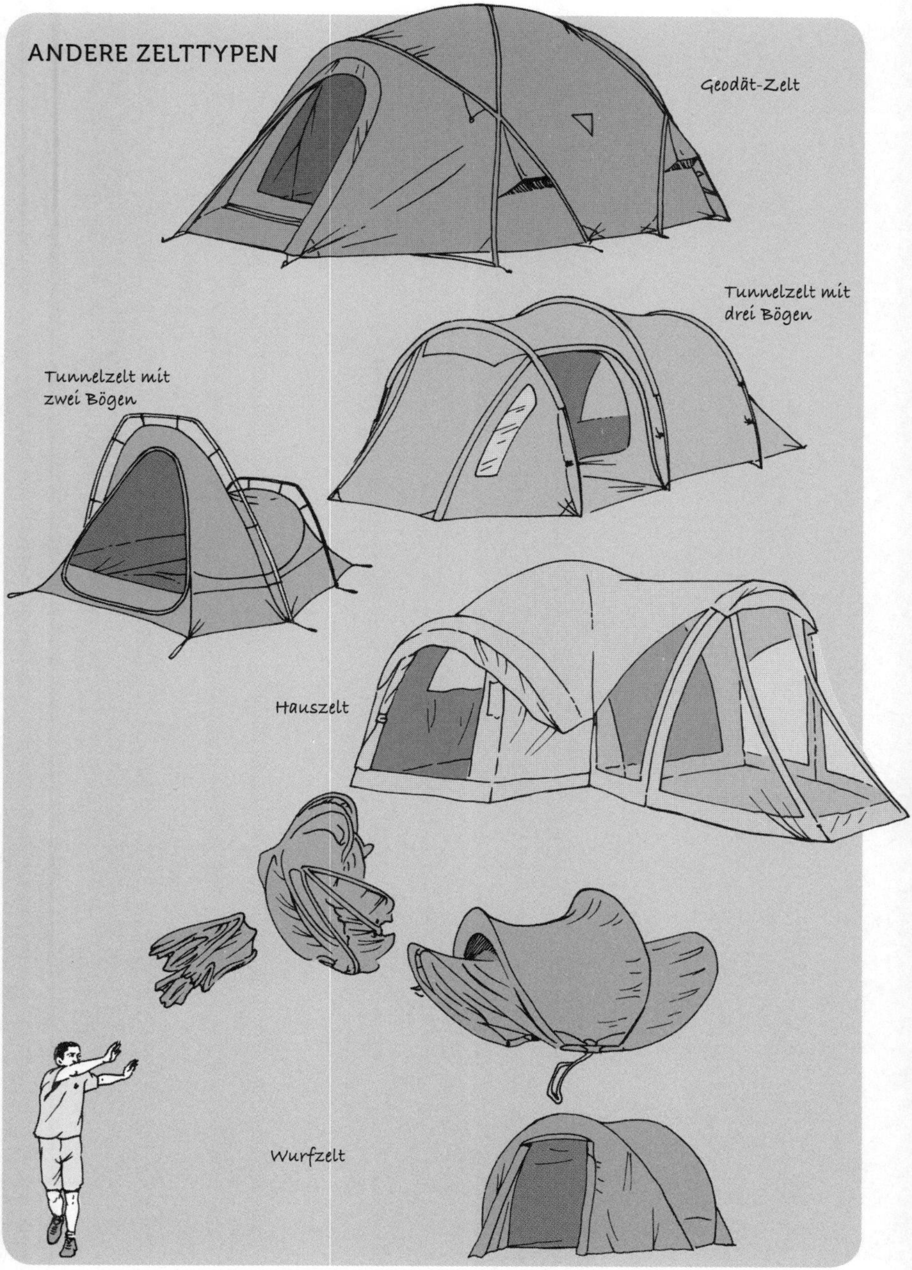

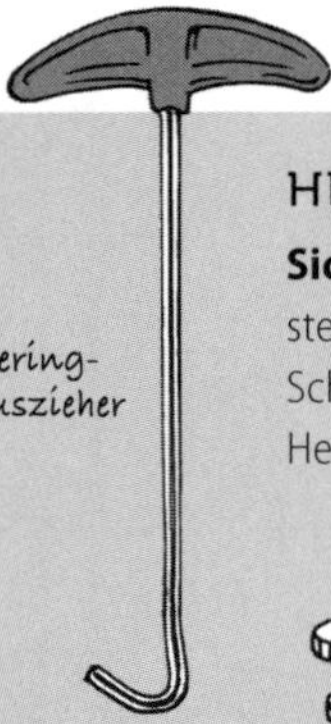

HERINGE

Sicherer Halt Die wenigsten Zelte bleiben von alleine stehen – und das auch nur bei Windstille. Sie müssen mit Schnüren am Boden verankert werden. Und natürlich mit Heringen.

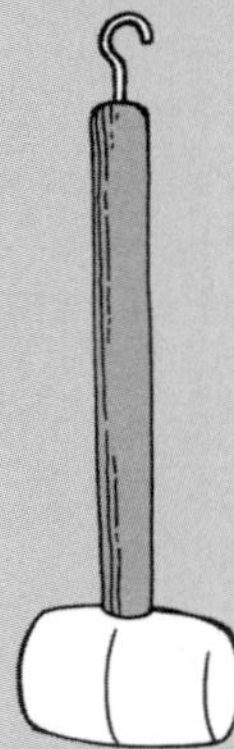

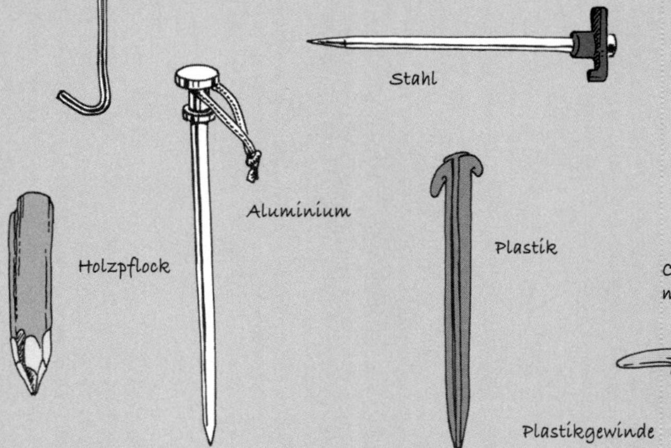

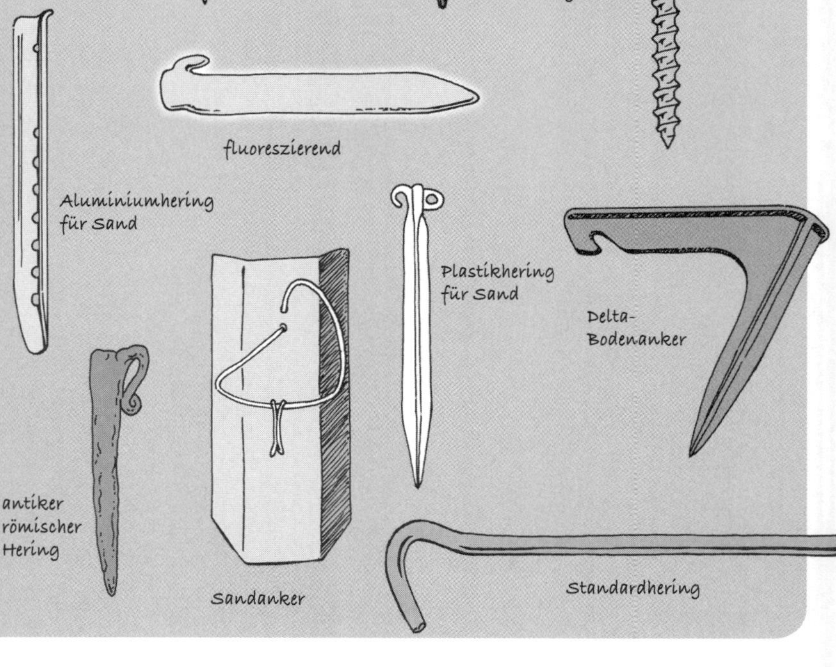

HERINGE SETZEN

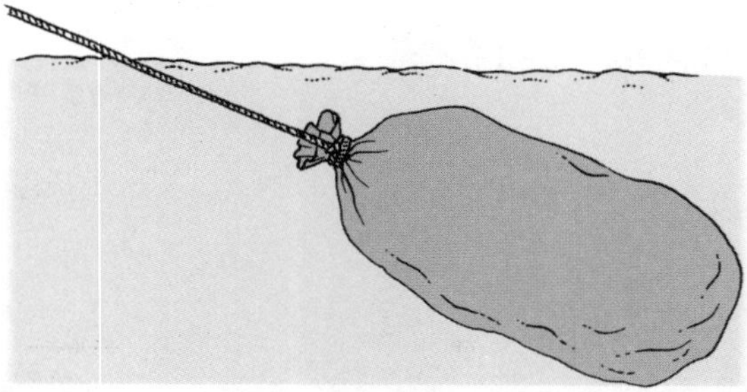

Mehr Halt am Berg Ein mit Schnee gefüllter, im Schnee vergrabener Packbeutel eines Schlafsacks dient als sichere Verankerung.

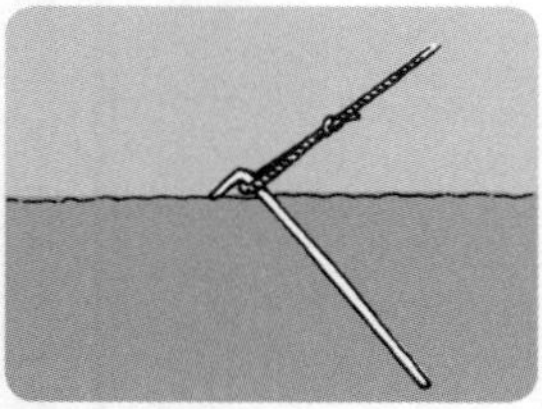

Standard So setzt du einen Standardhering: Er bildet mit der Schnur einen 90°-Winkel.

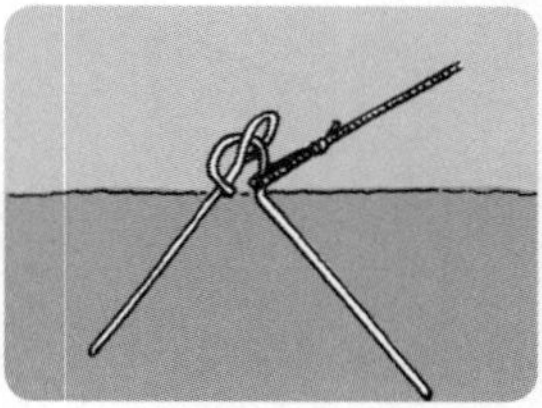

Superstabil Für höhere Stabilität kannst du den Hering mit einem zweiten sichern.

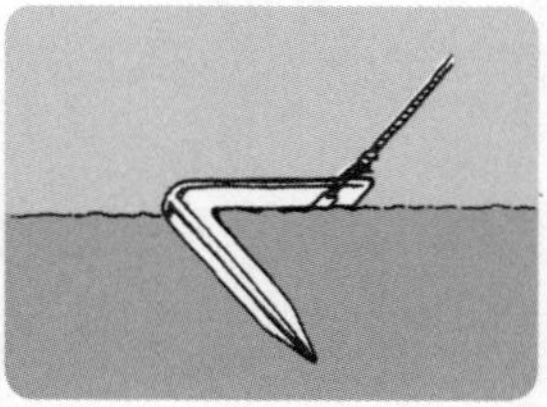

Delta Diese Heringe verankern das Zelt sicher am Boden.

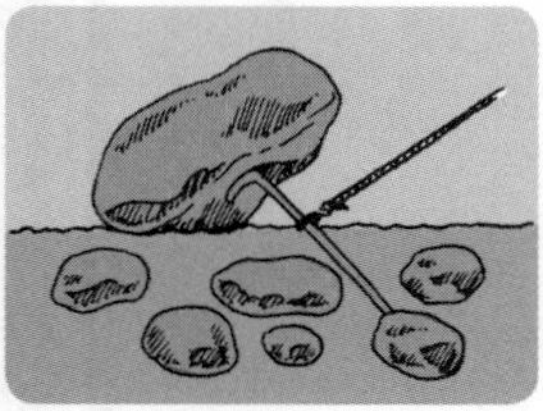

Harter Boden Beschwere den Hering mit einem Stein.

Steiniges Gelände Nutze die herumliegenden Steine als Verankerungen für dein Zelt.

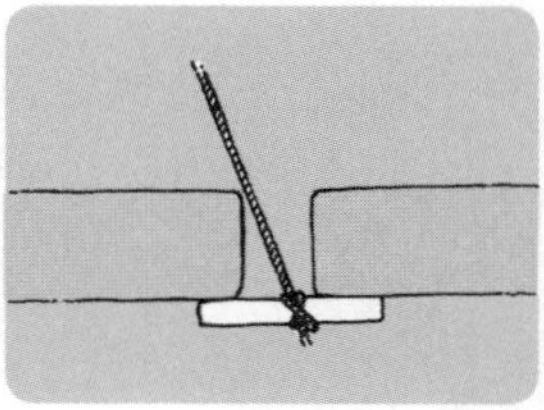

Eis Binde die Zeltschnüre an Heringe, die du in Löcher im Eis steckst und darunter verkeilst.

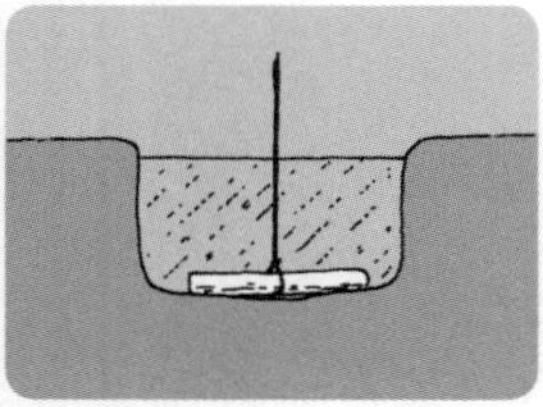

Sand Ein vergrabener Hering oder ein Holzscheit verankert das Zelt in sandigem Boden.

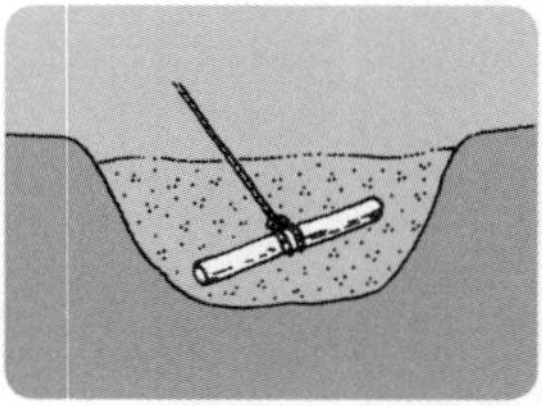

Eis Lege den Hering in ein Loch im Schnee und gieße Wasser darüber: So friert er fest.

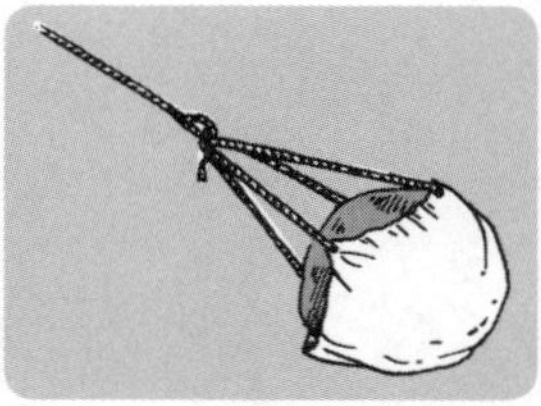

Fallschirmanker Fülle ihn mit Sand, Steinen und Schnee.

LÖCHER REPARIEREN

Wassergraben Wenn es viel regnet, empfiehlt es sich, rings um das Zelt einen Graben auszuheben.

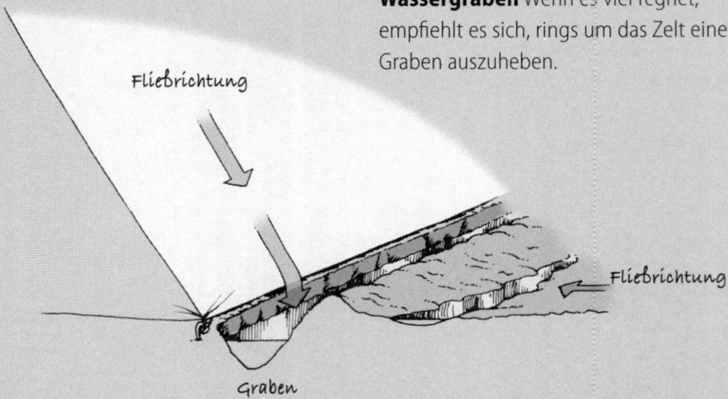

Innere Tropfschnur Dank dieser provisorischen Lösung tropft eindringendes Regenwasser in ein Gefäß – und nicht auf deinen Kopf.

Tropfschnur Sie leitet Wasser um, das sonst auf deine Plane oder dein Zelt rinnt.

Erste Hilfe Versiegle den Riss mit Gewebeklebeband – wenn es gerade nicht regnet.

Flicken Ein Flicken aus dem Zeltreparaturset verschließt das Loch.

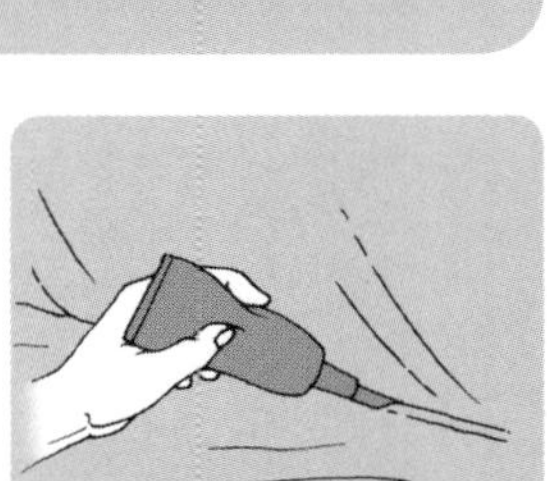

Reparaturkleber Er eignet sich für die häufig auftretenden Risse entlang der Nähte.

Andere Unterstände

Planen, Tipis und mehr Es muss nicht unbedingt ein Zelt sein: Mitunter bieten andere Unterstände einen besser geeigneten Schutz vor Sonne, Regen und Wind.

Nützliche Planen Rechtecke aus wasserfestem Gewebe mit Ösen an den Ecken sind leicht und vielseitig einsetzbar.

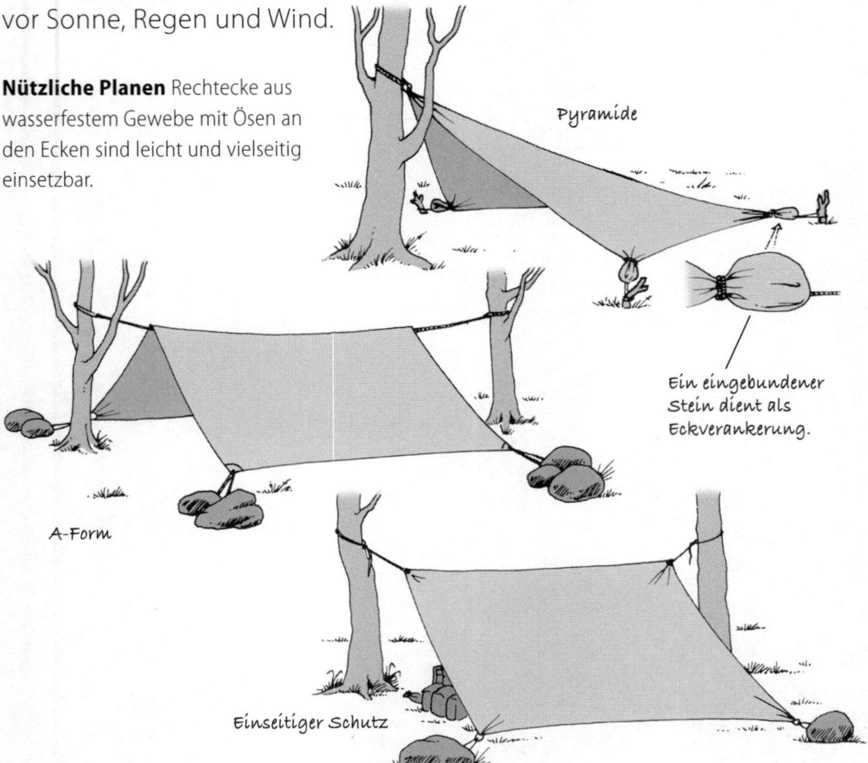

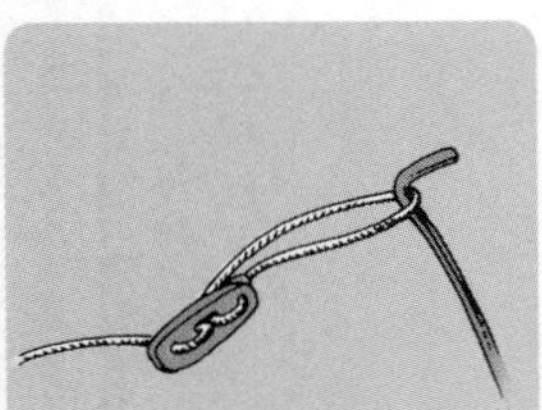

Schnurspanner aus Plastik Durch Verschieben spannt er die Zeltschnur straffer.

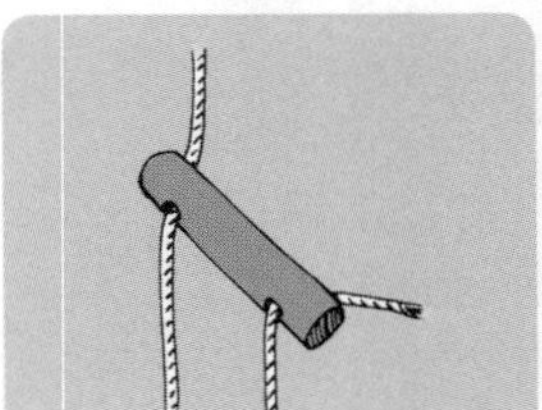

Schnurspanner aus Holz Denselben Zweck erfüllt auch ein Stück Holz mit zwei Löchern.

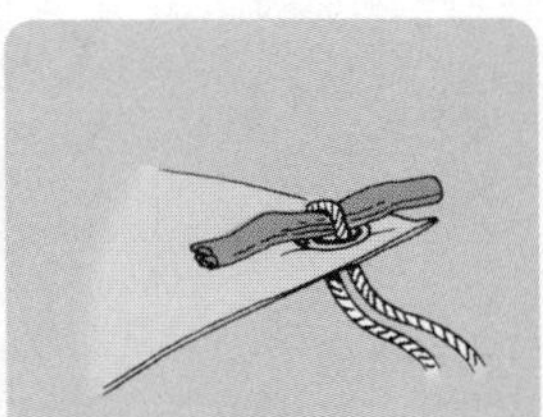

Pflockverankerung Auf diese Weise reißen die Ösen an den Ecken der Plane nicht aus.

WEITERE UNTERSTÄNDE

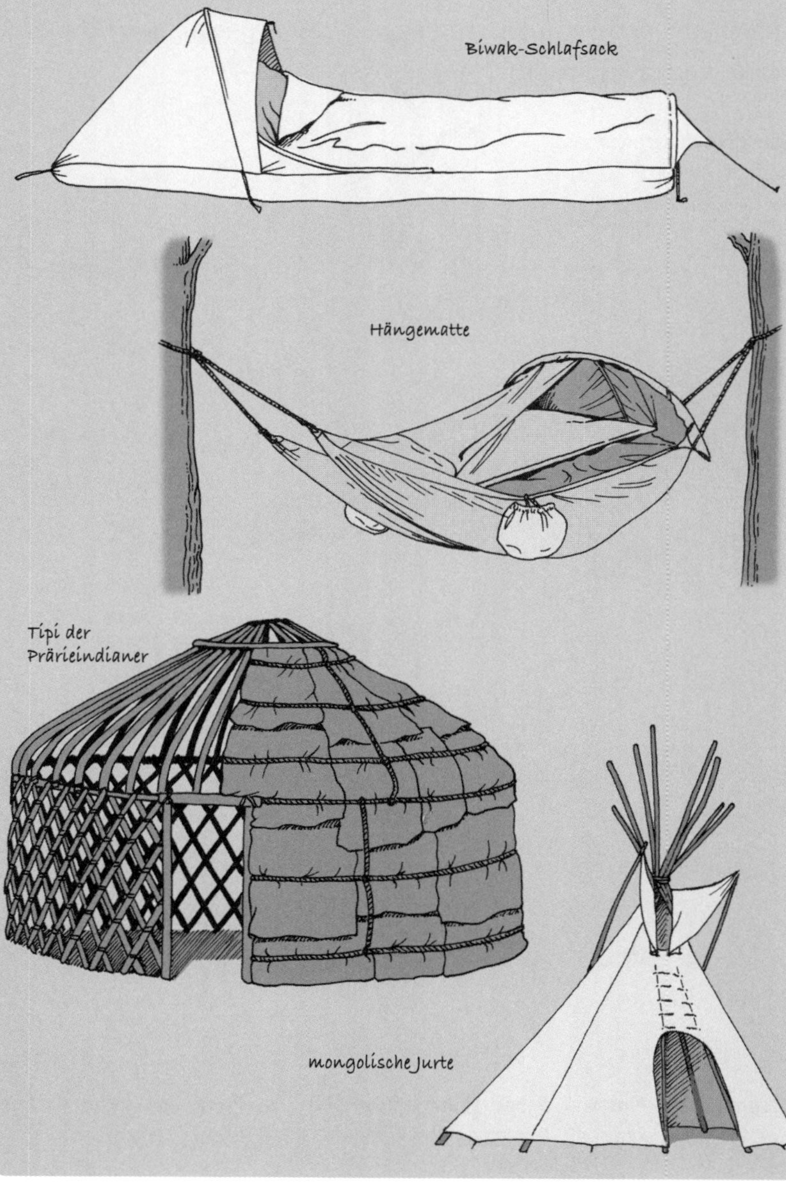

Schlafsäcke

Warm und kuschelig Nur ein zur jeweiligen Saison passender, hochwertiger Schlafsack ermöglicht erholsame Nachtruhe. Wenn es dich zu verschiedenen Jahreszeiten in die Wildnis zieht, brauchst du vielleicht mehr als nur einen.

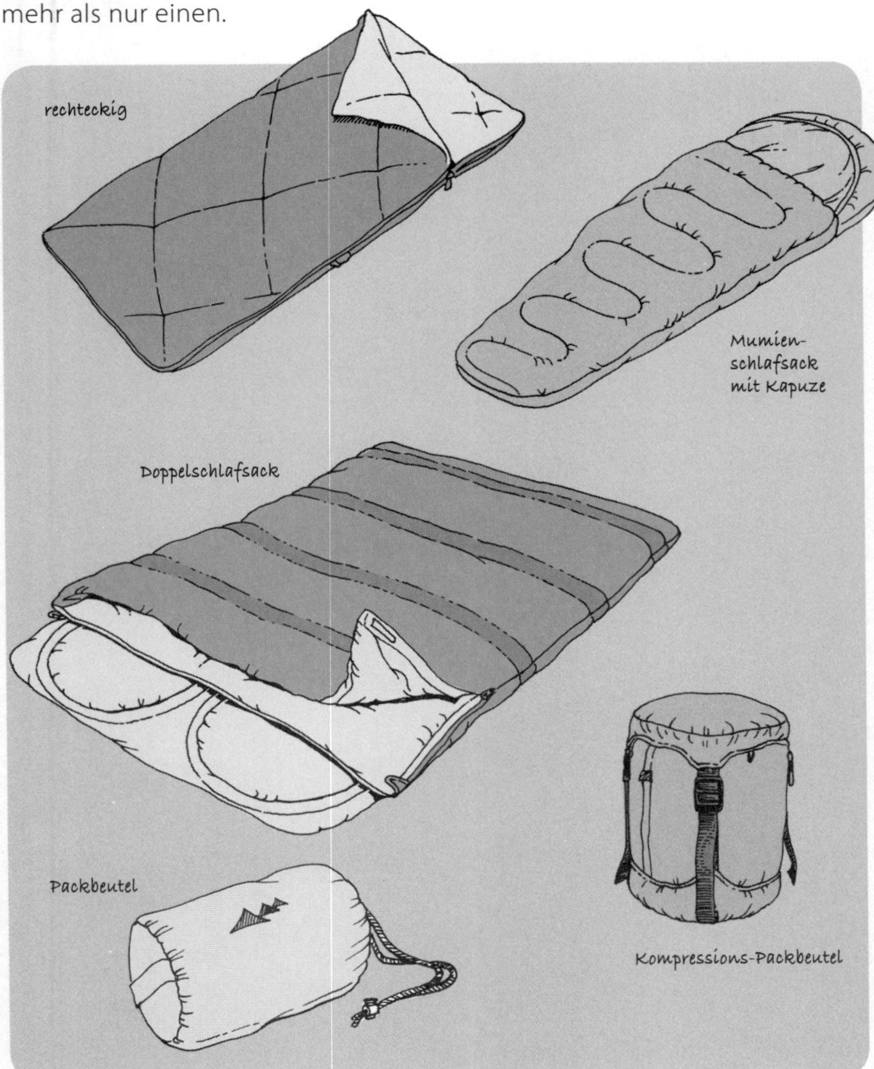

SCHLAFSACKKONSTRUKTIONEN

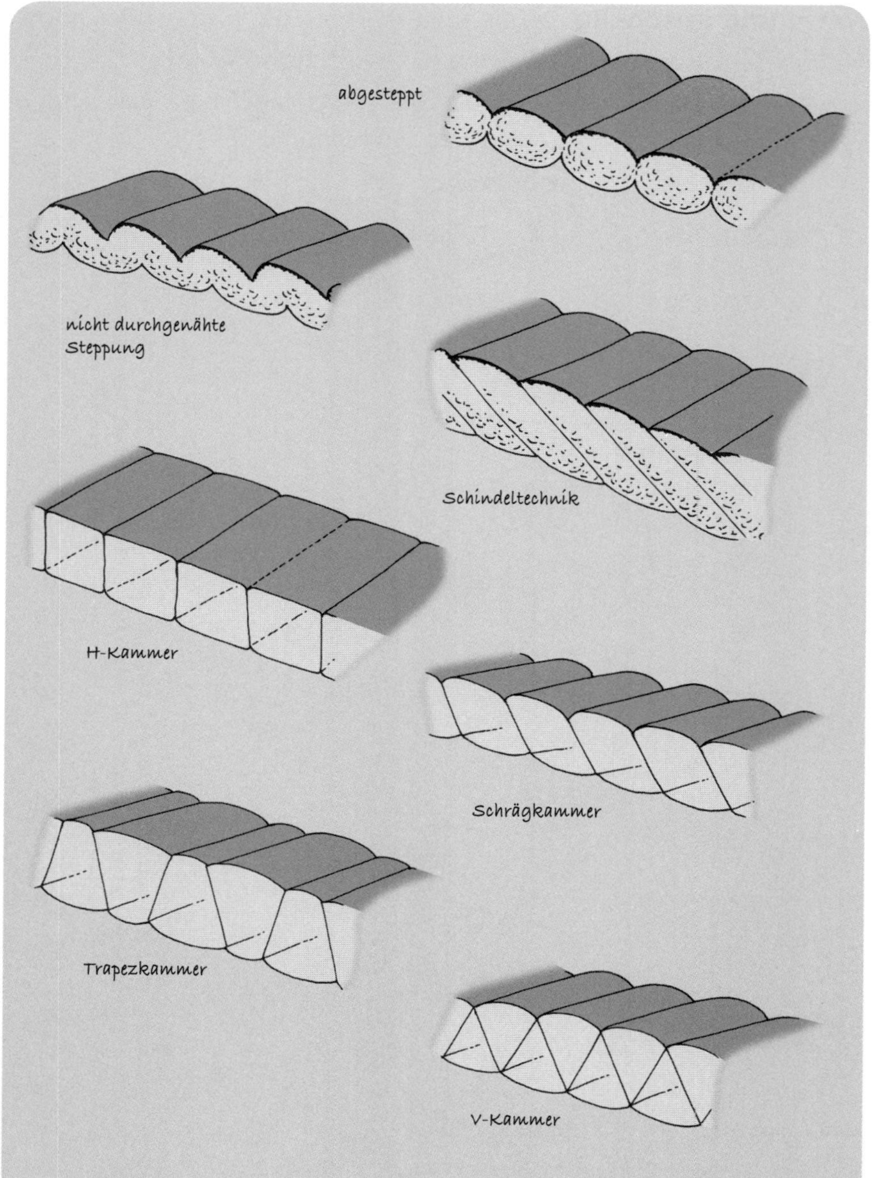

Weich liegen

Gute Unterlage Eine Schlafmatte soll bequemes Liegen ermöglichen und den Körper gegen die Kälte des Bodens isolieren.

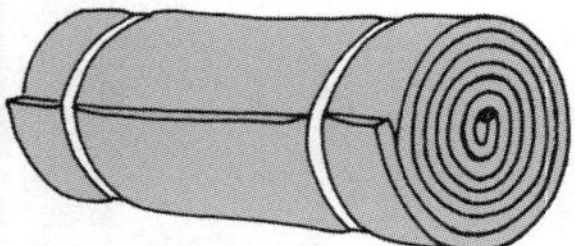

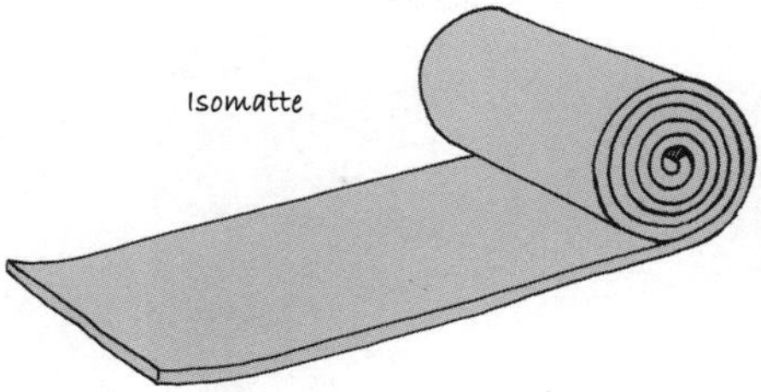

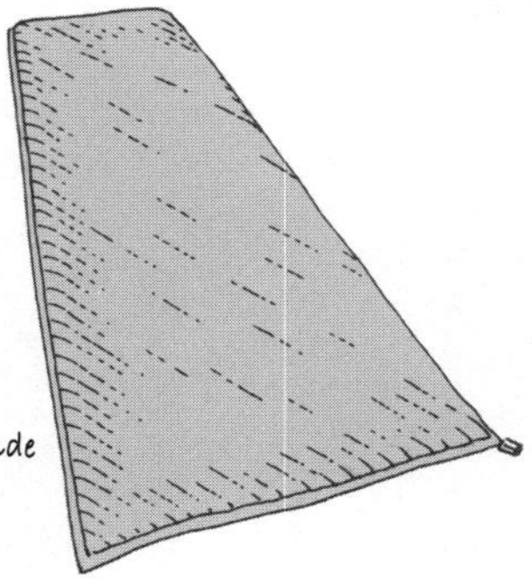

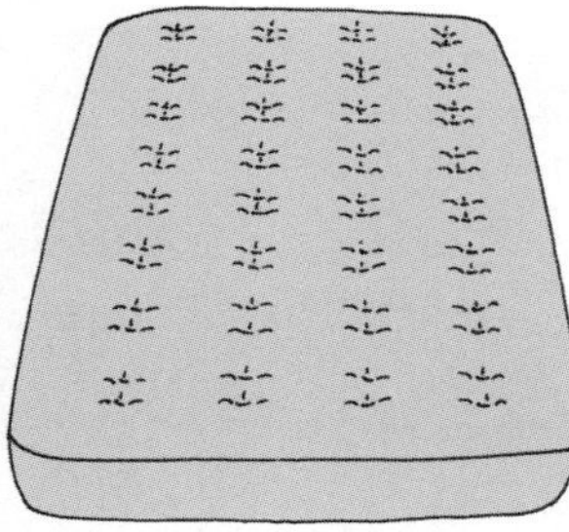

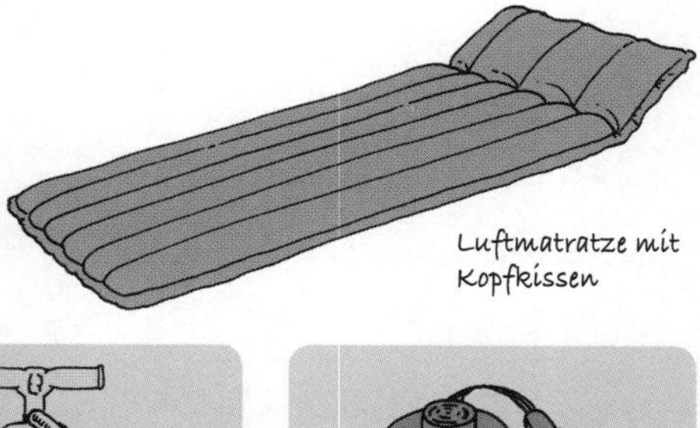

Handpumpe Pumpe, indem du den Griff auf- und abziehst.

Elektrisch Diese Pumpe wird über den Zigarettenanzünder des Autos betrieben.

Blasebalg Er wird mit dem Fuß betrieben, sodass man die Hände frei hat.

MESSER

Das wichtigste Werkzeug Es darf in keiner Outdoor-Ausrüstung fehlen. Es gibt Messer mit fest stehender Klinge und Taschenmesser zum Einklappen. Letztere sind oft mit anderen Werkzeugen kombiniert.

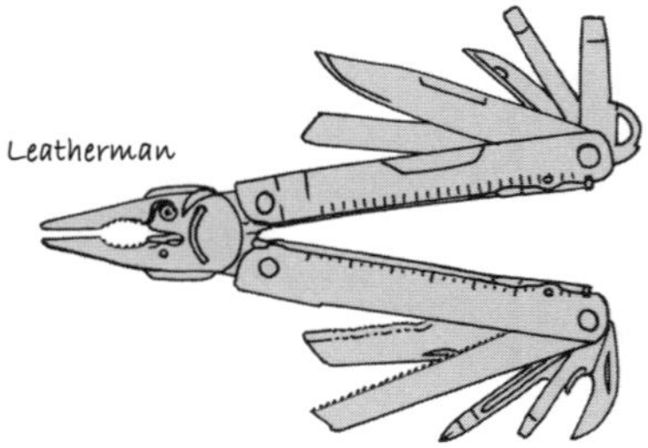

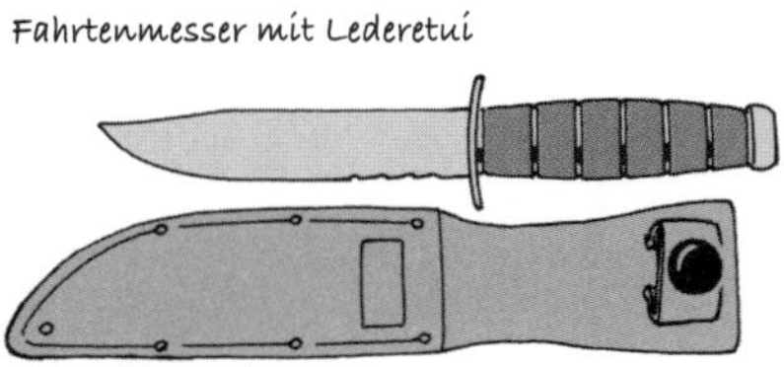

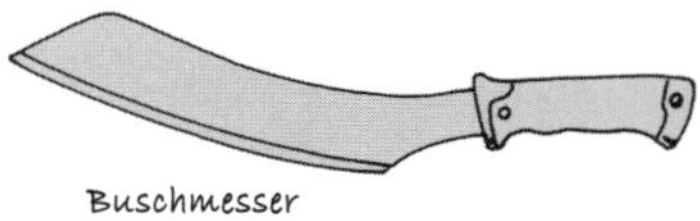

SURVIVAL-MESSER

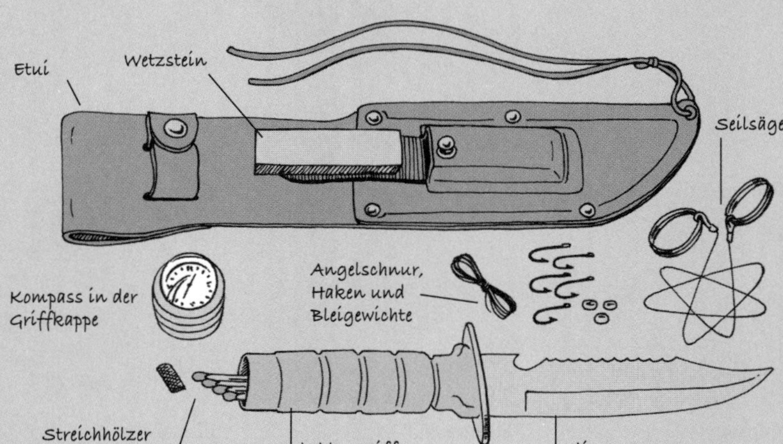

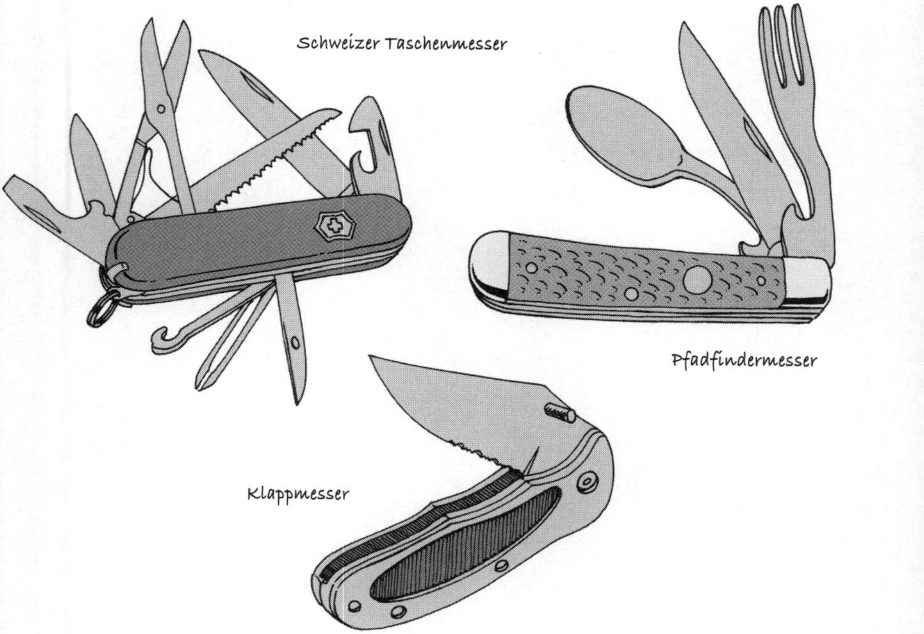

AUFBAU EINES JAGDMESSERS

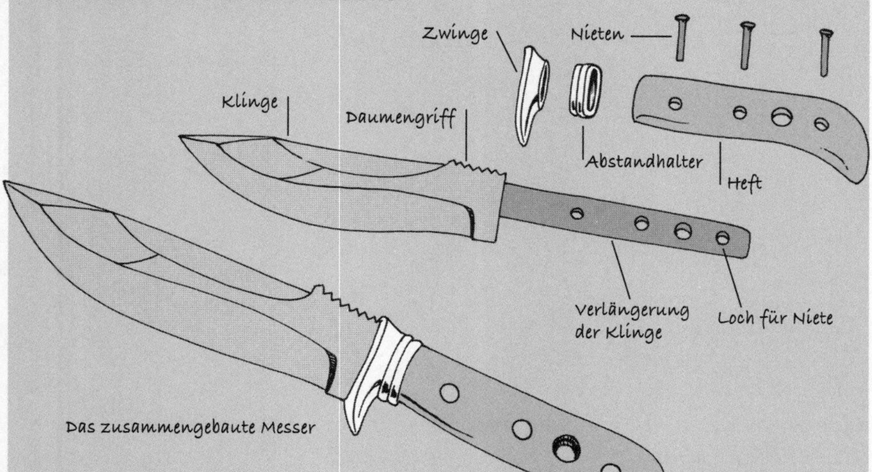

HISTORISCHE MESSER

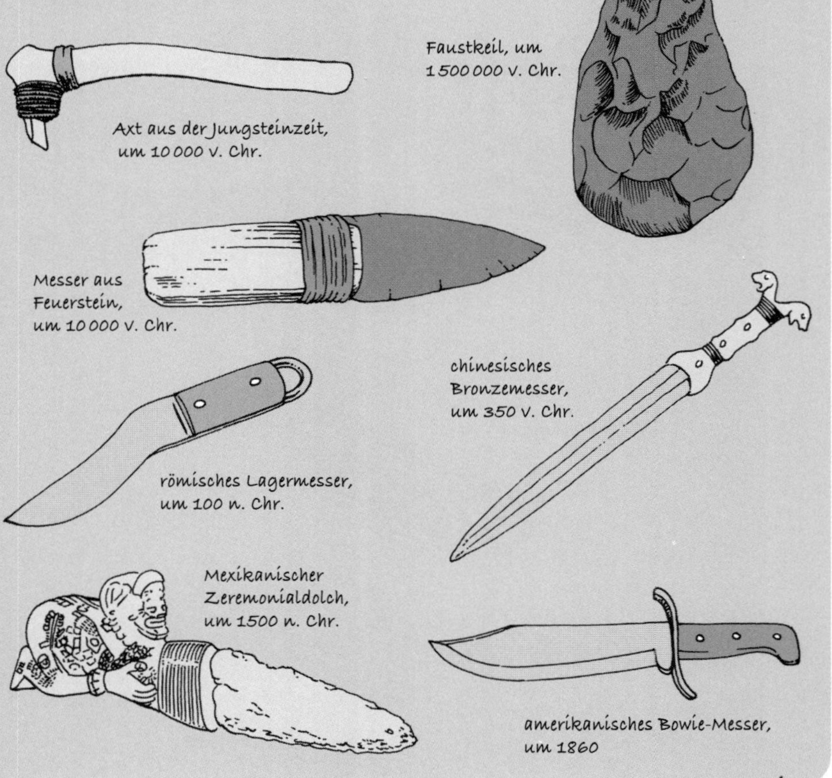

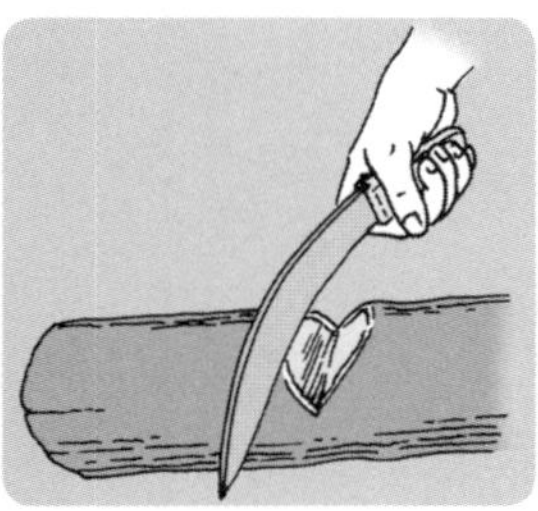

Hacken Hacke nur mit großen Klingen. Schlage mit dem Mittelteil der Klinge im 45°-Winkel auf das Holz ein.

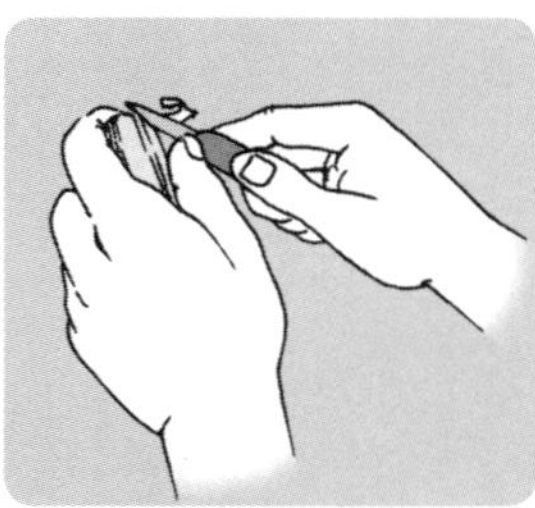

Schnitzen Am besten eignet sich dazu ein kleines Messer. Führe die Klinge mit dem Daumen.

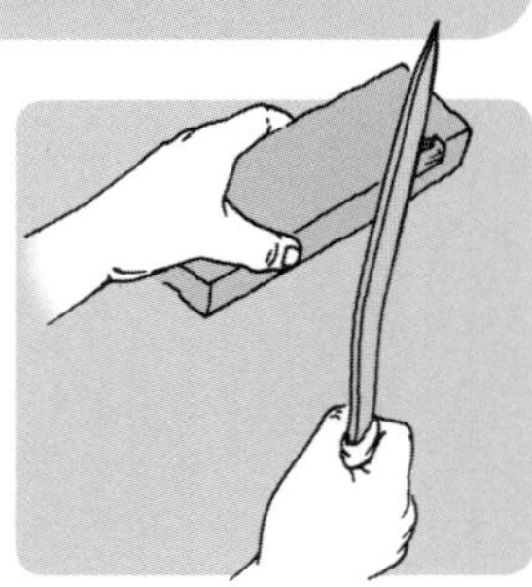

Schneiden Schneide immer vom Körper weg und gib auf deine Finger Acht. Schneide flach in Faserrichtung.

MESSER SCHÄRFEN

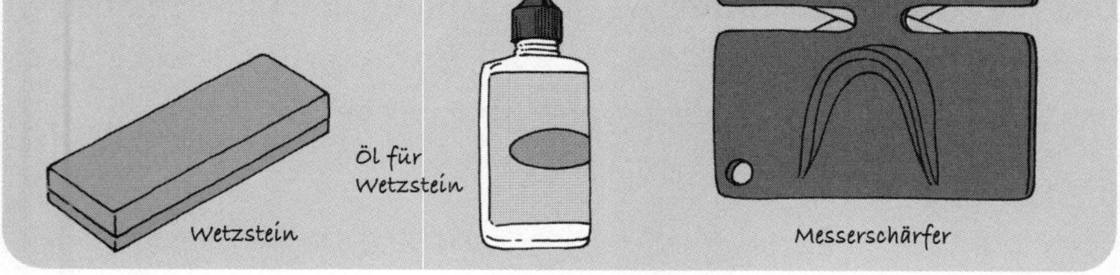

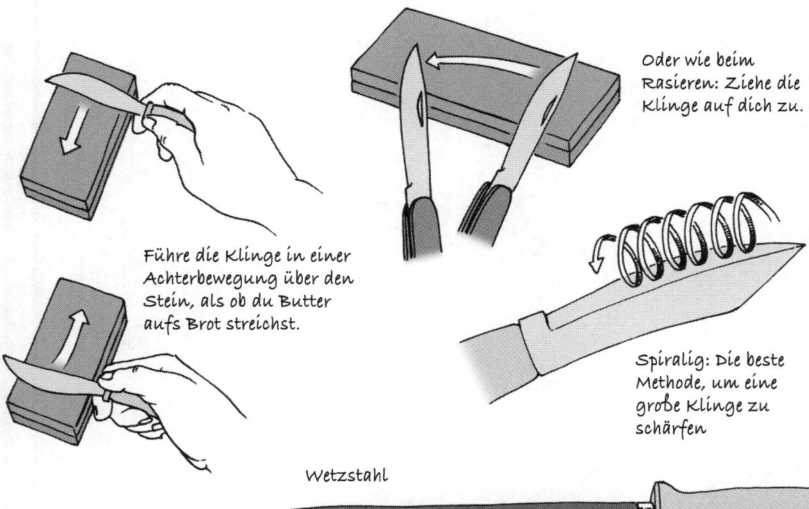

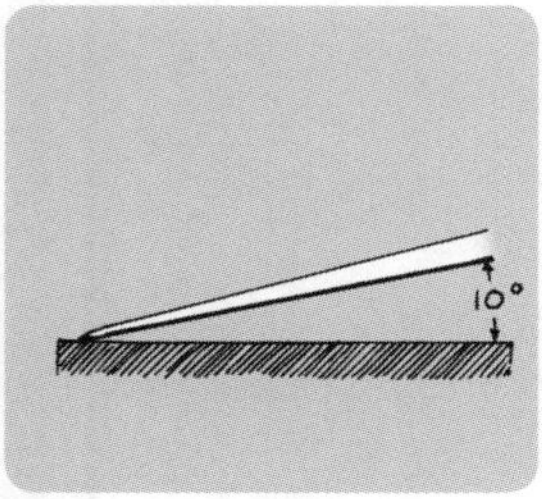

10° Für leichte und knifflige Arbeiten, wie zum Beispiel Filetieren oder Rasieren. Die Klinge wird rasch stumpf.

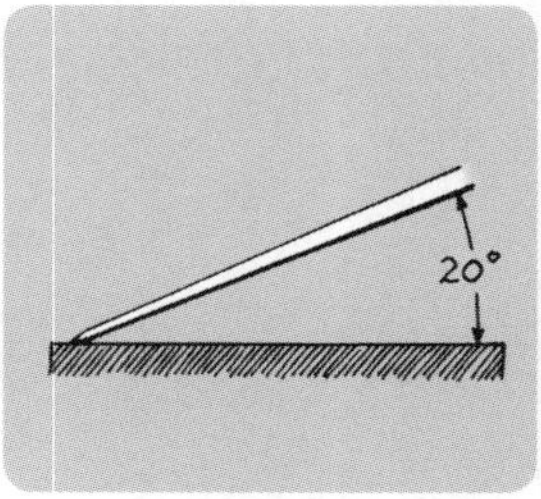

20° Der richtige Winkel für den Alltag. So erzielst du ihn: Stell dir die Hälfte von 90° vor, dann die Hälfte von 45°.

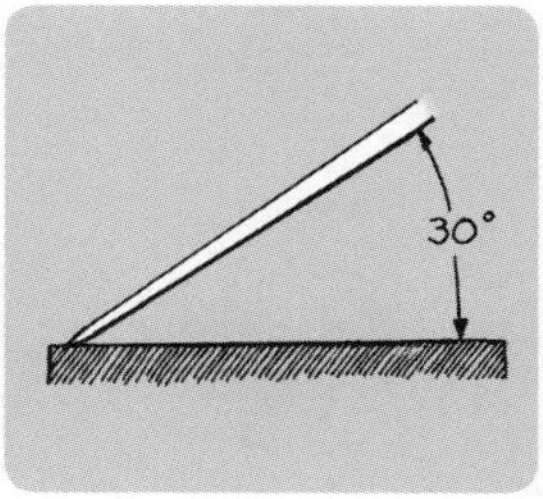

30° Geeignet für schwere Arbeiten wie zum Beispiel Holzhacken.

Toilette und Dusche

Das Freiluftbadezimmer Gewisse Bedürfnisse überkommen einen eben auch draußen in der Wildnis. Persönliche Hygiene und Umweltschutz lassen sich durchaus miteinander vereinbaren. Hier erfährst du, wie.

DIE LATRINE

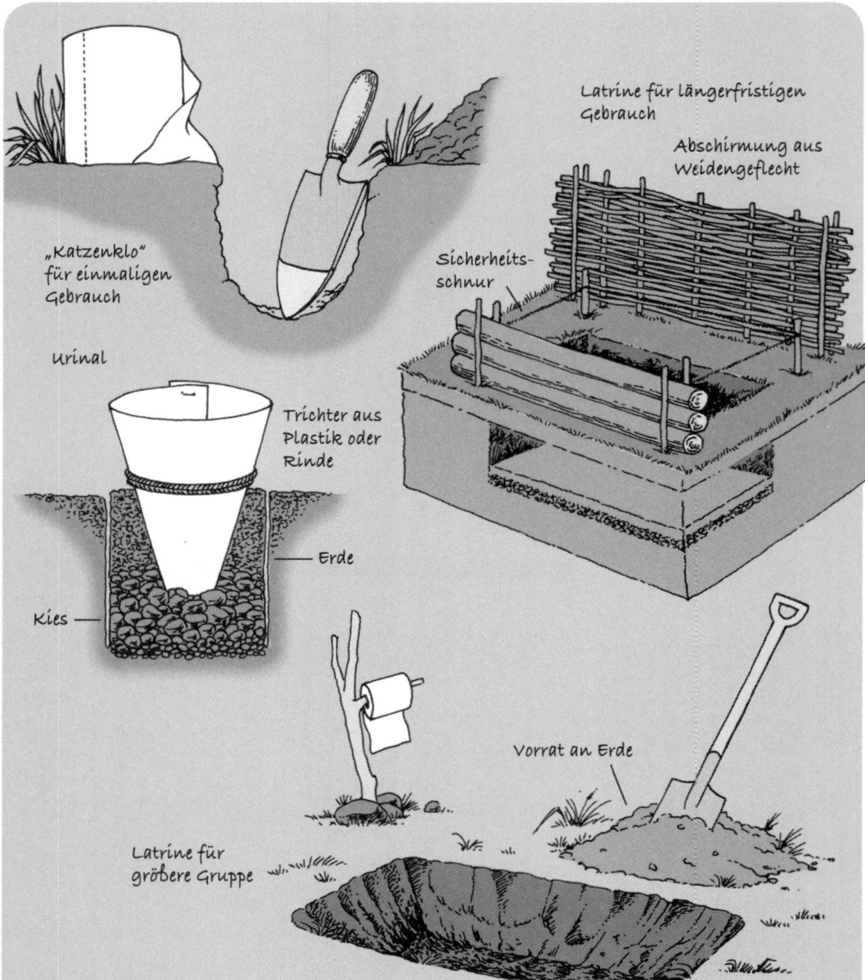

SAUBER BLEIBEN

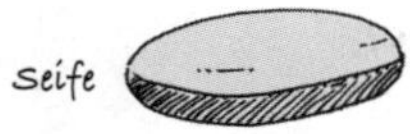

SO BAUST DU EINE SOLARDUSCHE

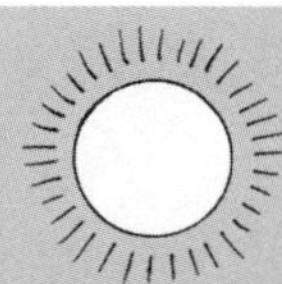

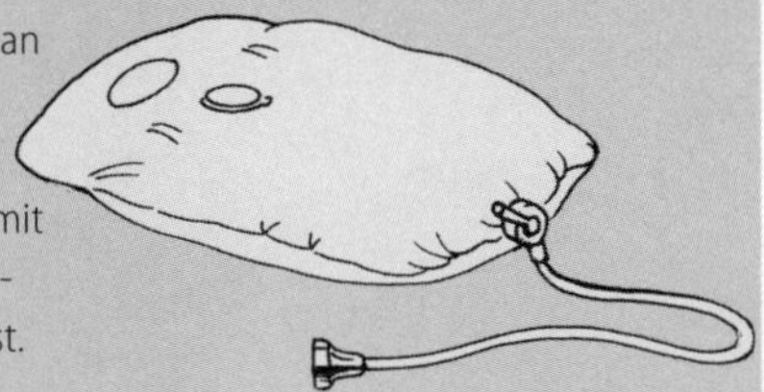

1 Fülle den Duschbeutel mit Wasser und lege ihn in die Sonne. Tue dies an einem kühlen oder bedeckten Tag schon morgens, damit das Wasser am Spätnachmittag warm ist.

2 Hänge den schweren Beutel an einen kräftigen Ast.

3 Prüfe vor dem Duschen, ob das Wasser warm genug ist. Mit 20 Litern Wasser kannst du ungefähr 8 Minuten lang duschen.

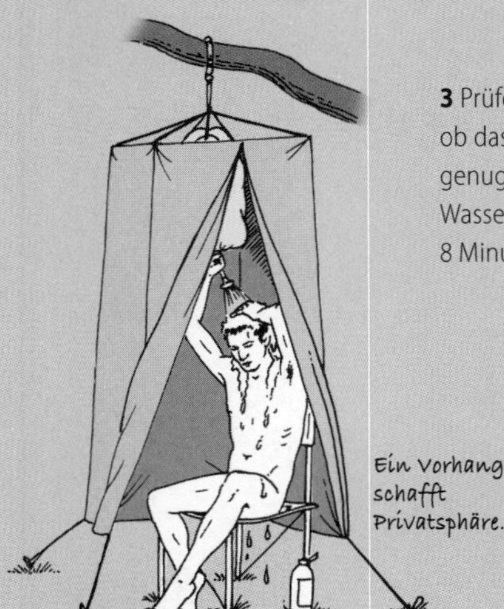

Kochen

Selbst mit einfachsten Mitteln lassen sich Mahlzeiten zubereiten, die du niemals wieder vergessen wirst, weil du sie am Lagerfeuer unter dem Sternenhimmel eingenommen hast.

Ernährung

Gut essen Gute Ernährung ist die Voraussetzung für Gesundheit und Wohlbefinden – auch im Freien. Ein aktiver Körper benötigt genügend Wasser und Lebensmittel der verschiedenen Gruppen sowie Vitamine und Mineralien in einem ausgewogenen Verhältnis.

WASSER

Das Lebenselixier Unser Körper besteht zu mehr als der Hälfte aus Wasser. Es ist für uns so wichtig, weil wir ohne Wasser nur wenige Tage überleben.

MIKRONÄHRSTOFFE

Vitalstoffe Unter dieser Bezeichnung fasst man Vitamine und Mineralien zusammen, die unser Körper in sehr kleinen Mengen benötigt, um gut zu funktionieren. Zu ihnen zählen unter anderem Salz sowie die in Gemüse und Obst enthaltenen Vitamine.

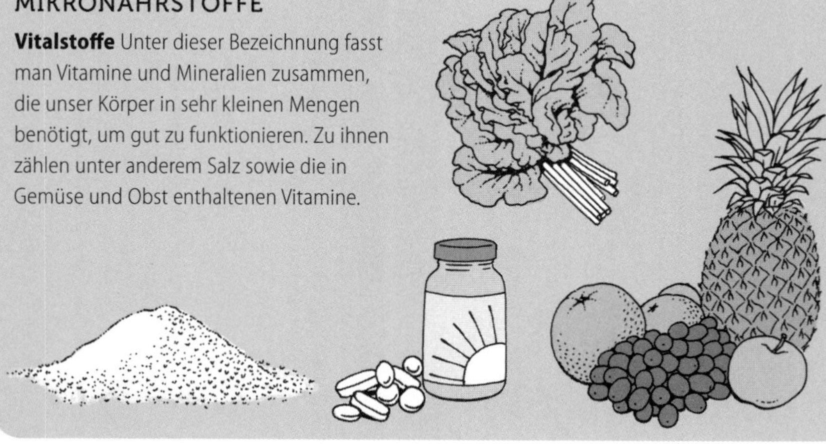

KOHLEHYDRATE

Energielieferanten Kohlehydrate sind die wichtigste Energiequelle, und reichlich in Brot, Nudeln, Reis, Kartoffeln, Früchten und Süßigkeiten enthalten.

FETTE

Lecker und wichtig Fette ermöglichen dem Körper die Verwertung von Vitaminen, fördern die gesunde Zellfunktion und liefern viel Energie.

PROTEINE

Muskelaufbau Protein (Eiweiß) kommt den Muskeln zugute, erhält und ersetzt Gewebe und stärkt das Immunsystem.

So ernährst du dich gesund

Diese Pyramide veranschaulicht gesunde Ernährung. Du solltest viel von den Lebensmitteln aus der untersten Etage essen (Gemüse, Vollkorn, Obst) und wenig von den Sachen an der Spitze.

PROVIANT

Die Speisekammer im Rucksack Gesunde Ernährung ist beim Leben in der Wildnis ebenso wichtig wie zu Hause im Alltag. Suche für deine Tour Lebensmittel aus, die gesund sind, gut schmecken, nicht viel wiegen und nicht gekühlt werden müssen.

FÜR UNTERWEGS

Viel Energie Wenn du ständig in Bewegung bist, braucht dein Körper wesentlich mehr Nährstoffe. Diese leicht verdaulichen Knabbereien liefern viel Energie – und du kannst stundenlang weiterlaufen.

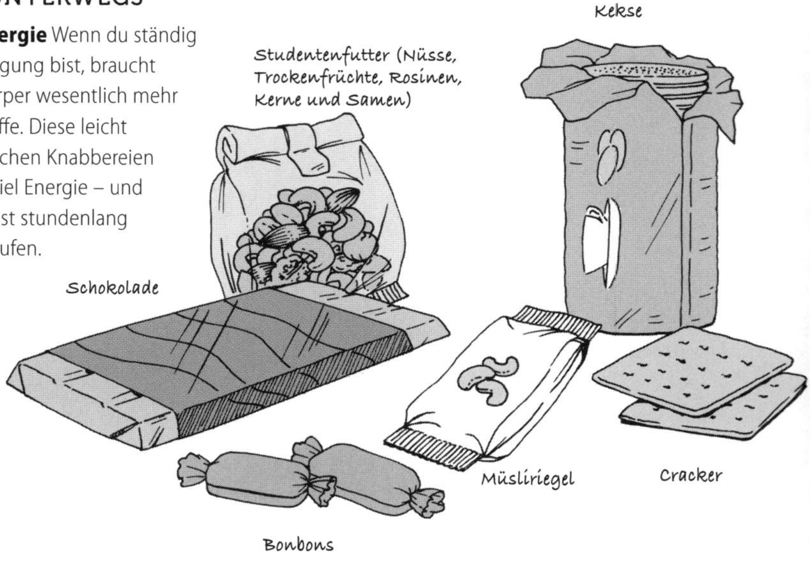

FRÜHSTÜCK

Ein guter Start Ein gesundes Frühstück bringt dich durch den Tag. Frühstücksflocken mit Saft oder Milch und Brot sind leicht verdaulich, Eier mit Speck stärken für einen anstrengenden Tag.

Mittagsmahlzeit Meist ist es einfacher, mit dem Kochen bis zum Abend zu warten. Mach dir zu Mittag ein Sandwich oder einen Salat und iss dazu oder danach Obst, Käse, Dosenfisch oder Salami.

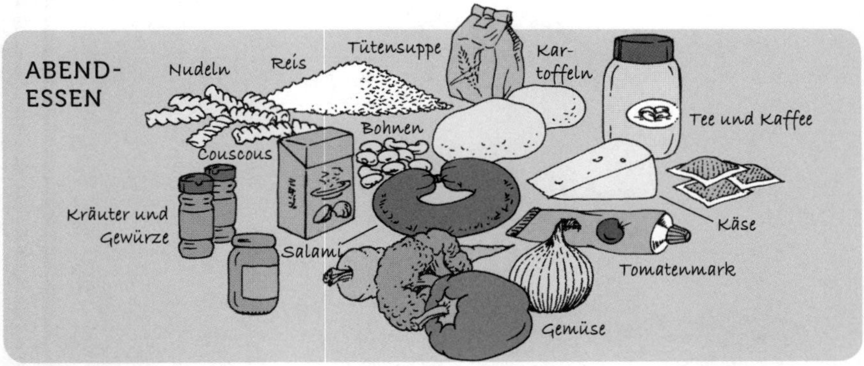

Abendschmaus Das Abendessen sollte reich an Kohlehydraten sein – also ein Gericht aus Nudeln, Kartoffeln oder Reis, ergänzt mit Proteinen aus Fleisch, Linsen oder Bohnen.

Gönn dir was! Etwas Feines und Süßes zum Nachtisch ist purer Luxus – vor allem in der Wildnis. Aber wenn du den ganzen Tag unterwegs warst, können dir Kalorien egal sein!

FEUER MACHEN

Aufbau einer Feuerstelle Das Anlegen von Feuerstellen und das Zubereiten von Speisen überm oder am Feuer sind sehr, sehr alte Künste. Wenn du sie bisher nicht beherrscht hast, lernst du hier einiges dazu.

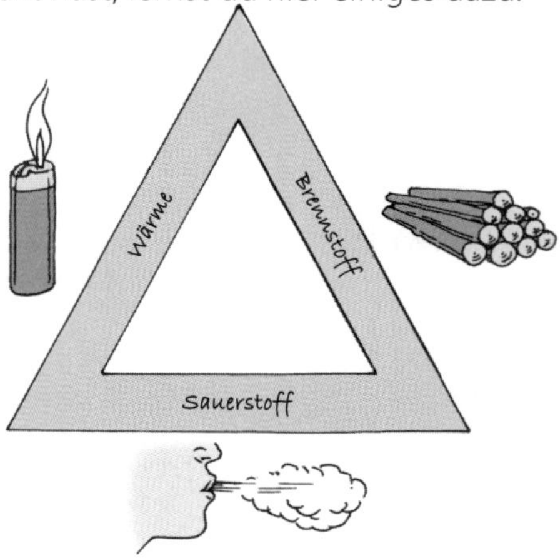

FEUERDREIECK

Das Rezept für ein Kochfeuer
Um ein Feuer anzulegen, brauchst du drei Zutaten: Sauerstoff, Brennstoff und Wärme. In der richtigen Reihenfolge eingesetzt, wird ein schönes Lagerfeuer daraus. Entfernt man andererseits eines oder mehrere dieser Elemente, löscht man das Feuer wieder.

ZUNDER

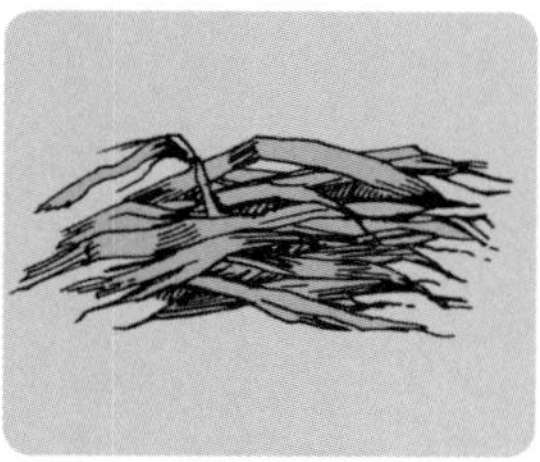

Rinde Löse von toten Bäumen die trockene Rinde ab.

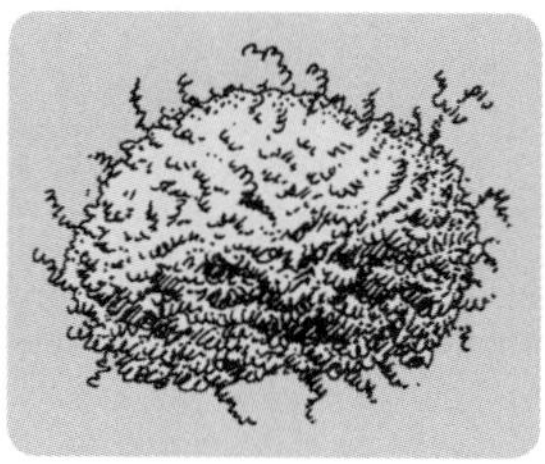

Moos Vertrocknetes Moos eignet sich gut als Zunder.

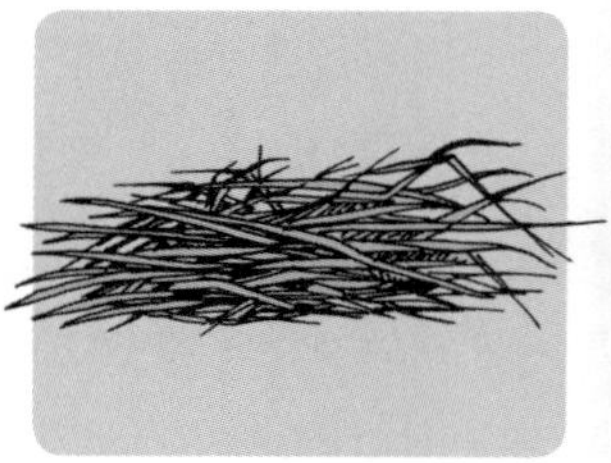

Gras Zerkleinere lange, ausgedörrte Halme.

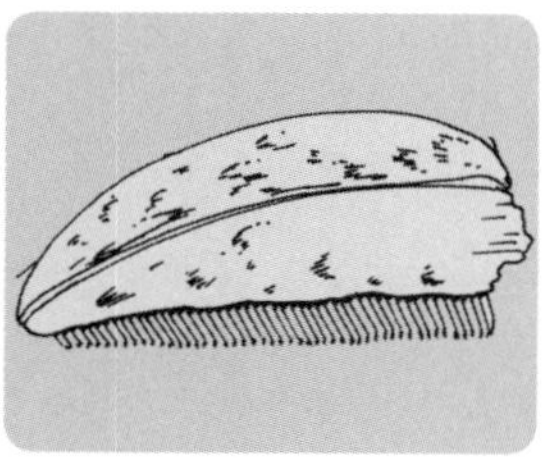

Zunderpilze Das Innere des Fruchtkörpers ist brennbar.

Baumwolle und Vaseline sind zusammen leicht entzündlich.

Blätter Trockenes, altes Laub findet man so gut wie überall.

FEUERZUTATEN

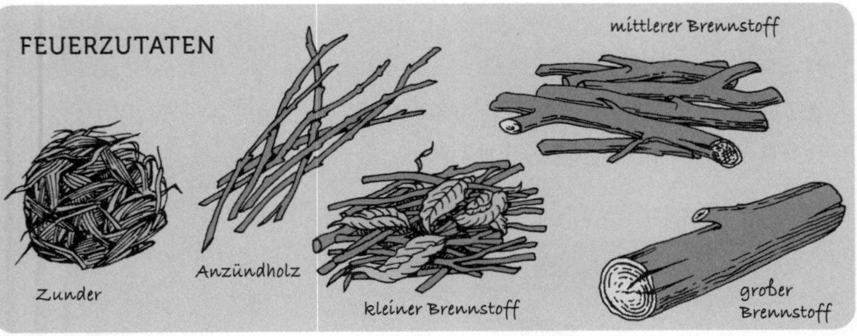

Aufbau Baue das Feuer stufenweise auf, damit es gut brennt. Beginne mit dem Zunder, um dem ersten Funken Nahrung zu geben. Sobald du eine Flamme hast, nährst du sie mit Zweigen. Wenn Holzkohle entsteht, gibst du größere Holzstücke dazu.

AUFBAUFORMEN

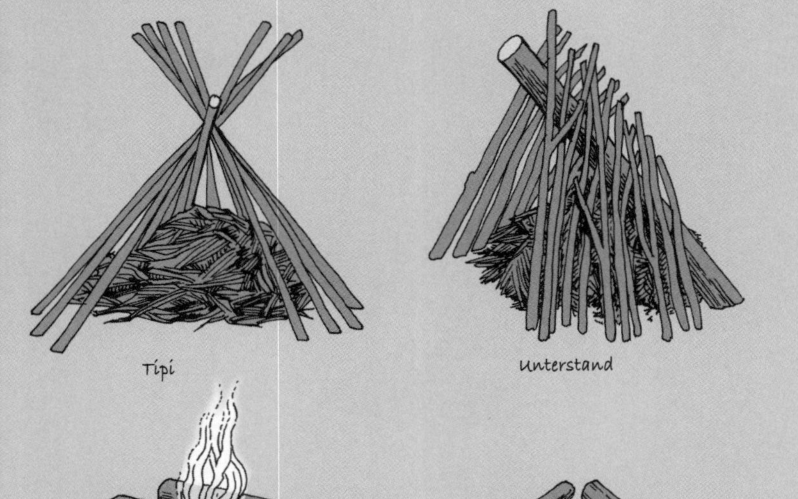

Feuer machen

Der zündende Funke Ein Feuer in Gang zu bekommen ist seit der Erfindung von Streichhölzern und Feuerzeugen gar nicht mehr so schwer. Aber geht es auch ohne sie?

WÄRMEQUELLEN

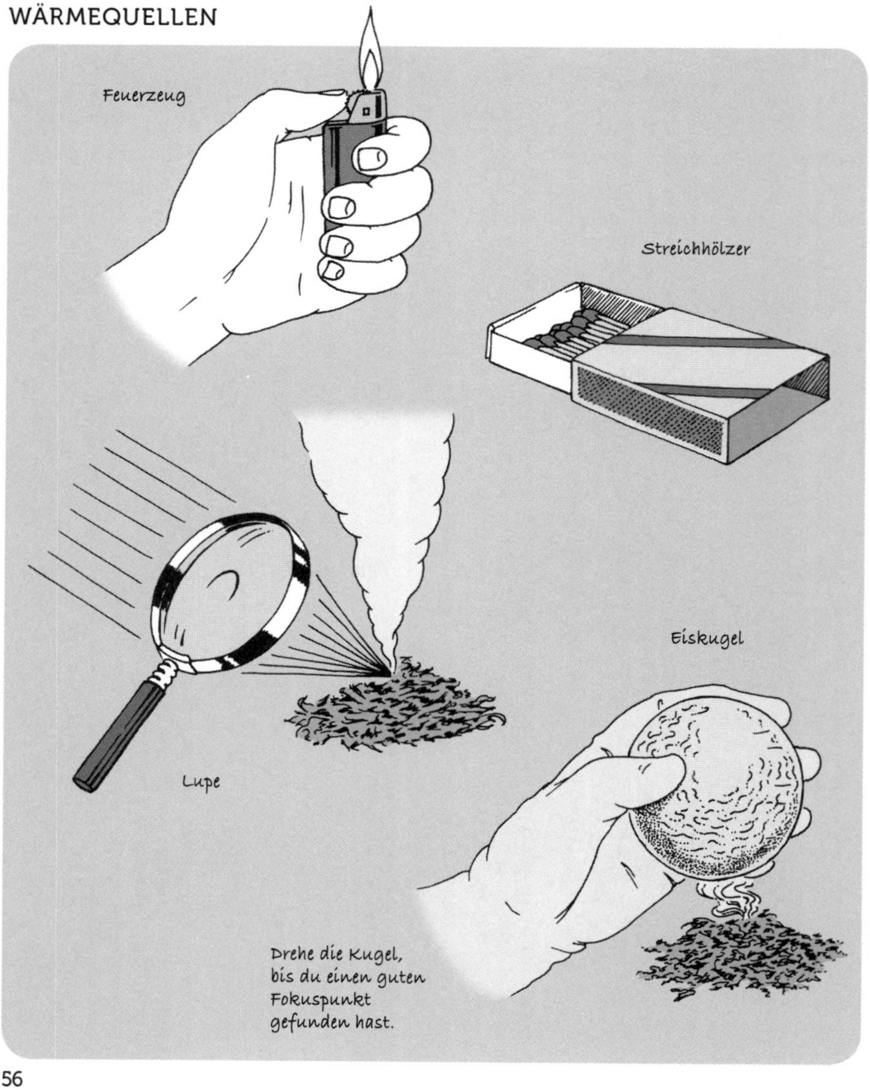

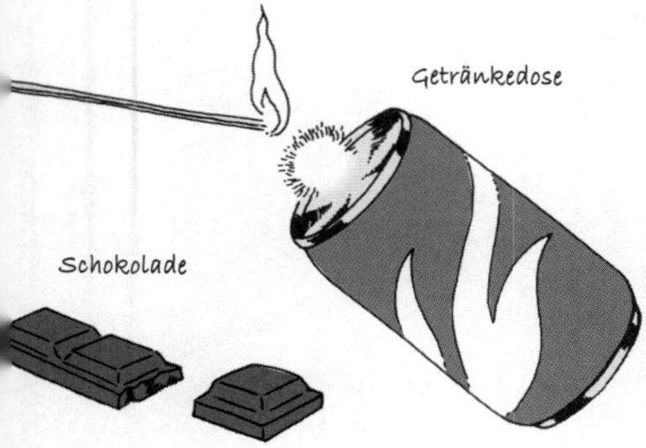

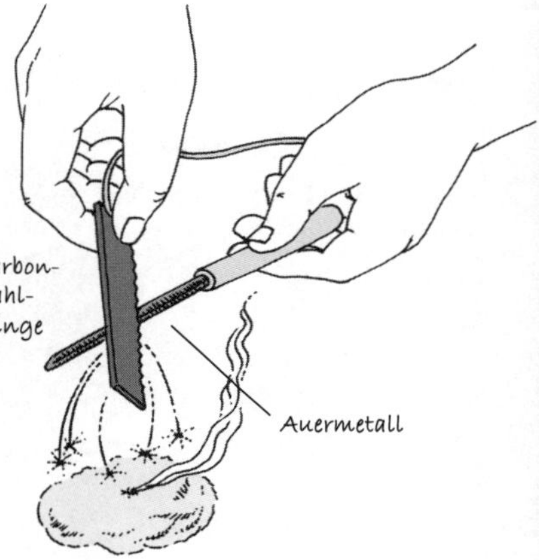

Parabolische Dose Poliere die Unterseite einer Getränkedose mit Schokolade oder Zahnpasta, bis sie glänzend wie ein Spiegel ist. Das gebündelte Sonnenlicht kann Zunder entzünden.

Feuerstahl Das „Feuerstahl"-Element eines Anzündsets besteht aus einer „Auermetall" genannten Legierung. Wenn man Stahl dagegen schlägt, entstehen Funken.

BATTERIEMETHODE

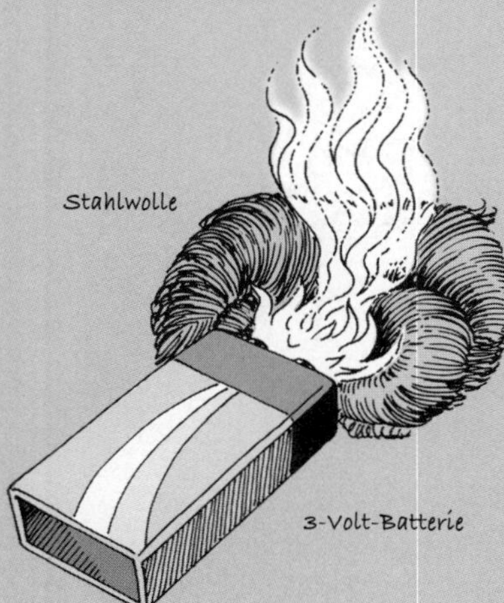

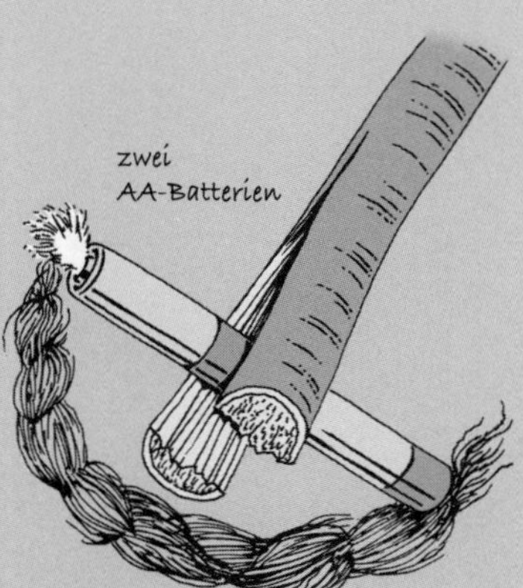

Elektrischer Funke Wenn du die Kontakte einer Batterie mit Stahlwolle abreibst, beginnt die Stahlwolle zu leuchten und zu brennen. Eine 9-Volt-Batterie eignet sich für diese Methode am besten, aber es geht mit jeder Batterie, auch der eines Handys.

MAGNESIUM-FEUERSTARTER

Zuverlässig Dieser Feuerstarter besteht aus einer Stahlklinge und einem Magnesiumblock, an dem seitlich ein Stab aus Auermetall befestigt ist. Das Set ist klein und handlich und erzeugt auch in feuchter Umgebung Funken.

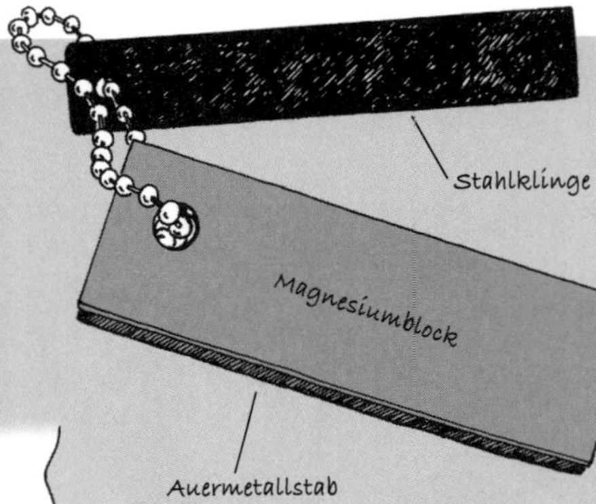

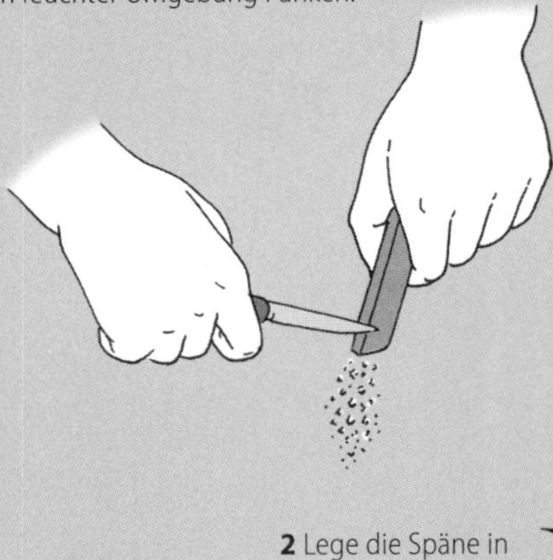

1 Schabe mit einem Messer eine kleine Menge Späne von dem Magnesiumblock ab. Sie sind leicht, also pass auf, dass sie nicht wegwehen!

2 Lege die Späne in ein kleines Nest aus trockenem Zunder.

3 Schlage den Auermetallstab gegen die Stahlklinge oder eine Messerklinge. Die dadurch entstehenden Funken entzünden die Magnesiumspäne. Sekundenlang entsteht eine sehr intensiv weiß brennende Flamme, die auf den Zunder übergreift.

FEUERBOHRER

Feuer von Hand Der Feuerbohrer besteht aus einem Bohrstab aus weichem Holz und einem Brett. Drehe den Stab zwischen deinen sich abwärts bewegenden Händen, damit durch Bewegung und Druck Reibung entsteht.

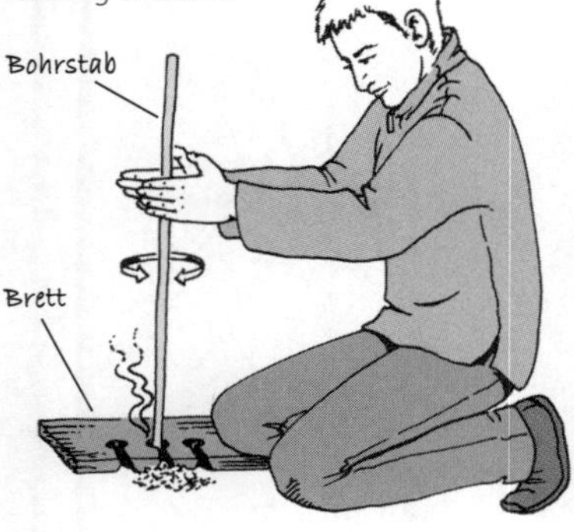

FEUERPUMPE

Funken durch Zusammendrücken Durch das Zusammenpressen von Luft entsteht Hitze, die den im Ende des Kolbens enthaltenen Zunder entzündet.

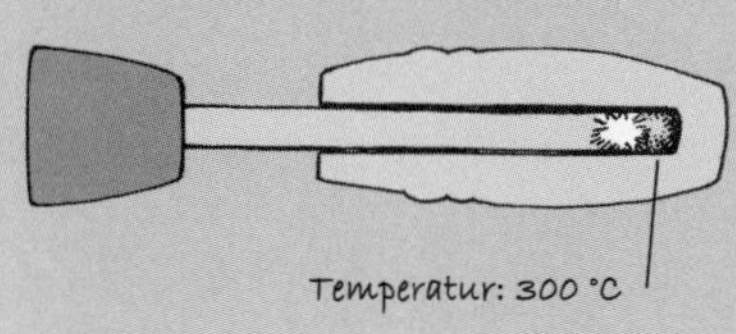

FEUERPFLUG

Funken aus der Rinne Schnitze in ein Weichholzbrett eine gerade Rinne. Fahre mit einem Hartholzstab in dieser Rinne hin und her. Durch die Reibung lösen sich von dem Brett Holzfasern, die dank der Reibungswärme glühen. Es entsteht Holzkohle, mit der du Zunder in Brand setzen kannst.

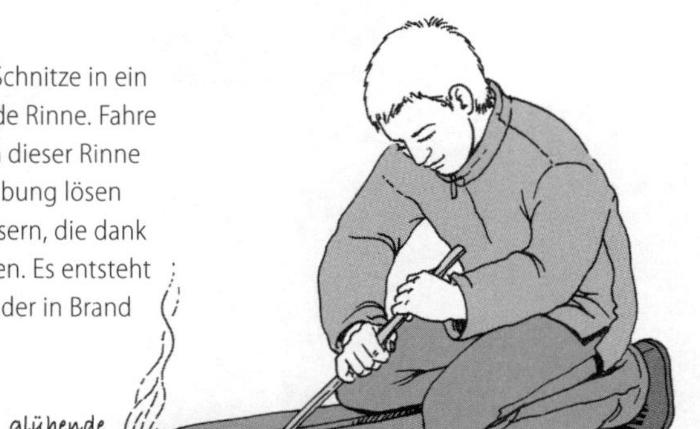

Mit Feuer kochen

Sicherheit, Gemütlichkeit, Nahrung Das Lagerfeuer ist mehr als eine Wärmequelle und ein Mittelpunkt, um den herum man gerne sitzt: Es dient auch dazu, Mahlzeiten zuzubereiten.

LAGERFEUERVARIANTEN

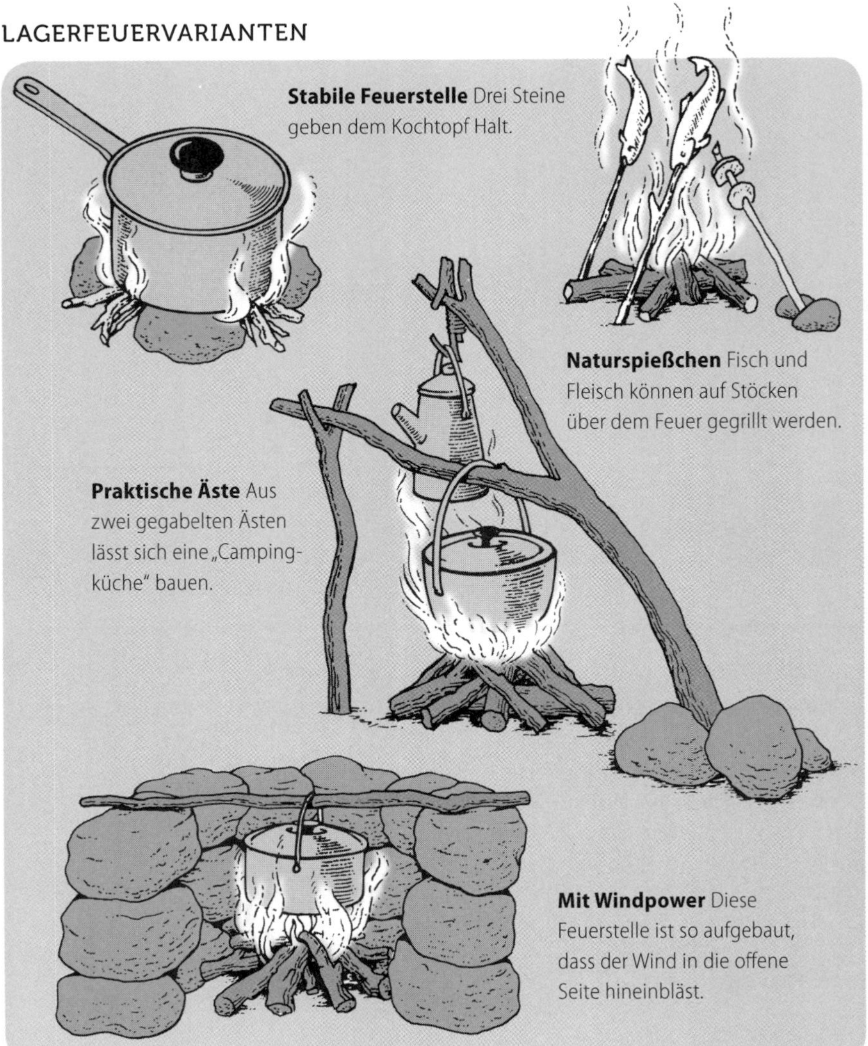

Stabile Feuerstelle Drei Steine geben dem Kochtopf Halt.

Naturspießchen Fisch und Fleisch können auf Stöcken über dem Feuer gegrillt werden.

Praktische Äste Aus zwei gegabelten Ästen lässt sich eine „Camping-küche" bauen.

Mit Windpower Diese Feuerstelle ist so aufgebaut, dass der Wind in die offene Seite hineinbläst.

Grundmodell Lege zwei dicke Holzscheite parallel zum Wind und du erhältst eine einfache Feuerstelle.

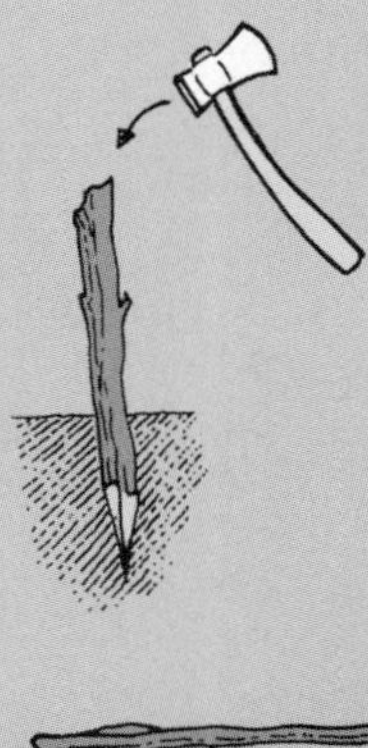

Bratspieß Unten angespitzte, in den Boden gerammte Äste in gewünschter Länge werden zu Stützpfosten des Bratspießes.

Unebener Grund Nutze den steilen Hang zur Abstützung deiner Kochfeuerkonstruktion.

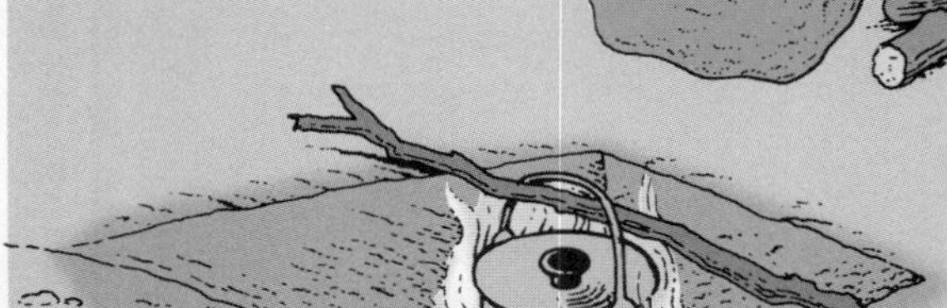

Für länger Wenn du dich länger an einer Stelle aufhältst, lohnt es sich, für die Feuerstelle ein Loch zu graben.

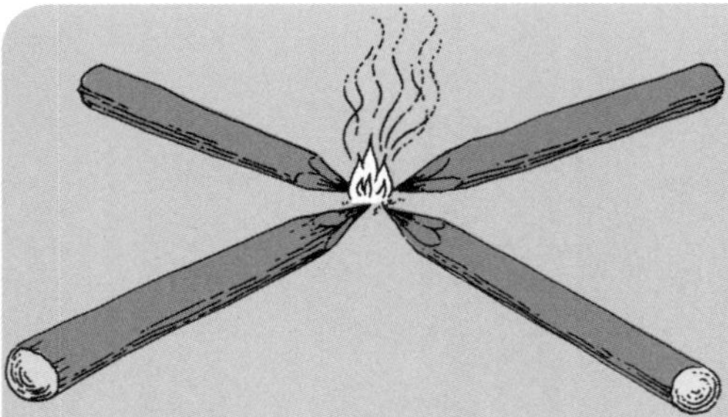

Sternfeuer In dem Maße, wie die Äste vorne verbrennen, schiebst du hinten nach. So kann dieses Kochfeuer lange brennen.

Kran Dank dieses Aufbaus hat dein Topf den richtigen Abstand zum Feuer.

Einstellbarer Kran Durch diesen etwas komplizierteren Aufbau kannst du die Kochtemperatur kontrollieren.

Heißer Stein Es wird lange dauern, bis die aufliegende Steinplatte heiß ist. Dann aber bleibt sie es lange. Verwende hierzu keinen porösen oder feuchten Stein: Er könnte zerspringen.

Bambuskochtopf Grüner Bambus ist sehr feuerbeständig und eignet sich ideal, um darin etwas zu kochen oder zu dünsten.

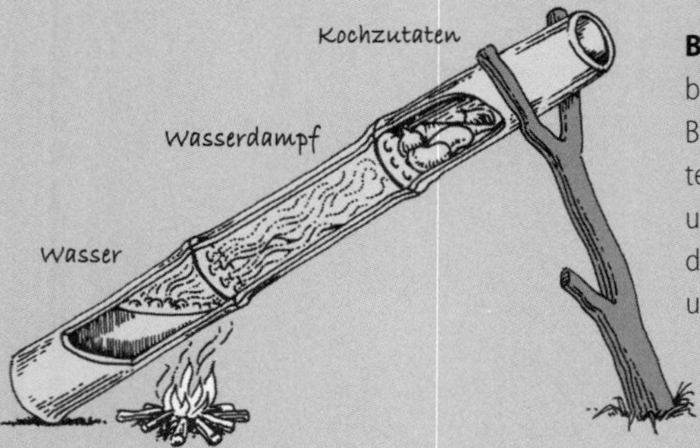

Bambusdämpfer Stich in die beiden Trennwände, die das Bambusstück in drei Abschnitte teilen, je ein Loch. Fülle den unteren Abschnitt mit Wasser und den oberen mit den Kochzutaten – und du kannst sie dampfgaren!

Folienofen Packe die einzelnen Portionen in Alufolie und lege die Päckchen zum langsamen Garen in die Glut. Wenn du unterwegs nur diese Kochmethode verwendest, brauchst du keine Töpfe mitzuschleppen.

Frühstück im Beutel Lege auf den Boden eines feuchten Papierbeutels Speckstreifen und bedecke sie mit rohem Ei. Stelle den Beutel in die Glut.

Kochgeschirr

Kochen, braten, servieren und abwaschen Du musst nicht gleich eine ganze Küche in die Wildnis mitnehmen. Überlege und wähle sorgfältig aus.

DIE WICHTIGSTEN DINGE

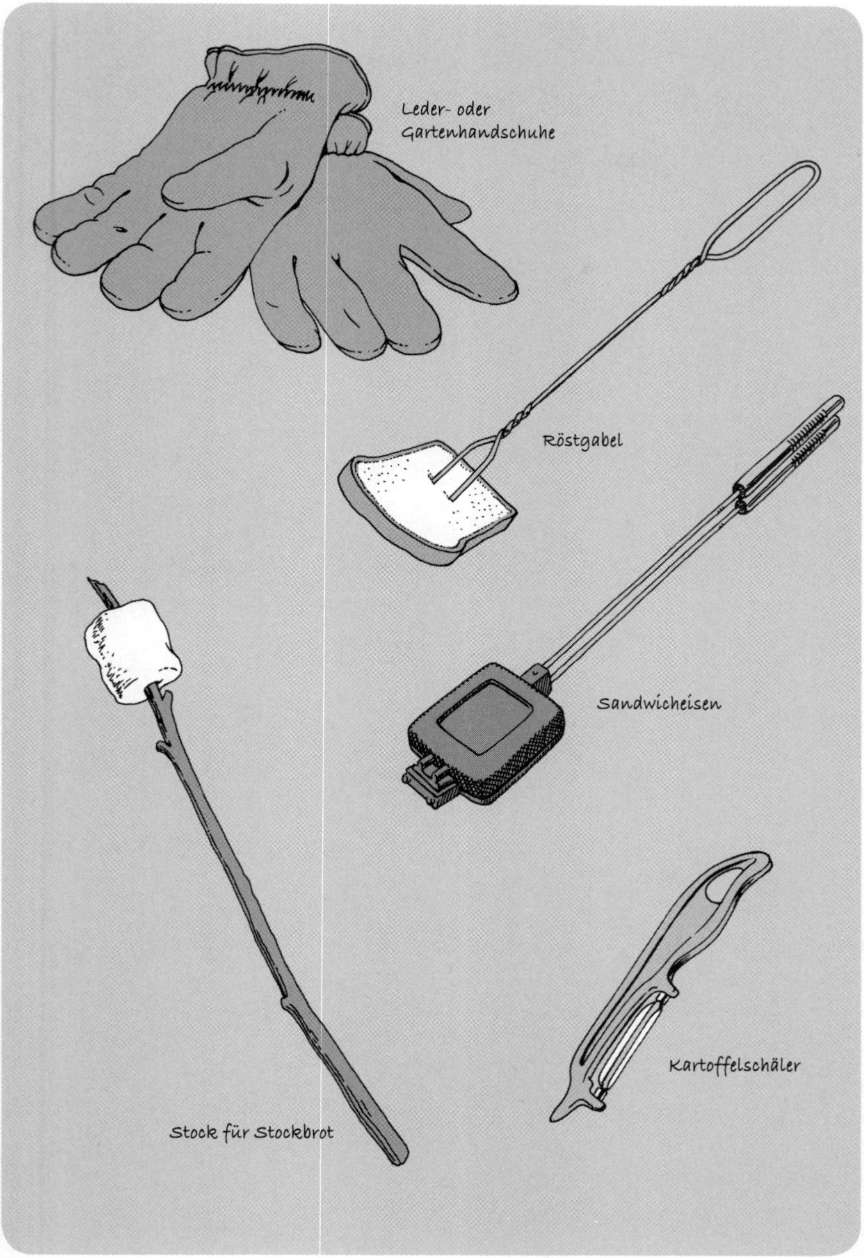
Leder- oder
Gartenhandschuhe
Röstgabel
Sandwicheisen
Stock für Stockbrot
Kartoffelschäler

flacher Teller
Schale
Becher
Campingbesteck
Gabel-Löffel
Faltbecher
Kaffeekanne
aus Metall

ABWASCHEN

Spülschüssel

Wasserbeutel

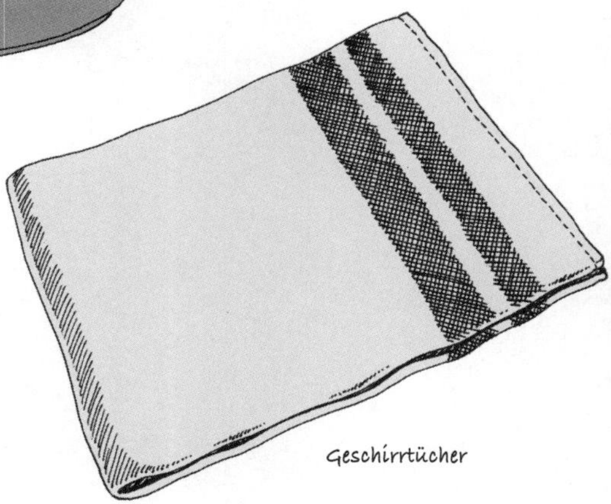

Geschirrtücher

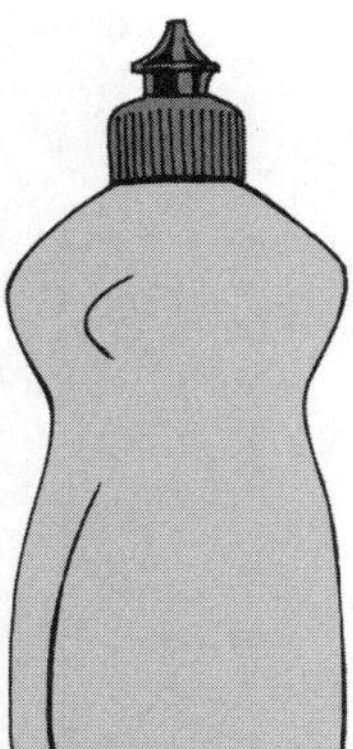

Spülmittel

Spülbürste

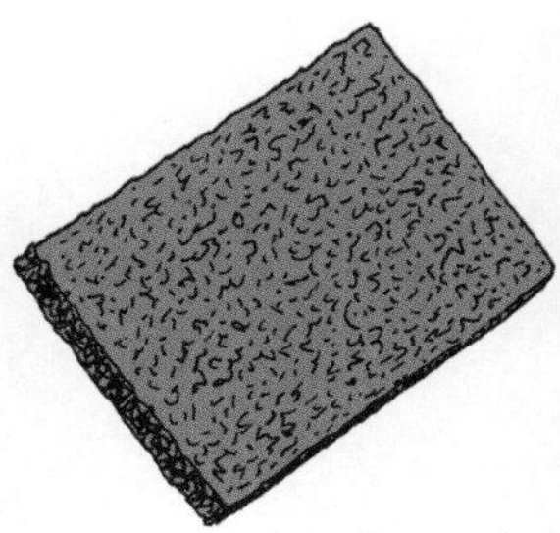

Schwamm

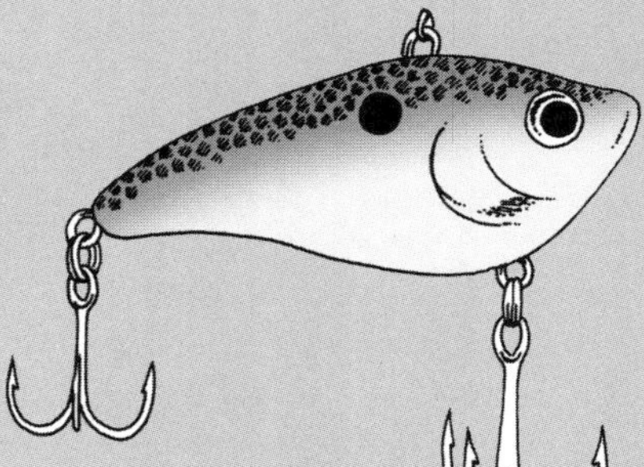

Angeln

Angeln zählt zu den weltweit beliebtesten Hobbys. Manche Angler kommen nur mit einer Angelschnur und einem Haken aus, andere begeistern sich für das Hochseeangeln mit Hightechausrüstung. Wie du es auch betreiben magst: Entspannend ist es immer.

Rute und Rolle

Petri Heil! Notfalls genügen eine Schnur und ein Haken, doch wenn du auch noch Rute und Rolle hast, kannst du den Haken weiter auswerfen und den gefangenen Fisch besser kontrollieren.

DETAILS DER ANGELRUTE

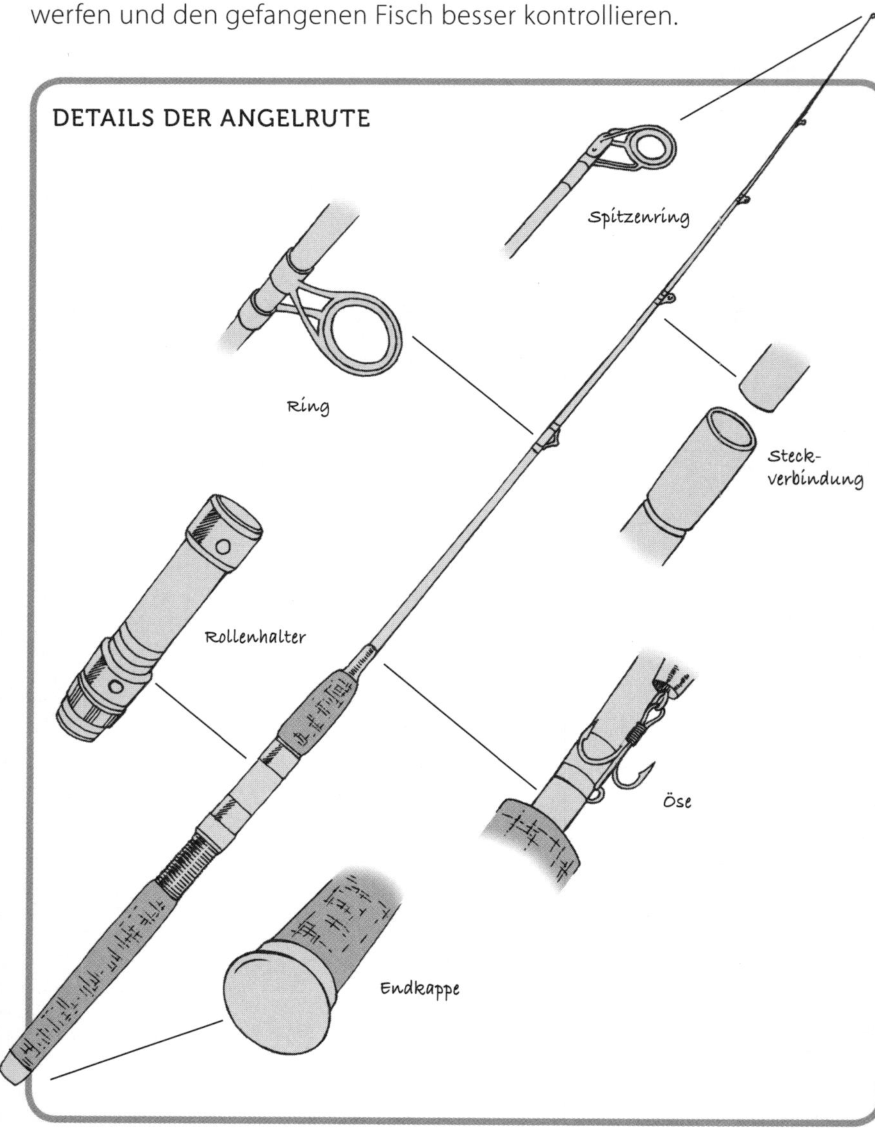

FLIEGENROLLE

Die einfache Beim Fliegenfischen ist die Rolle weitaus weniger wichtig als beim Hochseeangeln, denn sie soll eigentlich nur den Teil der Schnur halten, den du gerade nicht brauchst. Bei den meisten Modellen entspricht eine komplette Drehung der Kurbel einer Drehung der Spule. Wenn du kräftige Fische wie zum Beispiel Lachse angeln willst, wähle eine Fliegenrolle von guter Qualität mit Freilauf.

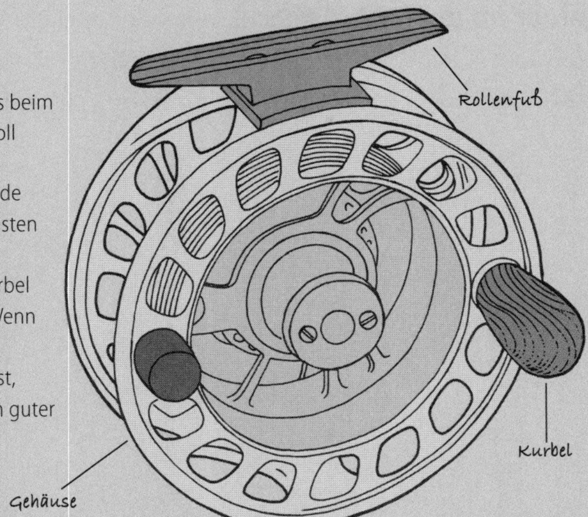

STATIONÄRROLLE

Das Allroundtalent Bei diesen Rollen dreht sich die Spule nicht, wenn die Schnur eingeholt wird. Stattdessen wird die Schnur vom Schnurfangbügel des Schnurfangrotors um die Spule gewickelt. Vor dem Auswerfen klappt man den Schnurfangbügel auf, damit die Schnur beim Wurf frei ablaufen kann. Stationärrollen eignen sich für die meisten Angelarten.

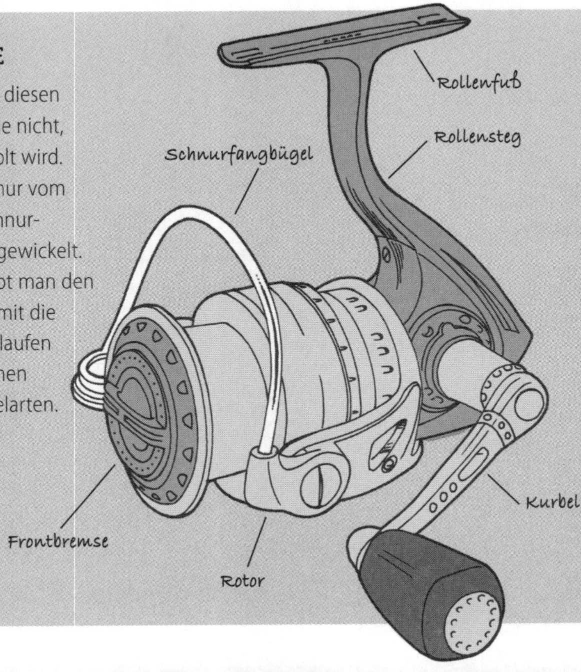

SCHWIMMER

Immer an der Oberfläche Schwimmer, auch Posen genannt, halten den Köder in der Wasserhöhe, in der Fische Futter suchen. Wenn der Schwimmer abtaucht, zittert oder flach liegt, weiß du, dass etwas angebissen hat.

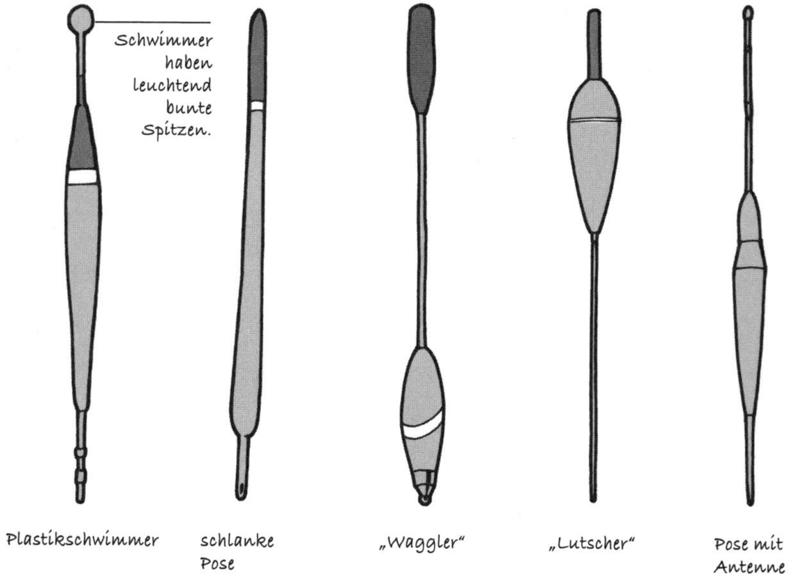

DURCHLAUFSCHWIMMER

In Bewegung Es gibt Feststellschwimmer und Laufschwimmer. Feststellschwimmer sind durch ein Öhr und einen Gummiring direkt an der Angelschnur fixiert. Der Freilaufschwimmer wird dagegen auf die Angelschnur aufgefädelt. An der Schnur ist oberhalb von ihm ein Stopper. So kannst du einstellen, in welcher Höhe der Köder hängt.

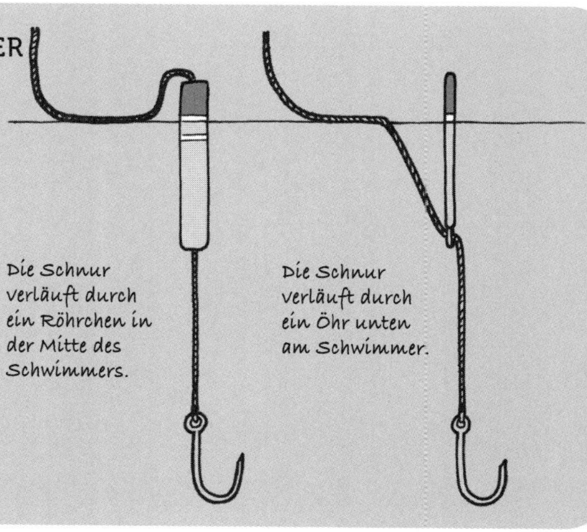

ANGELKNOTEN

Die sollte man kennen Ein Knoten kann darüber entscheiden, ob man den Fisch fängt oder verliert. Es gibt eine Reihe von besonderen Angelknoten. Den hier sollte jeder kennen. Ihn zu beherrschen ist nicht schwer.

CLINCHKNOTEN

An der Öse festgemacht Dies ist einer der am häufigsten verwendeten Angelknoten. Mit ihm fixiert man eine Schnur an der Öse eines Hakens oder Köders. Dieser Knoten ist auch geeignet, die Schnur am Wirbel festzuknoten.

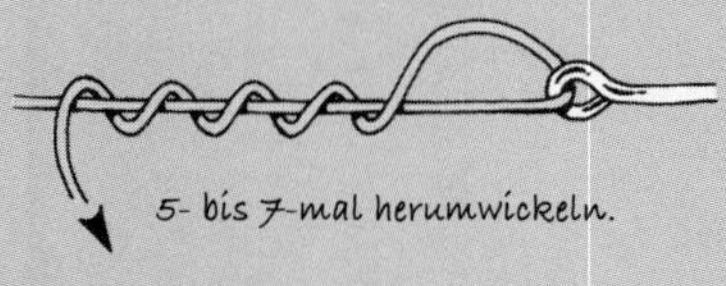

1 Fädle die Schnur durch die Öse. Lege das Ende mindestens fünfmal um die Schnur.

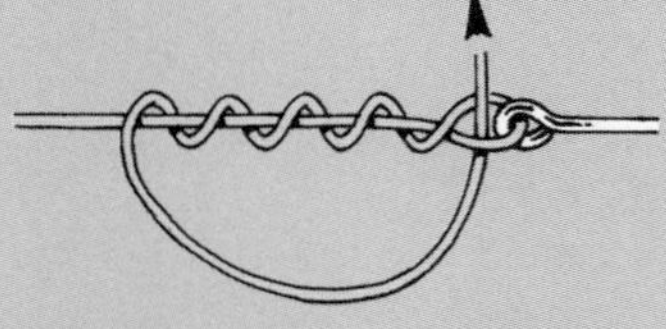

2 Ziehe das Ende durch die erste Schlaufe gleich nach der Öse.

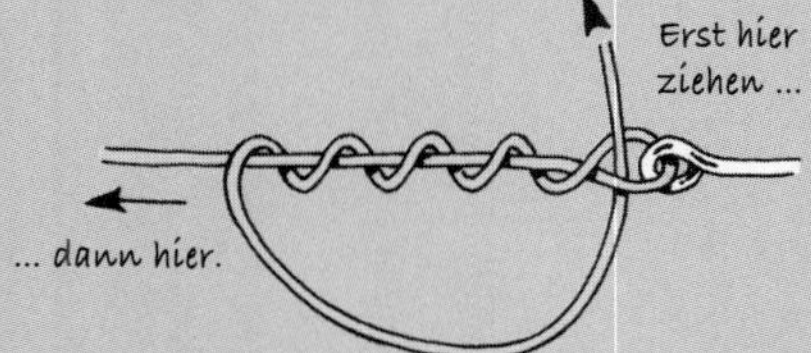

3 Mache den Knoten mit etwas Spucke gleitfähiger. Ziehe am kurzen, durch die Öse gefädelten Ende und ziehe dann gleichmäßig am anderen Ende der Schnur.

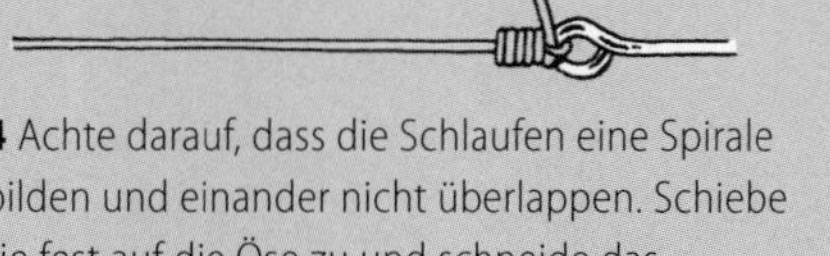

4 Achte darauf, dass die Schlaufen eine Spirale bilden und einander nicht überlappen. Schiebe sie fest auf die Öse zu und schneide das überstehende Ende ab.

Köder

Zum Fressen gern Der Geruch und – bei Lebendködern – das Verhalten des Köders zieht futtersuchende Fische unwiderstehlich an. Köder kann man kaufen oder aber zu Hause oder draußen in der Natur einsammeln. Finde heraus, was „deine" Fische anlockt!

SÜSSWASSERKÖDER

Hundekuchen Was Hunde lieben, mögen auch viele Fische. Weiche die Leckerlis ein, drücke sie aus und lasse sie zwölf Stunden in einem luftdichten Beutel ruhen. Dadurch werden sie gummiartig und lassen sich gut aufspießen.

Boilies Knete aus Sojamehl, tierischem Eiweiß, Fischpaste, Lebensmittelfarbe und Ei einen Teig, rolle daraus kleine Kugeln und koche sie. Sie sollten außen hart sein, damit keine kleinen, unerwünschten Fische hineinbeißen.

Maiskörner Weil sie süß schmecken und schön leuchtend gelb sind, locken sie viele Süßwasserfische an, besonders Schleien, Karpfen und Brassen.

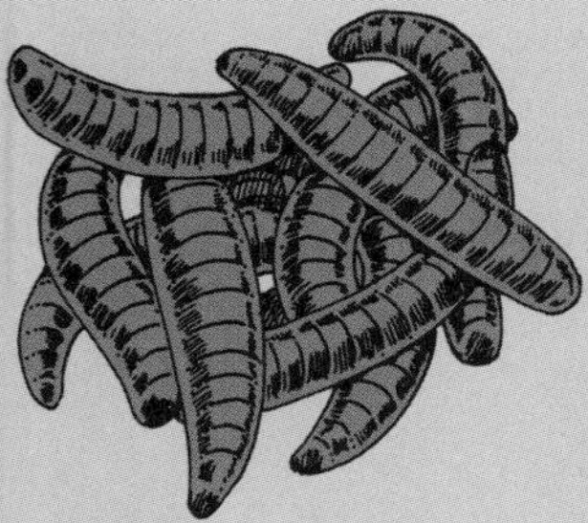

Maden Mit Maden lassen sich so gut wie alle Süßwasserfische fangen. Du kannst sie im Angelladen kaufen. Auch die verpuppten Maden – sie werden dann rot – sind ein guter Köder.

Würmer Ein sich am Haken windender Regenwurm ist der klassische Köder. Du findest sie, wenn du in der obersten Erdschicht gräbst oder unter feuchtem Holz nachschaust.

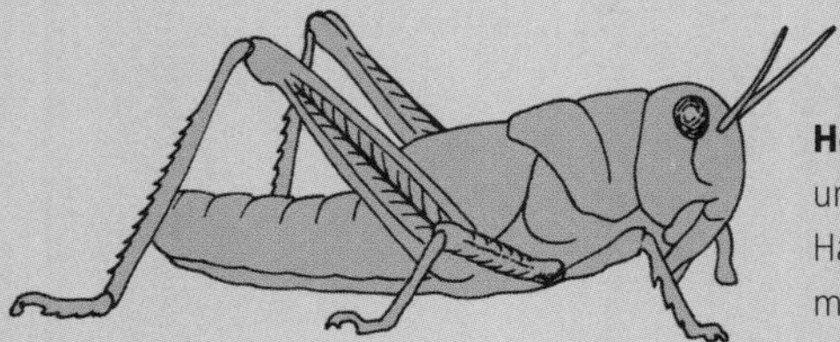

Heuschrecken Spieße die Heuschrecke unter dem festen Rückenpanzer auf den Haken auf. Sehr wirksam sind sie, wenn man sie wie einen Fliegenköder auswirft.

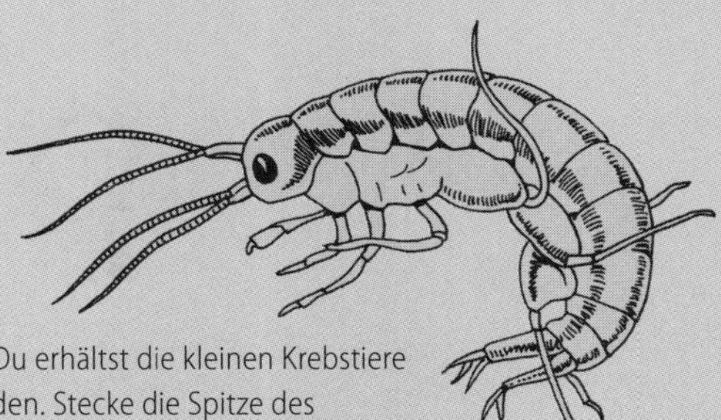

Süßwassershrimp Du erhältst die kleinen Krebstiere in Zoo- und Anglerläden. Stecke die Spitze des Angelhakens durch den Schwanz eines größeren Shrimps oder reihe mehrere kleine hintereinander auf.

Kunstköder

Attrappen Manche künstlichen Köder sehen Beutetieren von Raubfischen erstaunlich ähnlich. Aber auch unnatürlich aussehende Köder locken Fische an, wenn sie bewegliche, im Wasser vibrierende Teile haben.

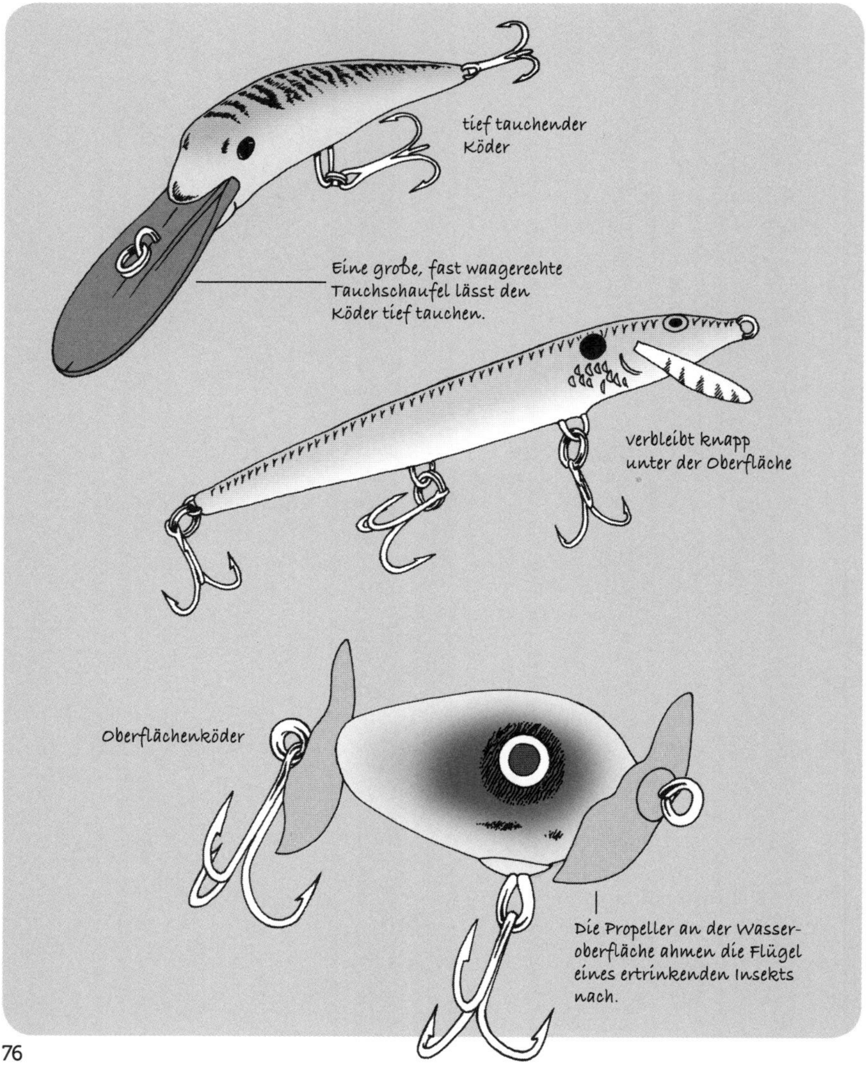

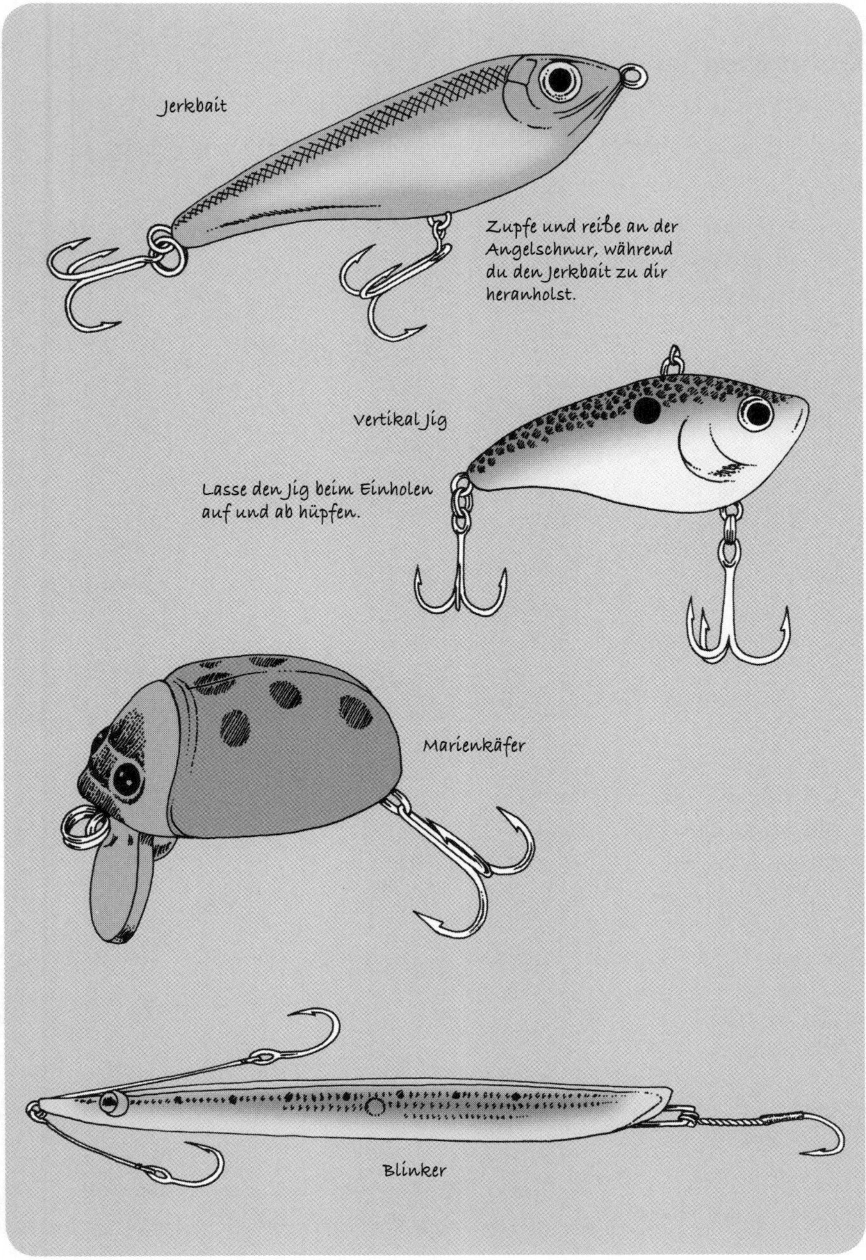
Jerkbait
Zupfe und reiße an der Angelschnur, während du den Jerkbait zu dir heranholst.
Vertikal Jig
Lasse den Jig beim Einholen auf und ab hüpfen.
Marienkäfer
Blinker

Schwimmermontage

Gut präsentiert Als Montage bezeichnet man die Anordnung von Angelschnur, Haken, Bleigewichten, Schwimmer und anderem, mit der man Fische fangen will. Die Wahl der Montage hängt von den Wetterbedingungen ab und davon, was man fangen will.

OHNE SCHWIMMER

Ganz simpel Hier besteht die Montage einfach nur aus der Schnur und dem Haken mit dem Köder. Dazu brauchst du einen Köder, der durch sein eigenes Gewicht absinkt oder unter der Wasseroberfläche schwimmt.
Ein Wirbel verhindert das Verdrehen der Schnur.

DURCHLAUFSCHWIMMER

Gut sichtbar Wenn diese Montage auf das Wasser auftrifft, ziehen Bleigewichte und Köder die Schnur durch den Schwimmer, bis der Stopper sie blockiert. Dadurch gelangt dein Köder dorthin, wo du die Fische vermutest. Du kannst die Montage auch so einstellen, dass sich der Haken nicht am Boden verfängt.

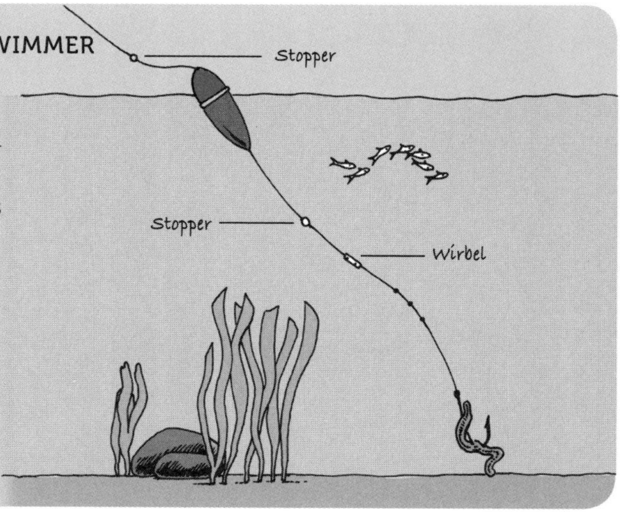

AUF DEM GRUND

Tief unten Diese Montage präsentiert den Köder auf Sandgrund, genau da, wo viele Fischarten Nahrung suchen. Benutze ein Bleigewicht, das zwar sinkt, aber leicht genug ist, um der Montage zu erlauben, sich in der Strömung zu bewegen.

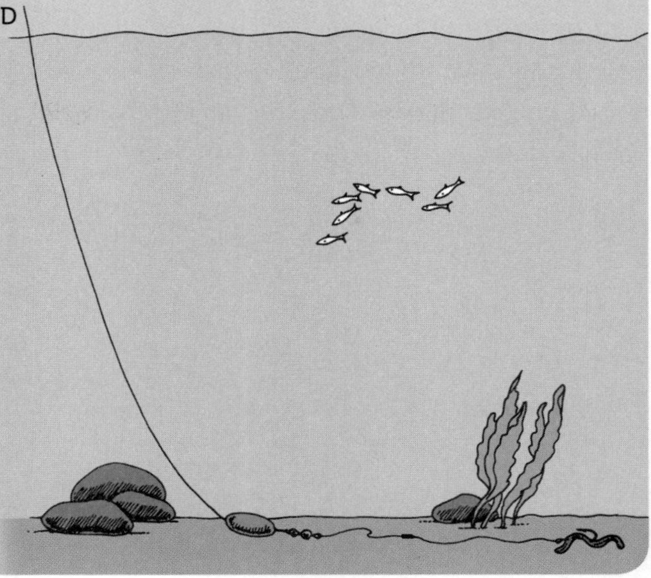

KÖDERFISCHMONTAGE

Mehr als ein Haken Einen toten Köderfisch präsentiert man den Raubfischen am besten mit einem Drillingshaken oder mehreren Einzelhaken. Nach dem Auswerfen zupft man ihn langsam zu sich heran und imitiert so einen kranken Fisch.

Wurftechnik

Gut geworfen Durch das Werfen kommt der Köder zum Fisch. Es braucht einige Übung, doch wenn man eine gute Wurftechnik beherrscht, macht das Angeln noch mehr Spaß.

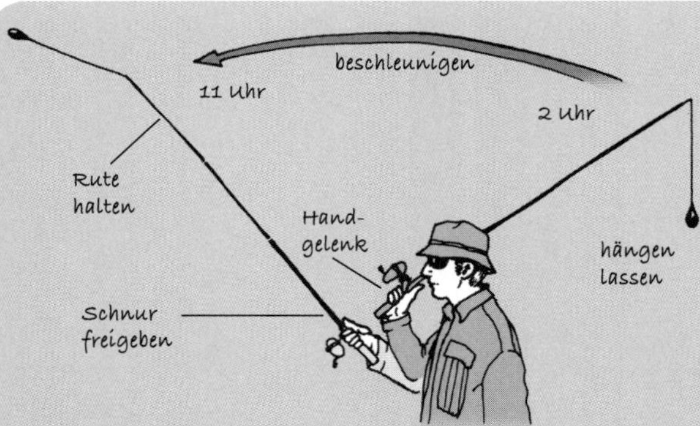

Nach der Uhr werfen Stell dir beim Werfen das Zifferblatt einer Uhr vor, dessen 12 direkt über deinem Kopf ist. Versuche, die Rute aus der 2-Uhr-Position nach vorne in die 11-Uhr-Position zu schwingen.

GRIFFTECHNIK

Werfen einer Rute mit Stationärrolle Nimm die Schnur mit deinem Zeigefinger auf oder blockiere die Schnur mit der Rollensperre, bevor du den Schnurfangbügel aufklappst.

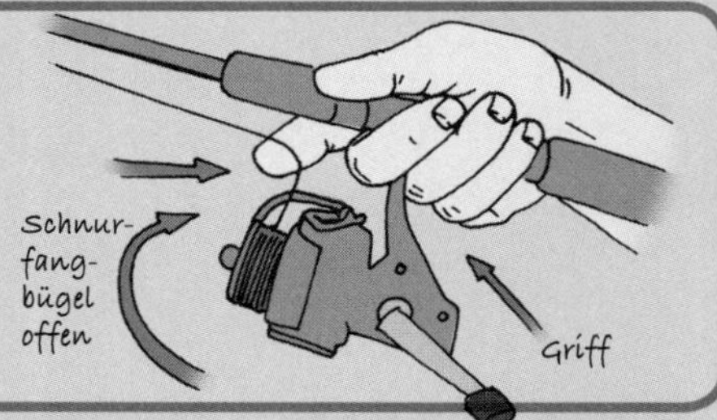

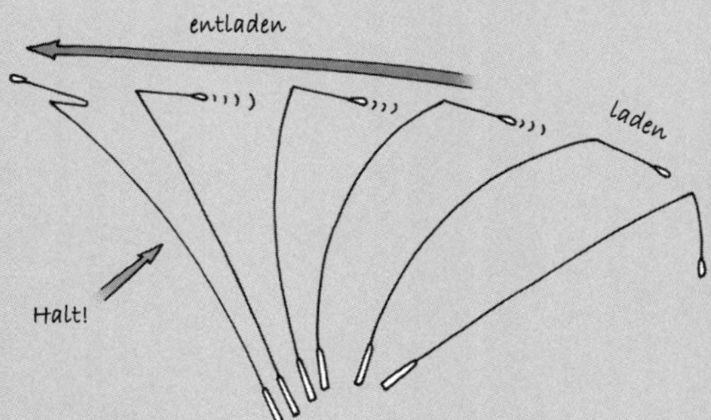

Pass auf die Spitze auf! Die Schnur folgt stets dem Weg der Rutenspitze. Deshalb sollte man beim Erlernen der Wurftechnik das Verhalten der Spitze genau beobachten.

Fische halten

Bitte lass mich frei! Ein gefangener Fisch muss nicht unbedingt auf dem Teller landen. Manchmal hängt einer am Haken, den man eigentlich gar nicht haben wollte. Es wird immer wieder vorkommen, dass du Fische wieder freilässt.

Falsch! Der Fischkörper ist an eine Welt mit geringer Schwerkraft angepasst. Deshalb muss man ihn außerhalb des Wassers stützen. Halte einen größeren Fisch niemals mit nur einer Hand: Das könnte ihn schwer verletzen.

Richtig! Fasse den Fisch so wenig wie möglich an, und nur mit nassen Händen. Halte ihn für ein Foto behutsam mit beiden Händen.

Haken lösen Vielleicht kannst du den Haken mit den Fingern herausziehen; meist geht es aber nur mithilfe einer Zange.

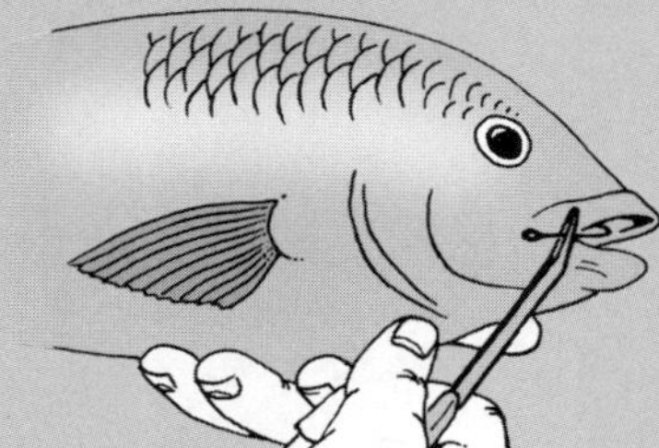

Fischgründe

Wo sind die Fische? Ebenso wie wir Menschen und auch viele andere Lebewesen versammeln sich Fische oft zu bestimmten Zeiten an bestimmten Orten. Ein erfolgreicher Angler weiß, wo es sich lohnt, den Köder ins Wasser zu werfen.

FISCHSTANDORTE IN EINEM FLUSS

1. Unter überhängenden buschigen Ästen
2. Unter einer Böschung in der Biegung
3. In ruhigem Wasser
4. Wo ein Nebenfluss einströmt
5. In ruhigem Wasser hinter Felsen
6. Unter einem toten Baum im Wasser

SEE UND WIND

Windschutz Beobachte an einem windigen Tag, wo der Wind über die Wasseroberfläche weht. An vom Wind abgewandten Uferabschnitten sind besonders viele Insekten zu finden. Deshalb sind dort viele kleine Fische – und auch große Raubfische.

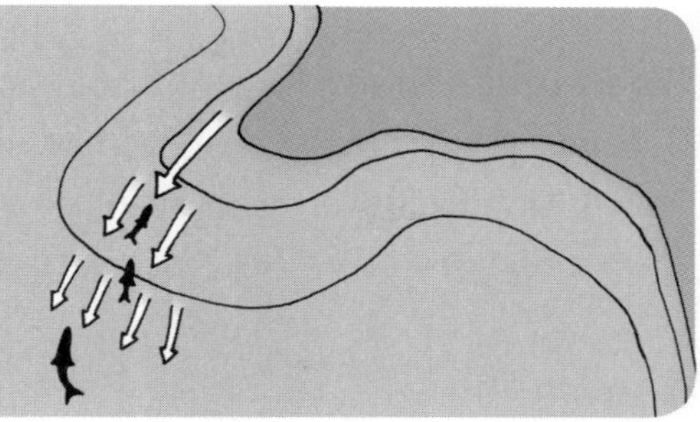

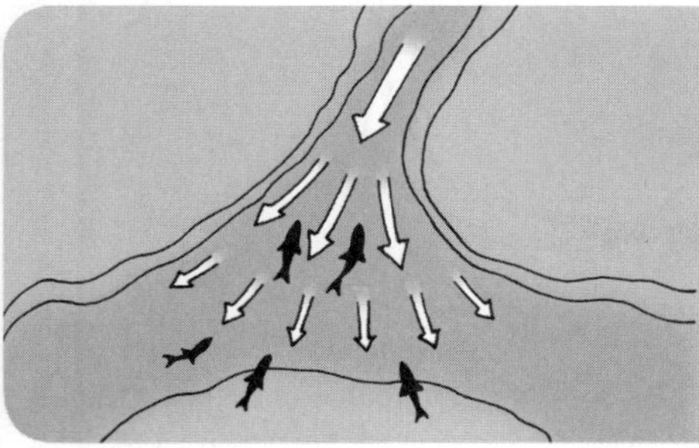

ZUFLÜSSE

Strömung Fische versammeln sich dort, wo ein Fluss in den See fließt: Sie mögen das sauerstoffreichere Wasser und das Futter, das es mit sich führt. Sie versammeln sich auch am Abfluss.

SEEROSENFELDER

Kühl und schattig In der Umgebung der Seerosen halten sich viele kleine Wasserbewohner auf, die wiederum größere Fische anlocken. An heißen Tagen schwimmen Fische gerne im Schatten der Seerosenblätter.

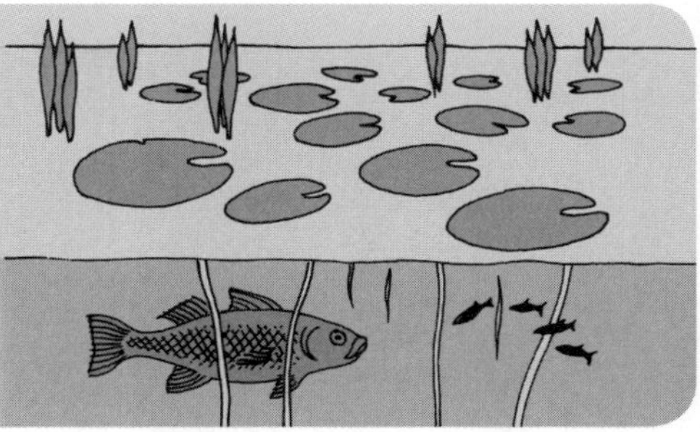

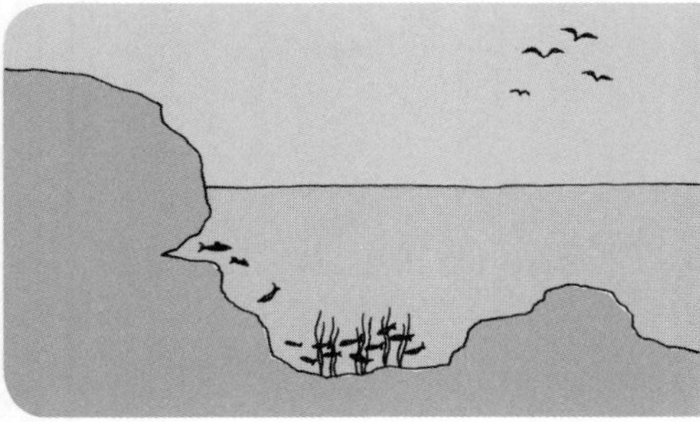

FELSWAND

Steiler Abgrund Fische versammeln sich überall dort, wo es unter Wasser Strukturen gibt. Eine unebene Felswand oder ein Steilufer bieten Nahrung, Verstecke und Orte zum Ablaichen.

Fisch zubereiten

Töten und kochen Für viele Angler ist ein leckeres Fischgericht der krönende Abschluss eines Angeltages. Um einen selbst gefangenen Fisch essen zu können, musst du ihn aber zuerst töten und dann für das Kochen, Braten oder Grillen vorbereiten.

Betäuben Hast du einen Fisch gefangen, den du essen möchtest, musst du ihn mit einem gezielten Schlag auf den Kopf betäuben.

Abstechen Nach dem Betäuben stichst du den Fisch mit einem Messer von unten zwischen den Brustflossen ab.

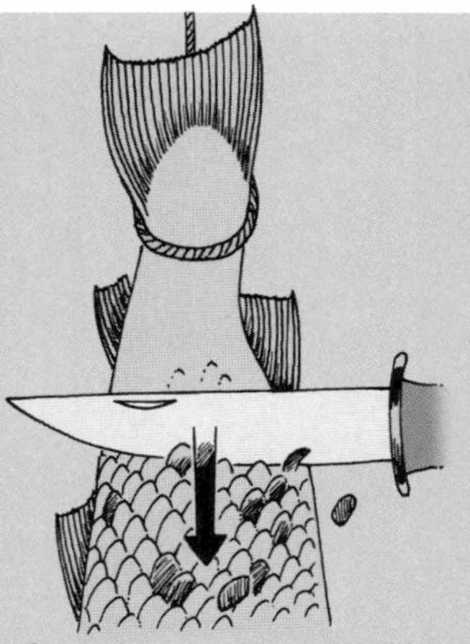

Entschuppen Hänge den Fisch kopfüber auf. Ziehe eine Messerklinge entgegen der Schuppenrichtung über den Körper.

Häuten Hänge einen Wels oder Aal mit dem Kopf nach oben auf. Schneide die Haut hinter den Kiemen auf und ziehe sie ab.

EINEN KLEINEN FISCH FILETIEREN

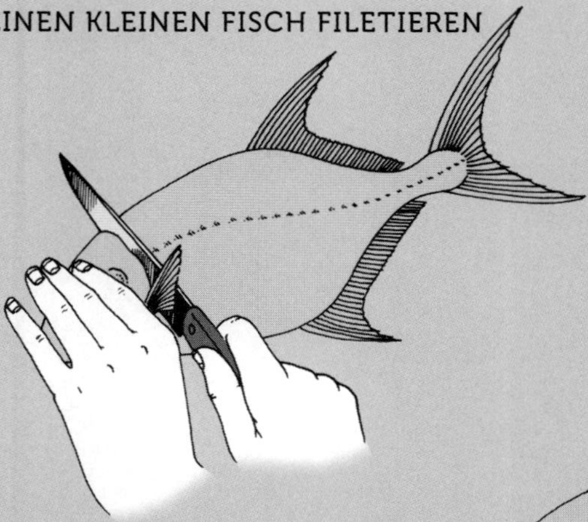

1 Der Fisch muss zuvor entschuppt und ausgenomen sein. Ausnehmen: Schlitze den Bauch auf, nimm die Innereien heraus und entsorge sie. Tupfe den Fisch innen und außen trocken. Lege ihn flach auf ein Küchenbrett. Schneide den Kopf ab.

2 Halte den Fisch am Schwanz fest. Schneide mit der von dir abgewandten Klinge den Fisch an der Wirbelsäule entlang durch.

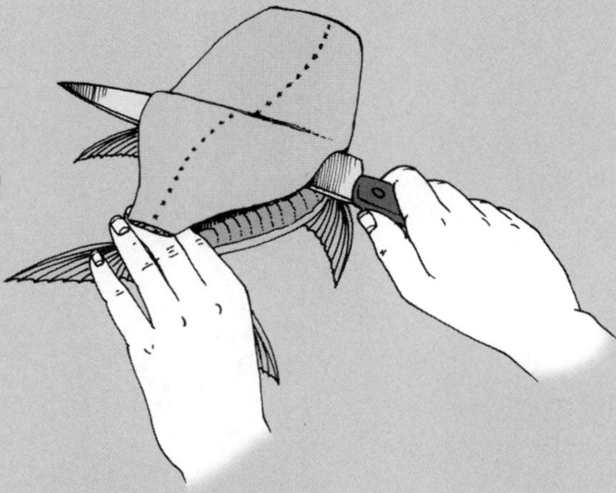

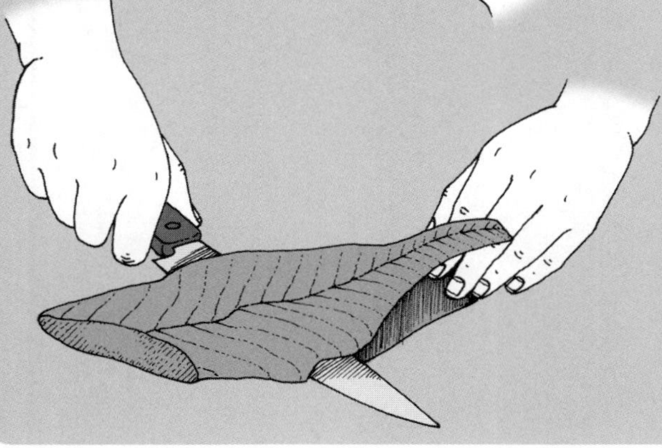

3 Lege das Filet mit der Haut nach unten auf das Brett. Trenne mit dem Messer das Filet von der Haut. Schneide immer von dir weg.

Klettern

Man unterscheidet alpines, sportliches, traditionelles, technisches Klettern, Soloklettern und Bouldern. Aber die Liebe zur Natur und die Leidenschaft für die Fortbewegung in der Senkrechten haben alle Anhänger dieser Varianten gemeinsam.

Kletterausrüstung

Steil nach oben Anfänger könnten die Kletterausrüstung verwirrend finden. Eigentlich aber besteht sie nur aus einem Gurt und Seilen zur Sicherung des Kletternden, aus eng anliegenden Schuhen und aus Haken, in die die Seile eingehängt werden.

GRUNDAUSSTATTUNG

Damit kanns losgehen! Am Gurt werden die verschiedenen Haken eingeklinkt. Hinten hängt man einen Beutel für das Magnesiumcarbonat („Chalk") ein, das die Hände auch bei Feuchtigkeit und schwülem Wetter trocken hält.

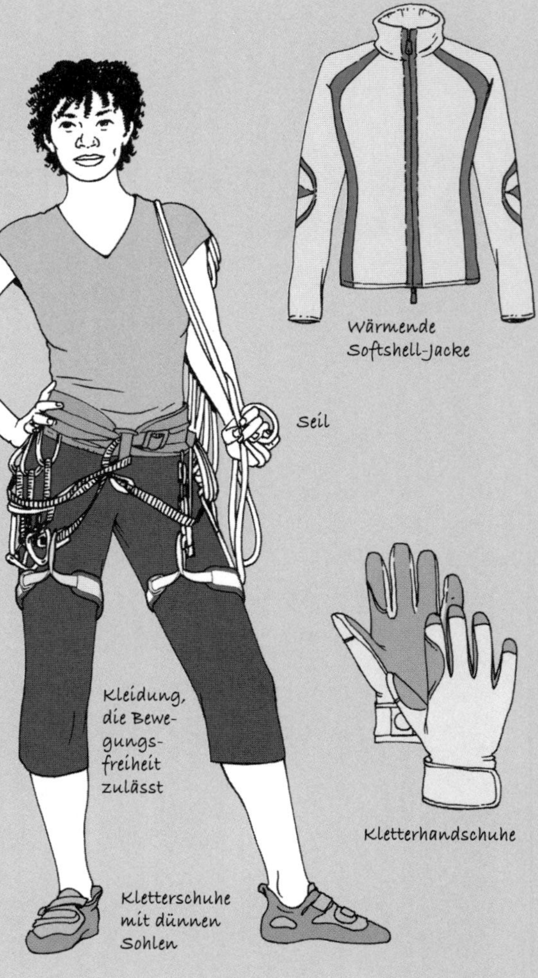

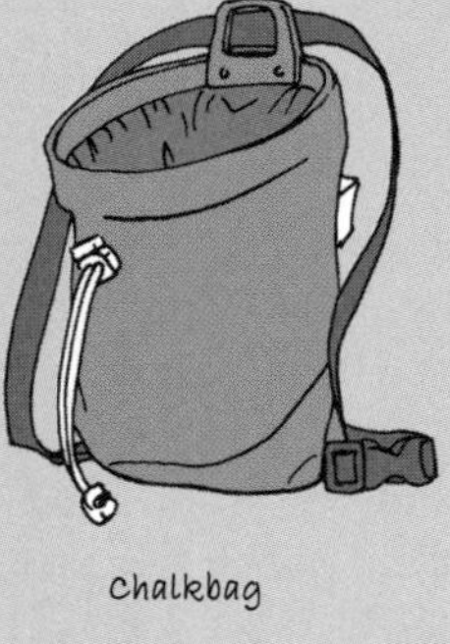

KLETTERGURT

Sicherheitsgurt Moderne Klettergurte sind bequem, gut einstellbar und haben Schlaufen zum Befestigen von Ausrüstungsteilen. Die für Frauen angebotenen Gurte eignen sich für Menschen mit schmaleren Taillen und kräftigeren Oberschenkeln.

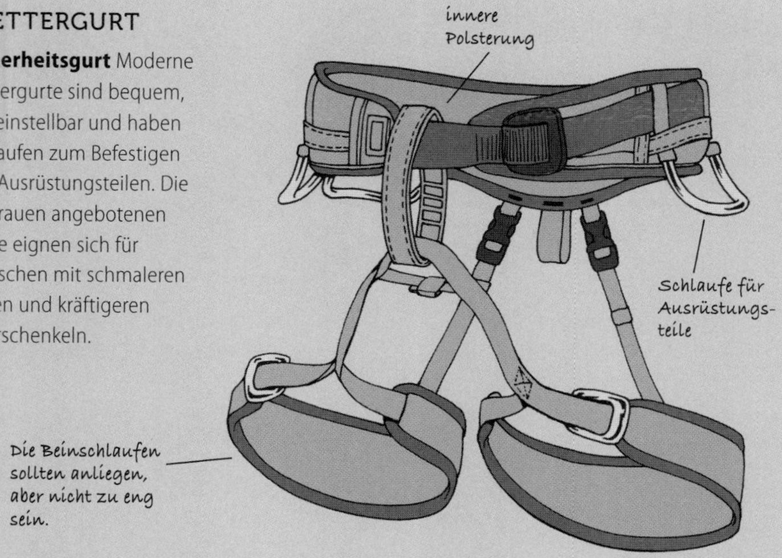

HELM

Schutz für den Kopf Einen Helm sollten nicht nur die Kletternden tragen, sondern auch ihre Kameraden, die sie von unten sichern, denn beim Klettern könnten sich Steine oder Eisbrocken lösen und herabfallen.

BERGSTIEFEL

Allrounder Mit Fersenschutz und einer flachen Sohle bietet er dem Fuß Halt auf glatten Steinplatten.

KLETTERSCHUH

Aggressiv Ein hoher Spann und die spitz zulaufende Schuhspitze helfen, auch auf kleinsten Felsvorsprüngen Halt zu finden.

SLIPPER

Bequem Kletterer, die überwiegend kurze, steile Stücke hochklettern, bevorzugen Slipper, die sich leicht an- und ausziehen lassen.

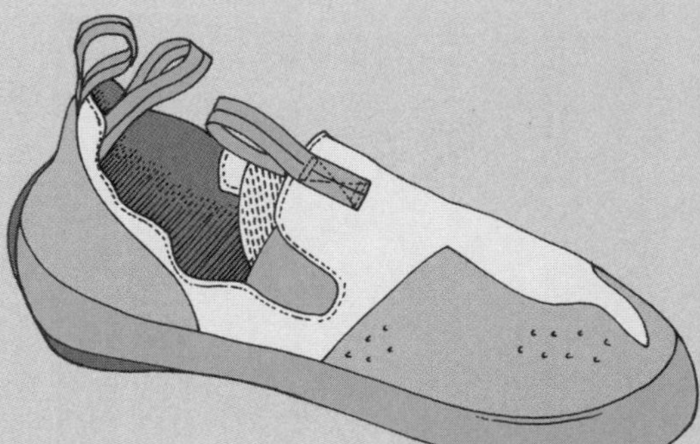

Kletterzubehör

Leicht und stark Richtig eingesetzt, kann das Zubehör – obwohl es sehr leicht ist – Abstürze verhindern. Die meisten Kletterer legen sich anfangs nur die wichtigsten Teile zu und erweitern ihre Ausrüstung später bei Bedarf.

KARABINER

Schlösser für das Seil Ein „Karabiner" ist ein „Haken mit Schnapper". Die modernen Karabiner sind meist aus leichten Metalllegierungen oder Stahl.

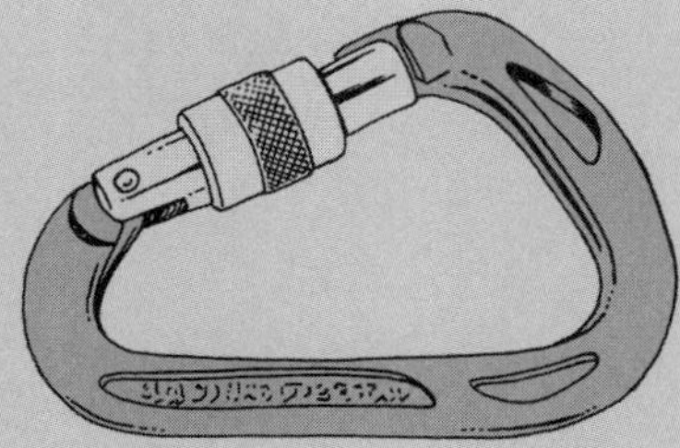

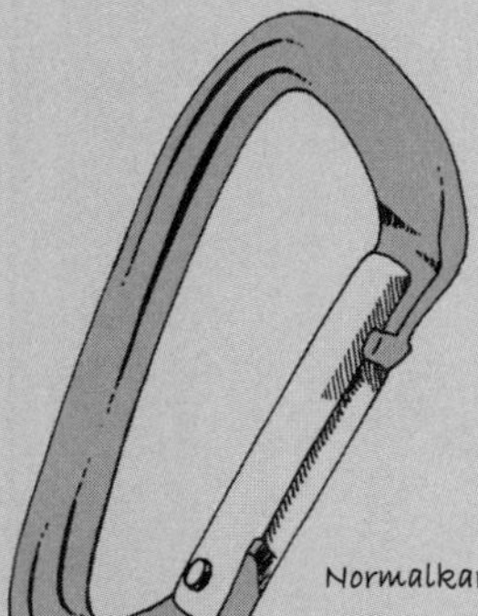

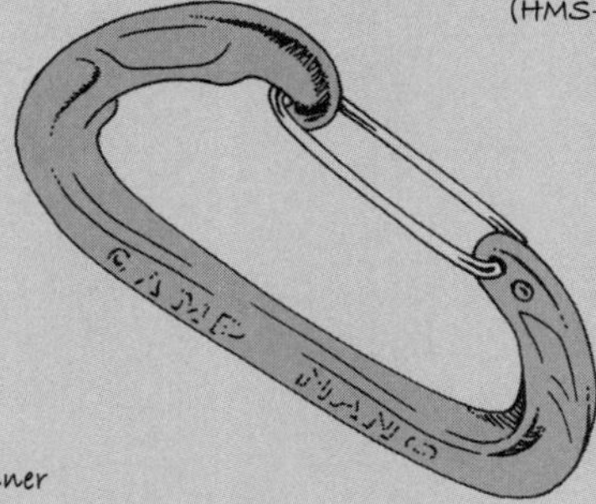

BANDSCHLINGE

Praktische Schlaufe Die in verschiedenen Größen erhältlichen Bandschlingen dienen zum Transportieren von Ausrüstungsteilen, als längere Verbindung zwischen Karabinern oder anderen Ausrüstungsteilen und als Sicherungselement beim Abseilen.

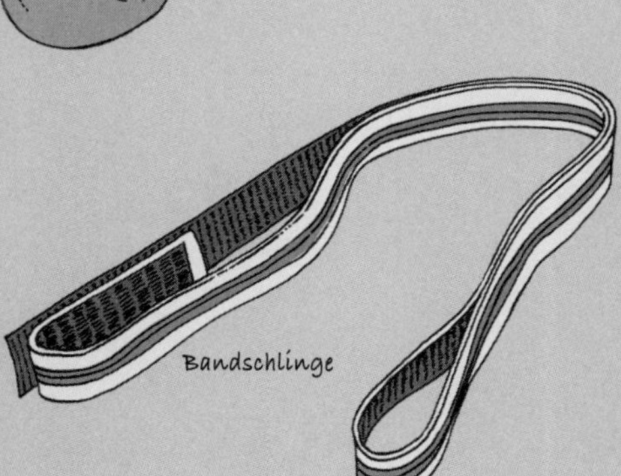

SICHERUNGSGERÄTE

Abseilen Um sicher auf- und abzusteigen, setzen Kletterer eine Vielzahl von Sicherungsgeräten ein. Sie fixieren das Seil so, dass der Kletternde nicht beim Aufsteigen wieder nach unten rutscht oder gar abstürzt.

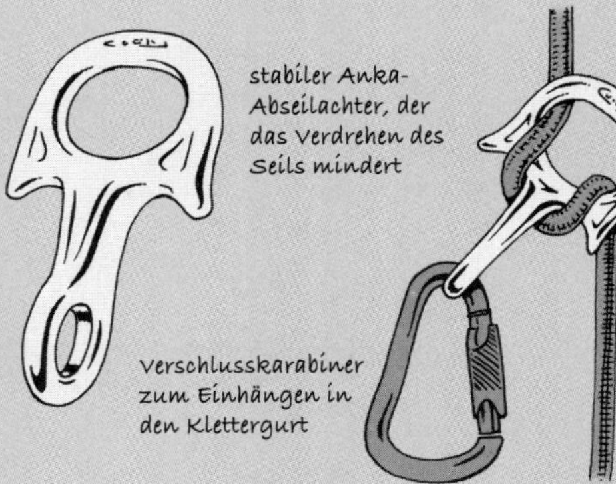

stabiler Anka-Abseilachter, der das Verdrehen des Seils mindert

Verschlusskarabiner zum Einhängen in den Klettergurt

Grigri

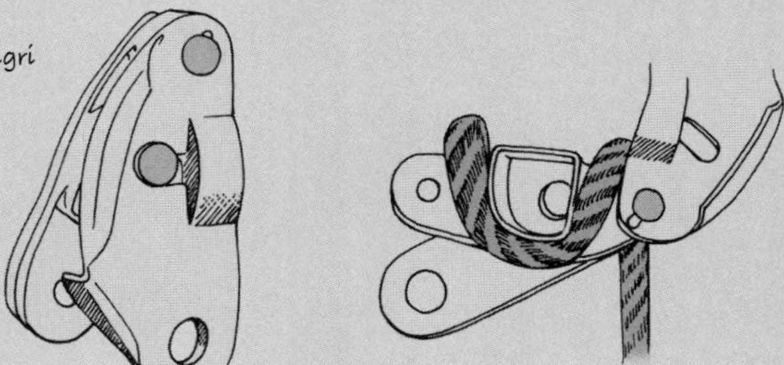

Der Hebel des Grigri hält das Seil automatisch auf, wenn es zu schnell durchläuft.

Abseilachter

STEIGKLEMME

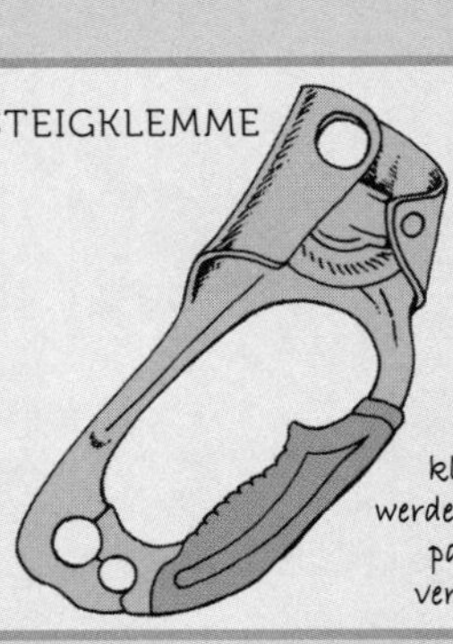

Steigklemmen werden meist paarweise verwendet.

SICHERUNGSGERÄTE

Gewöhnlich sichert ein Partner den Kletternden, um einen eventuellen Sturz zu verhindern. Dabei helfen Sicherungsgeräte.

STICHTPLATTE

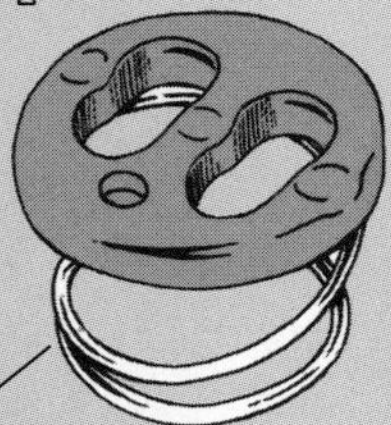

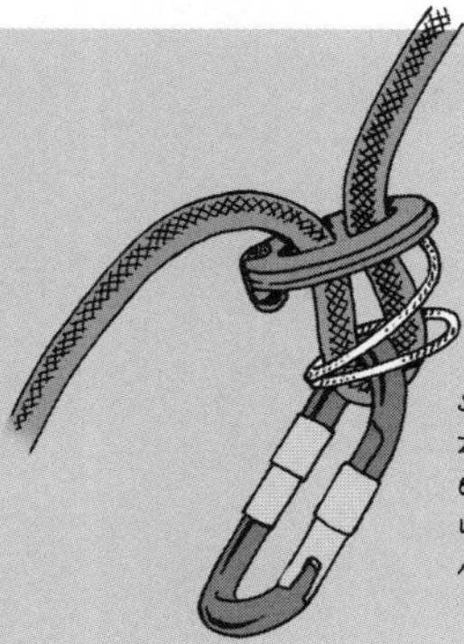

VARIABLES SICHERUNGSGERÄT (TUBE)

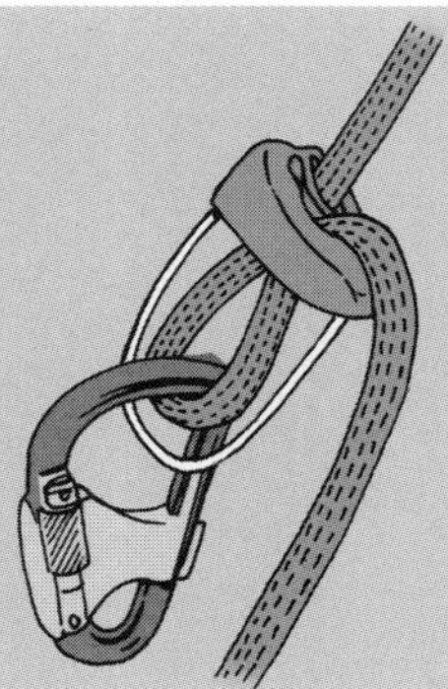

SMART-SICHERUNGSGERÄT

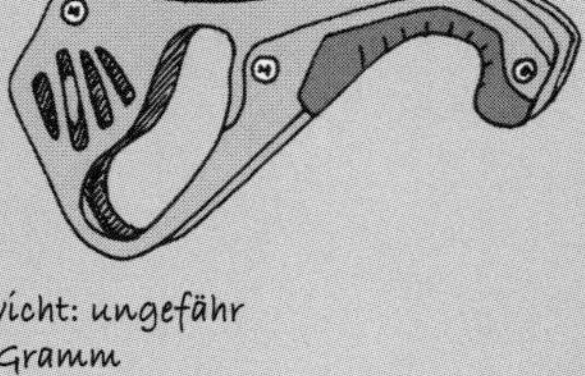

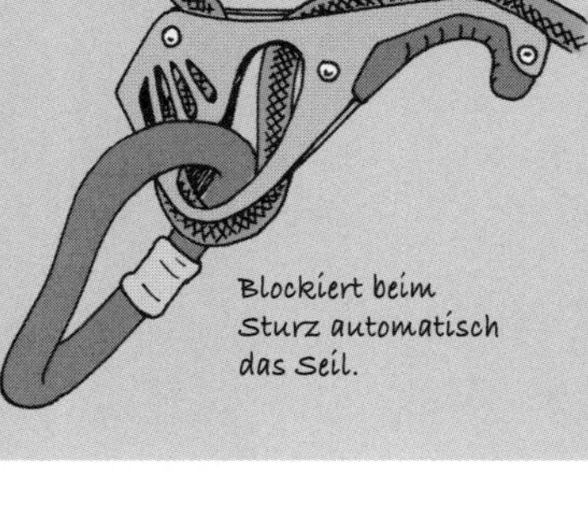

WICHTIGES ZUBEHÖR

Keile und Stopper Beim Klettern in der Gruppe wird der Erste in Felsspalten Sicherungen anbringen und in diese mittels Karabiner das Seil einhängen. Zu den einfachsten Sicherungsmitteln zählen Klemmkeile und Stopper in verschiedenen Ausführungen.

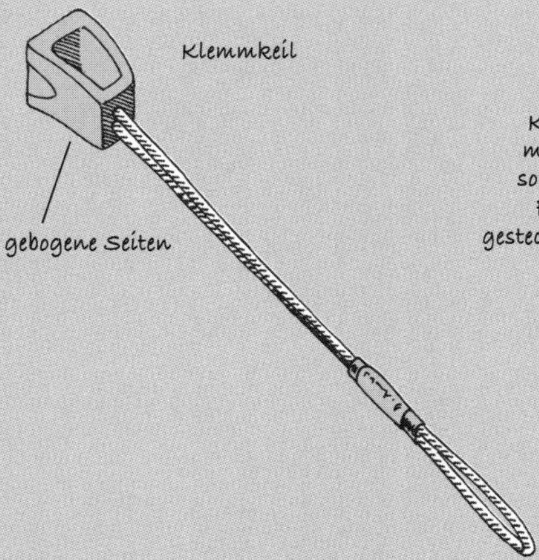

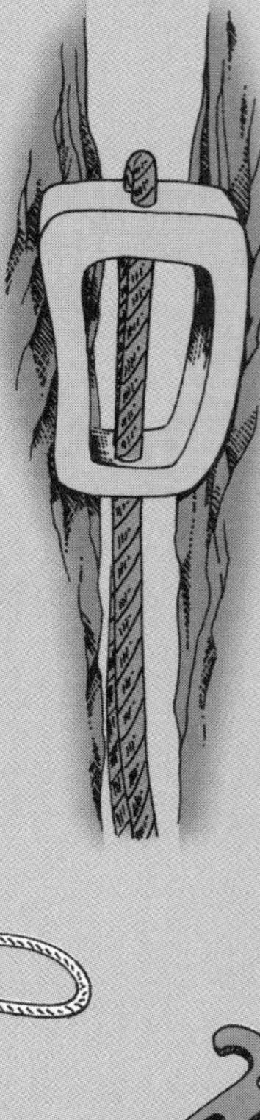

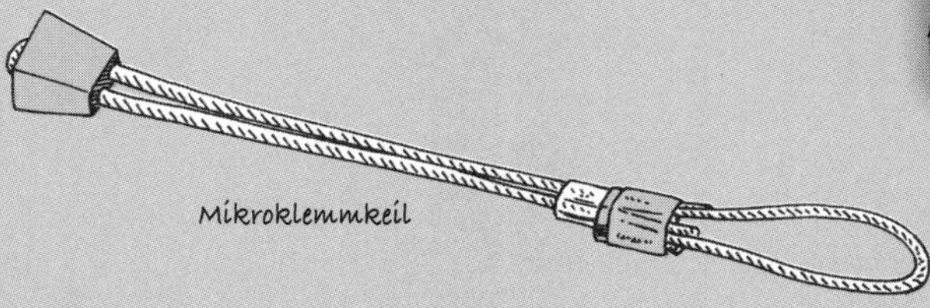

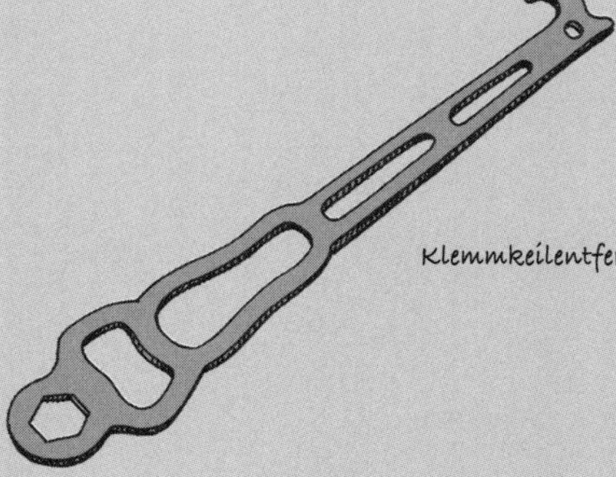

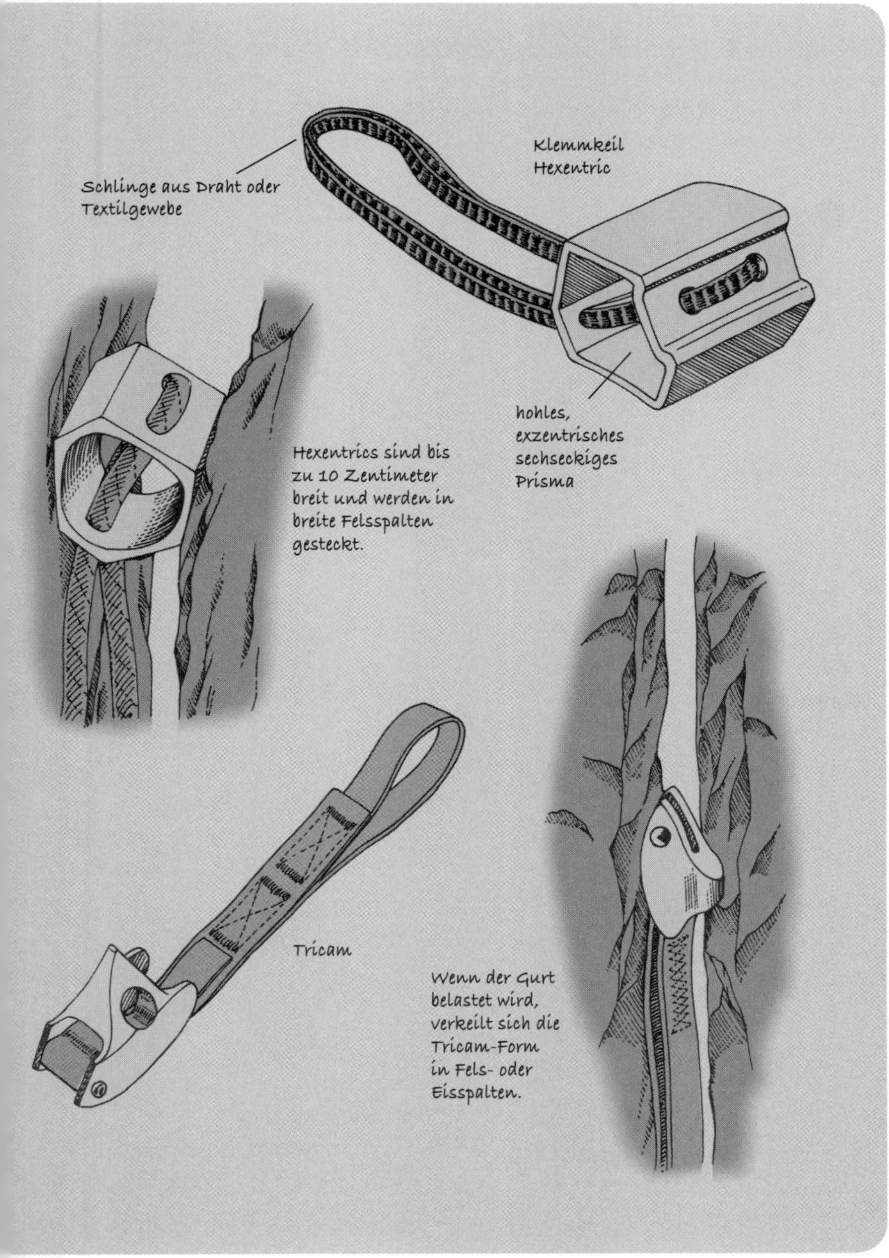
Klemmkeil
Hexentric
Schlinge aus Draht oder
Textilgewebe
hohles,
exzentrisches
sechseckiges
Prisma
Hexentrics sind bis
zu 10 Zentimeter
breit und werden in
breite Felsspalten
gesteckt.
Tricam
Wenn der Gurt
belastet wird,
verkeilt sich die
Tricam-Form
in Fels- oder
Eisspalten.

AKTIVE KLEMMGERÄTE

Climber's Friends „Freunde des Kletterers" werden diese in den 1970er-Jahren erfundenen Geräte auch genannt. Indem man den mit einer Feder verbundenen Abzug betätigt, zieht sich das Gerät zusammen. Lässt man los, spreizt die Feder die Metallbacken und der Friend „beißt" sich in einem Spalt fest.

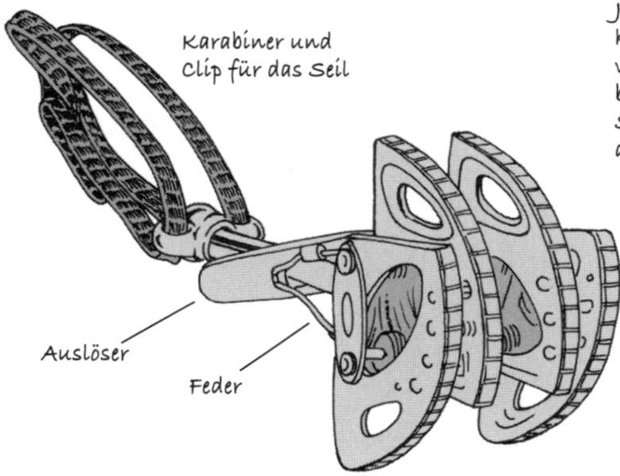

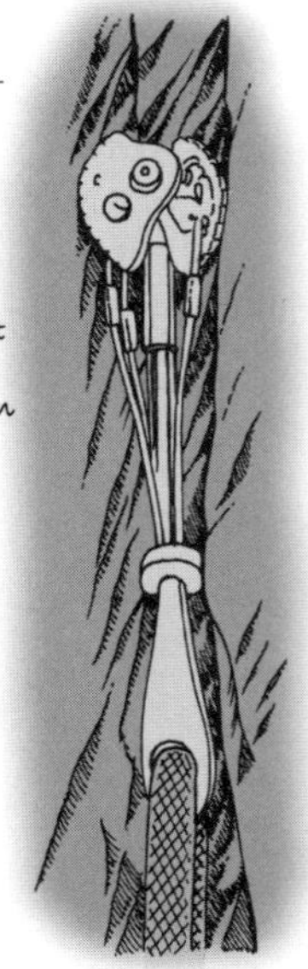

Ball Nuts Bei den für sehr schmale Spalten verwendeten Ball Nuts wird der Ball nach unten gezogen, wenn man am Auslöser zieht. Sobald man loslässt, springt er wieder hoch.

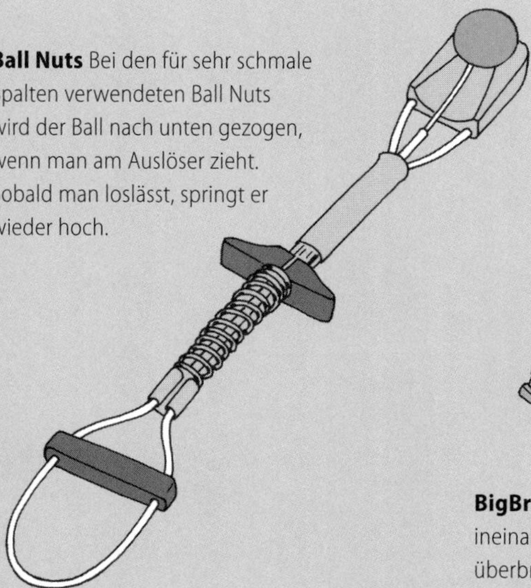

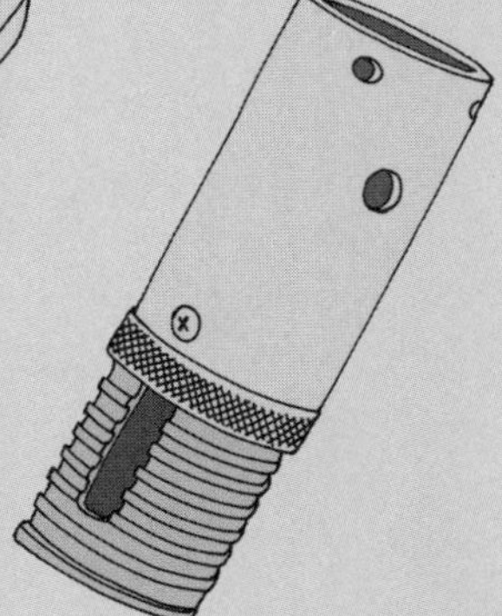

BigBro Dieses Klemmgerät aus ineinandergesteckten Röhren überbrückt auch breite Spalten. Mit einer Schraube wird es fixiert.

NICHT BEWEGLICHE HILFSMITTEL

Felshaken Alpine Bergsteiger und Leute, die eine Kletterroute einrichten, verwenden mitunter feste Sicherungen wie zum Beispiel Felshaken, die in den Fels hineingeschlagen werden, sowie die mittels einer Bohrmaschine angebrachten Bohrkeile. Das Anbringen fester Sicherungen ist nicht überall erlaubt.

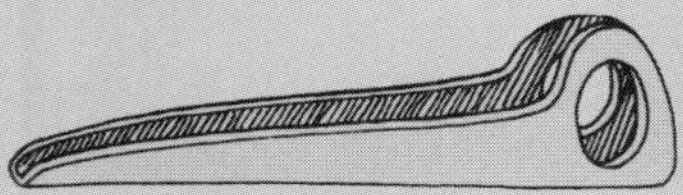

Profilhaken in V-Form

Messerhaken

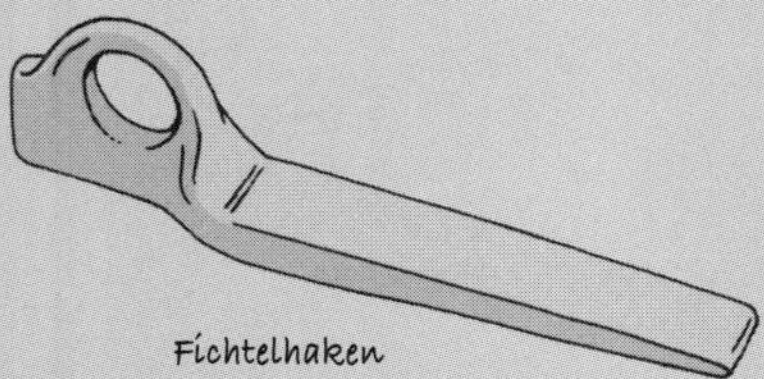

Fichtelhaken

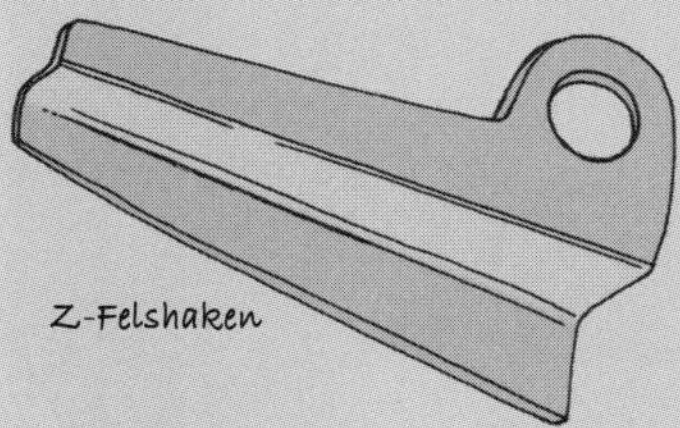

Z-Felshaken

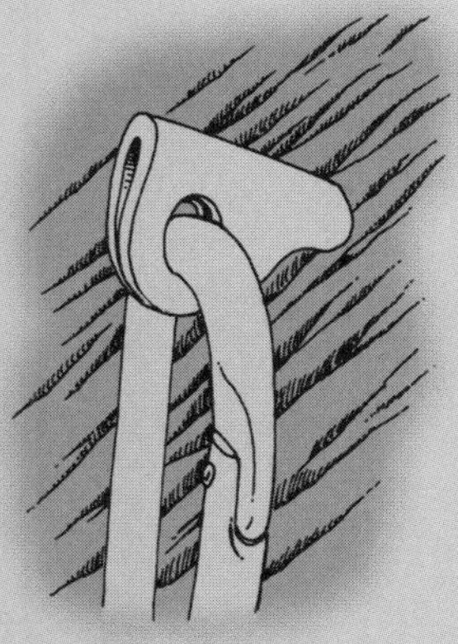

eingeschlagener Felshaken mit Karabiner

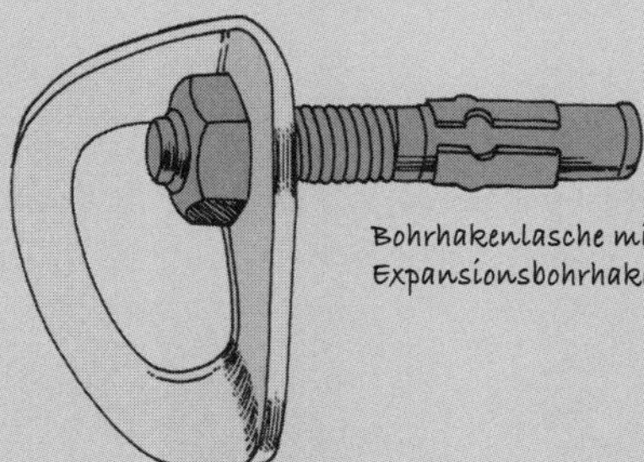

Bohrhakenlasche mit Expansionsbohrhaken

Seile und Knoten

Lebensretter Kletterseile können statisch sein, das heißt nicht elastisch, oder aber dynamisch, das heißt elastisch, sodass der Sturz abgefedert wird. Die heutigen Seile haben meist 8 bis 11,5 Millimeter Durchmesser.

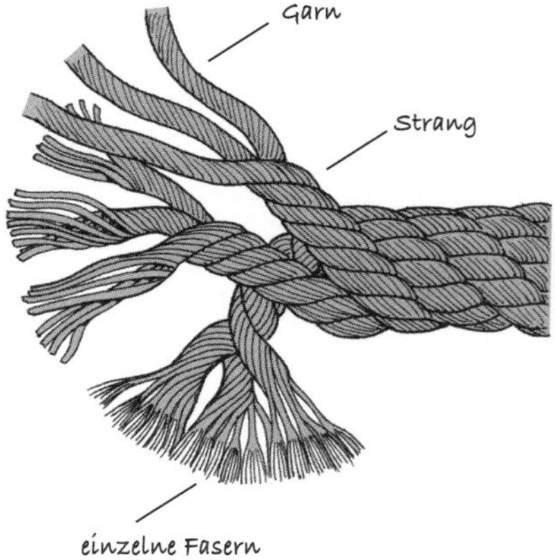

Gedrehtes Seil Für viele Aktivitäten im Freien unentbehrlich. Herkömmliches Seil besteht aus drei miteinander verdrillten Strängen.

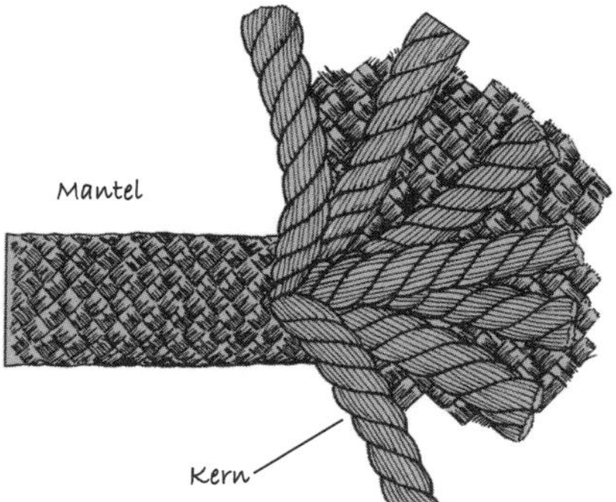

Ummanteltes Seil Viele moderne Kletterseile sind mit einem Mantel umhüllt, der die Seilfasern schützt.

BESCHÄDIGTE SEILE

Zeit zum Ausrangieren Unter dem schützenden Mantel können sich Beschädigungen verbergen. Ausbuchtungen weisen auf Faserrisse hin.

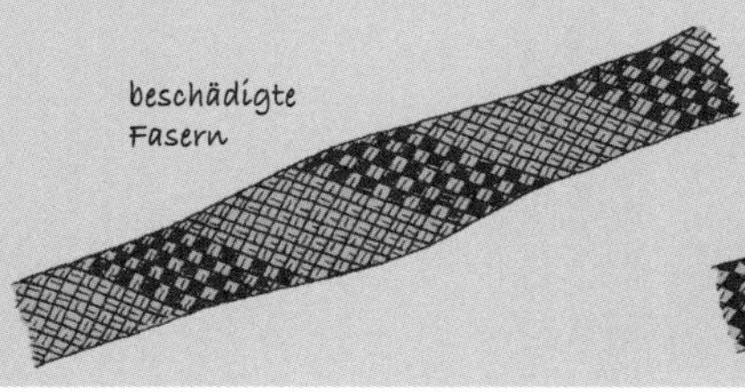

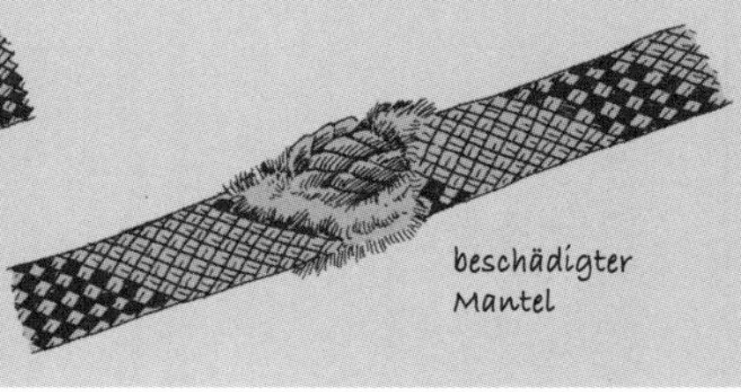

SEILPUPPE

1 Lege die beiden Seilenden nebeneinander. Nimm ein zwei Armlängen langes Stück auf und wickle dann das Seil in doppelt armlangen Schlaufen um deinen Hals oder die Knie.

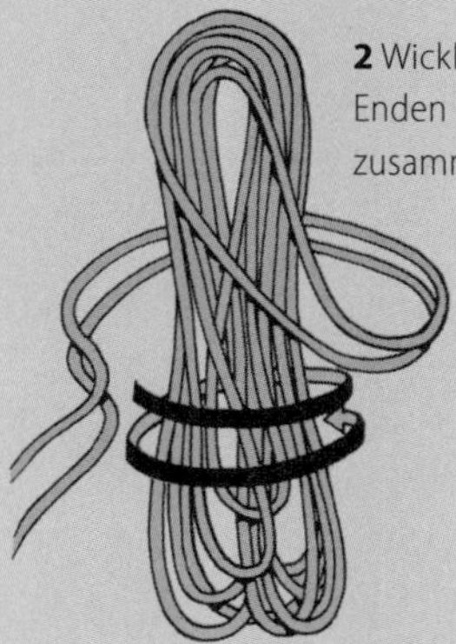

2 Wickle die beiden langen Enden mehrmals eng um die zusammengelegten Schlaufen.

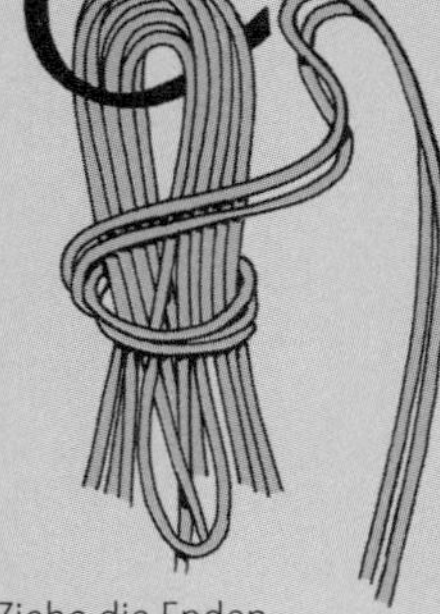

3 Ziehe die Enden oben durch das Schlaufenbündel.

4 Ziehe die Enden durch diese neu entstandene Schlaufe.

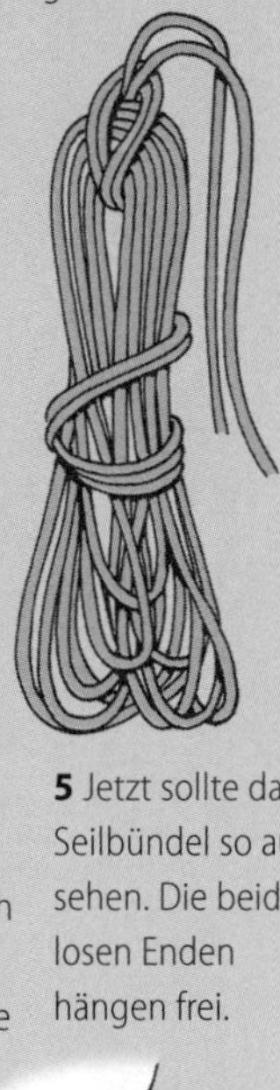

5 Jetzt sollte das Seilbündel so aussehen. Die beiden losen Enden hängen frei.

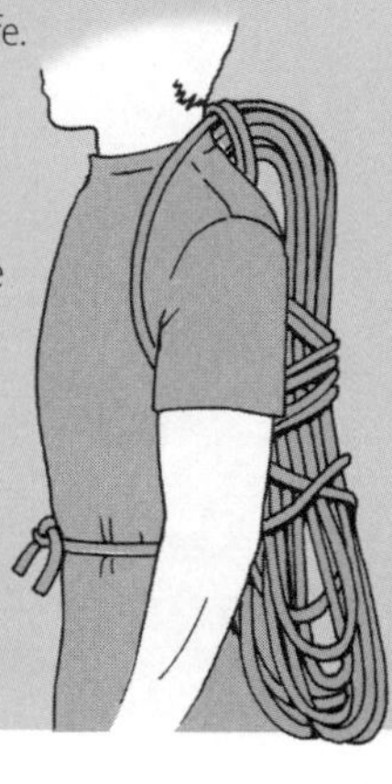

6 Führe je ein Ende über jede Schulter, kreuze sie hinten am Rücken und binde sie vor deinem Bauch zusammen.

Transportfähig Jetzt brauchst du für das Seil keinen Rucksack mehr. Durch das Wickeln und Knüpfen hast du einen Rückenpack mit Schulter- und Bauchgurten.

SACKSTICH

Leicht und schnell Einer der am schnellsten zu knüpfenden festen Knoten ist der Sackstich. Er eignet sich als schnelle Sicherung beim Abseilen, kann sich allerdings festziehen und ist in vielen Situationen nicht die beste Lösung.

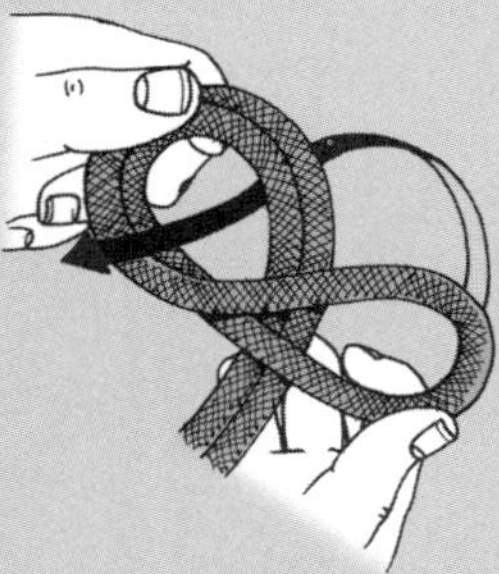

1 Lege das Seil zur Schlaufe zusammen.

2 Ziehe durch die entstandene Öffnung die Schlaufenspitze.

3 Klicke in die Schlaufe einen Karabiner ein.

GELEGTER ACHTERKNOTEN

Sicherer Dieser massive Knoten gilt als eine der sichersten Methoden, um eine Schlaufe in ein Seil zu machen, und eignet sich für viele Klettersituationen.

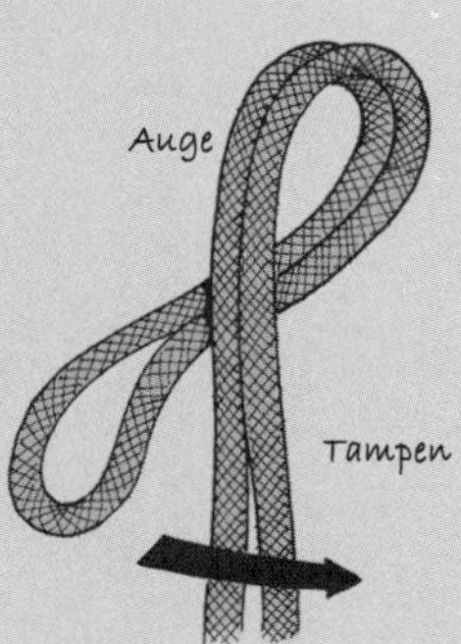

1 Lege die Spitze der Schlaufe um die beiden Tampen.

2 Stecke die Schlaufenspitze durch das obere Auge.

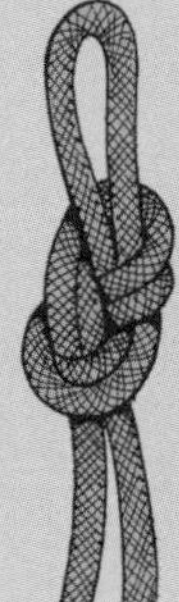

3 Der fertige Knoten sollte ein bisschen wie eine Acht aussehen.

GESTECKTER ACHTERKNOTEN

Sicheres Anbinden Der fertige Knoten sollte so wie der gelegte Achterknoten aussehen. Bei dieser Methode des Knotens aber kannst du das Seil mit einer Schlaufe, einem Klettergurt usw. verbinden.

1 Lege das einfache Seil zuerst so zu einem Achterknoten, dass ein langer freier Tampen bleibt. Ziehe den Tampen durch die Schlaufe des Klettergurts o. Ä. Dann steckst du den Tampen durch den Knoten.

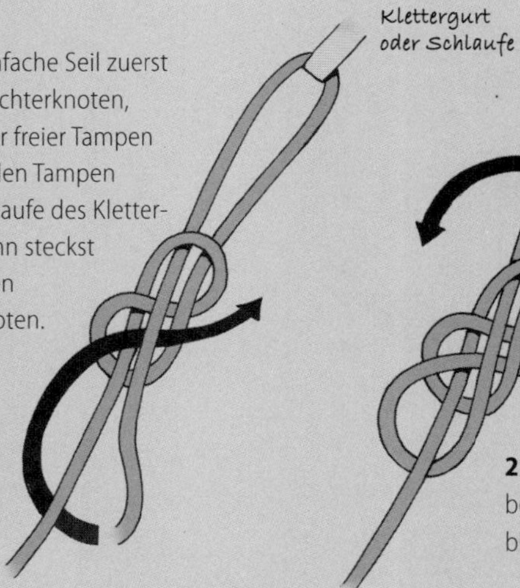

2 Der Trick besteht darin, so wie beim ursprünglichen Achter zu binden, nur umgekehrt herum.

3 Vergewissere dich, dass das Seil demselben Weg folgt wie beim ursprünglichen Achter, und ziehe den Tampen durch.

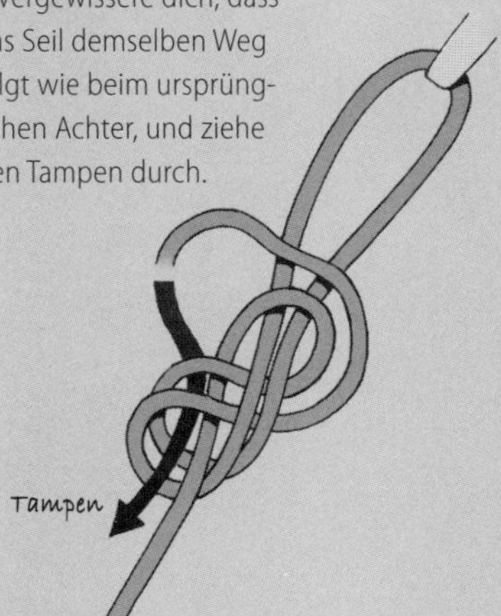

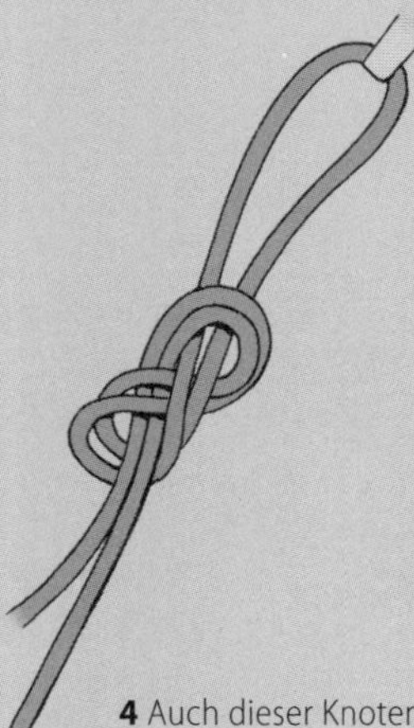

4 Auch dieser Knoten soll fertig wie eine Acht aussehen.

MASTWURF

Fest und leicht Dieser wunderbar einfach und schnell zu knüpfende und leicht einzustellende Knoten eignet sich gut zum Abseilen. Er hält in den meisten Situationen, kann aber bei plötzlich auftretender schwerer Belastung rutschen.

1 Lege in das Seil zwei Schlaufen in derselben Richtung.

2 Lege die untere Schlaufe über die obere, sodass beide Tampen des Seils in der Mitte des Knotens liegen.

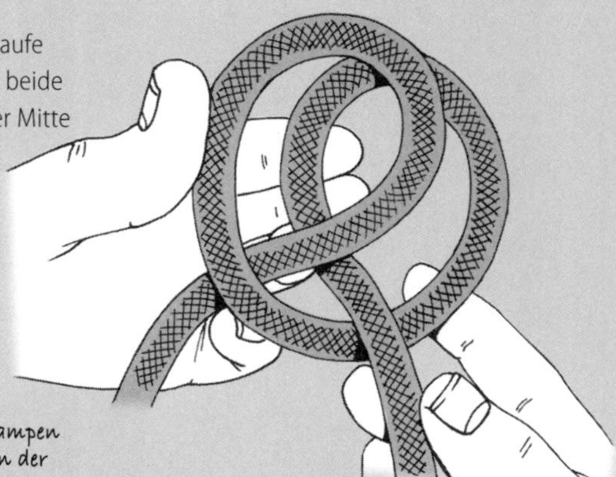

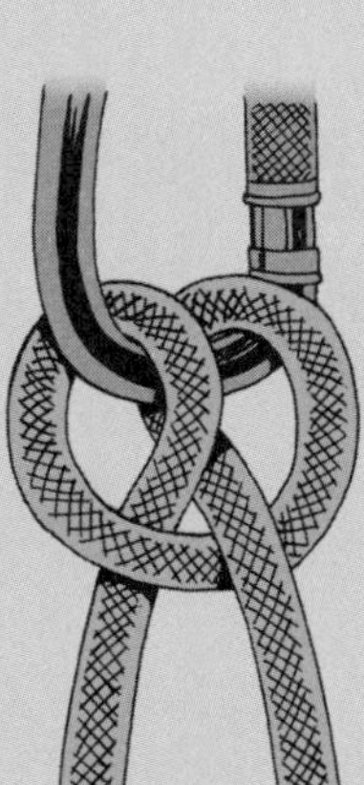

3 Klicke durch beide Schlaufen einen Karabiner. Der Knoten ist erstaunlich fest.

HALBMASTWURF

Für Notfälle Dieser Knoten verstärkt die Reibung des Seils, lässt es aber weiterrutschen. Deshalb eignet er sich für das Sichern, auch für das Abseilen von Ausrüstungsteilen.

1 Ergreife das Seil mit überkreuzten Händen (Handflächen nach unten).

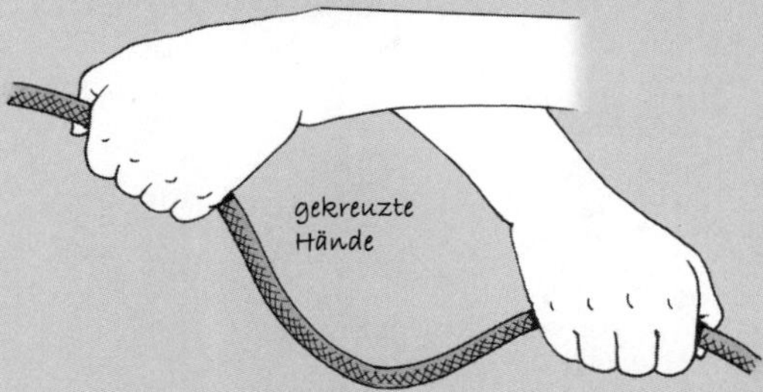

2 Ziehe die Hände auf ihre „richtigen" Seiten und lege das Seil dadurch in zwei Schlaufen.

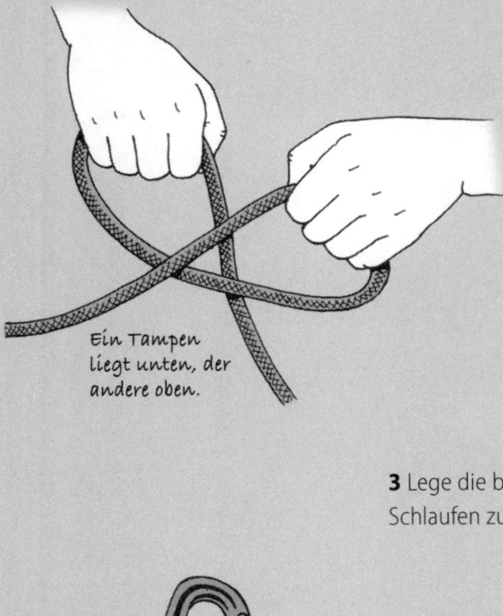

3 Lege die beiden Schlaufen zusammen.

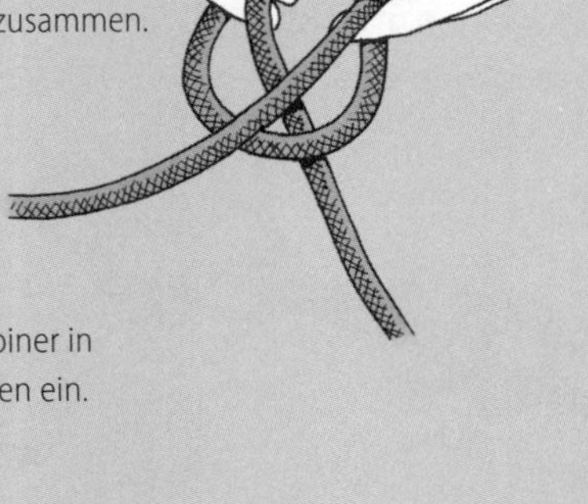

4 Hänge den Karabiner in die beiden Schlaufen ein.

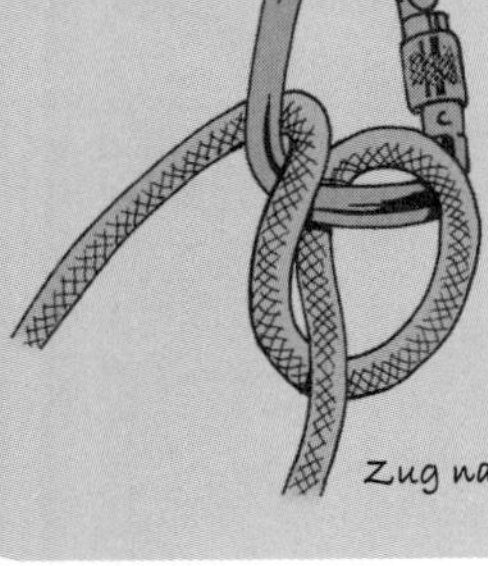

PRUSIKKNOTEN

Nicht gleitendes Seil Der Prusikknoten ist genau richtig, wenn man an ein Seil ein Gewicht binden will. Unbelastet gleitet er am Seil hinauf und hinunter, doch wenn Zug von unten erfolgt, blockiert er.

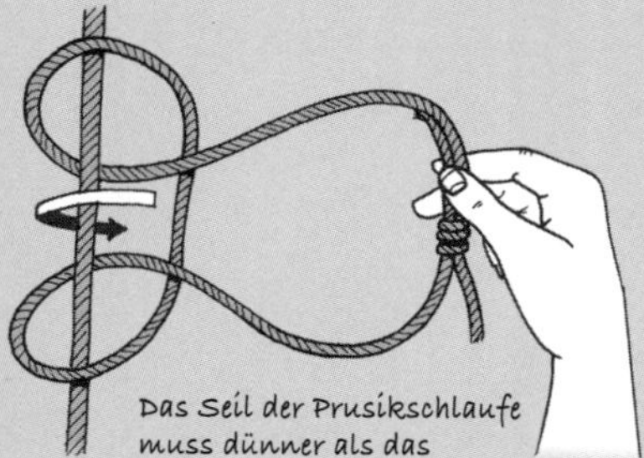

1 Lege die Schlaufe um das Seil und stecke die Schlaufenspitze durch die Schlaufe.

2 Wiederhole dies zweimal, sodass oben und unten je eine dreifache Schlaufe entsteht.

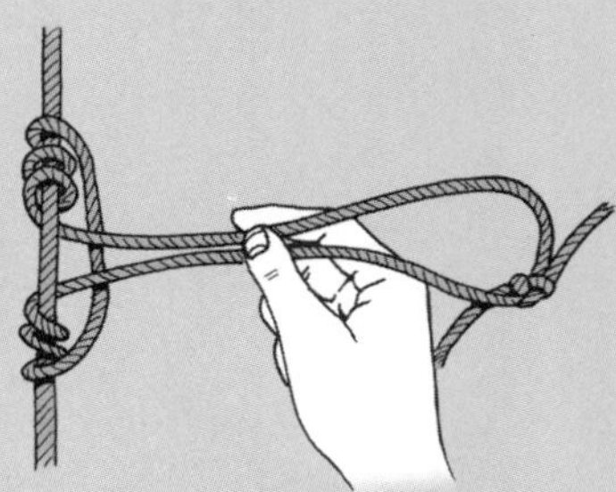

3 Schiebe den Knoten zusammen; unbelastet lässt er sich bewegen, bei Zug von unten schließt er sich fest.

DOPPELTER SPIERENSTICH

Zwei werden zu eins Mit diesem Knoten kannst du zwei Seile sicher miteinander verbinden, zum Beispiel für einen langen Abstieg.

1 Lege das Ende jedes Seils zweimal um das andere Seil und stecke jedes Ende durch die Schlaufen, in die der Knotenmitte entgegengesetzte Richtung.

2 Dadurch entstehen zwei x-förmige Knoten. Wenn du an beiden Seiten ziehst, rutschen die Knoten aufeinander zu.

Griff- und Fusstechnik

Senkrechter Tanz Erfahrene Kletterer bewegen sich an einer Felswand vorsichtig und gleichzeitig elegant. Dabei setzen sie Hände, Finger, Füße und den ganzen Körper geschickt ein.

GRIFFE

Henkel Ein leicht zu greifender Vorsprung, um den du die ganze Hand legen kannst.

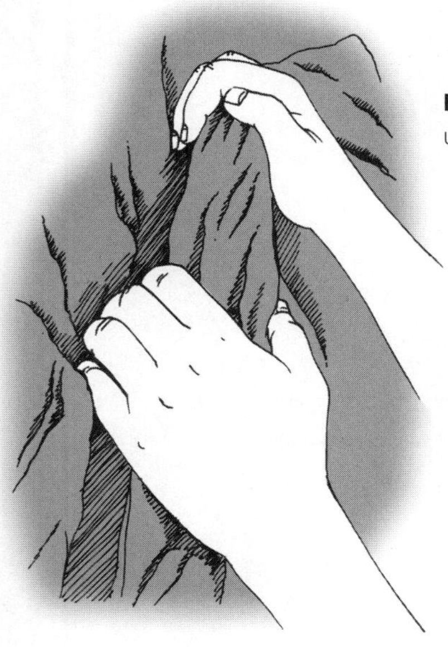

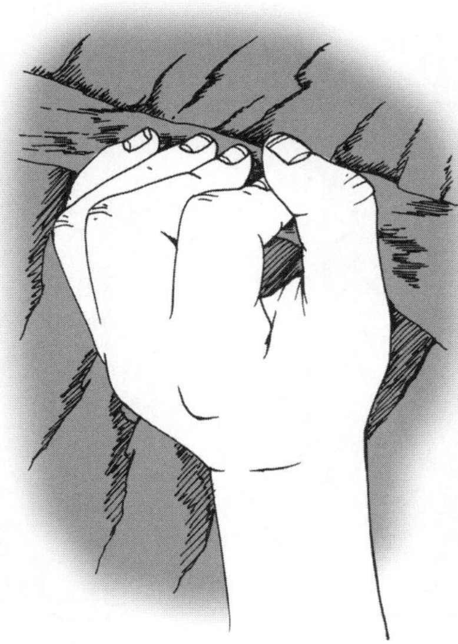

Obergriff An einem schmalen Vorsprung finden nur die obersten Fingerglieder Halt.

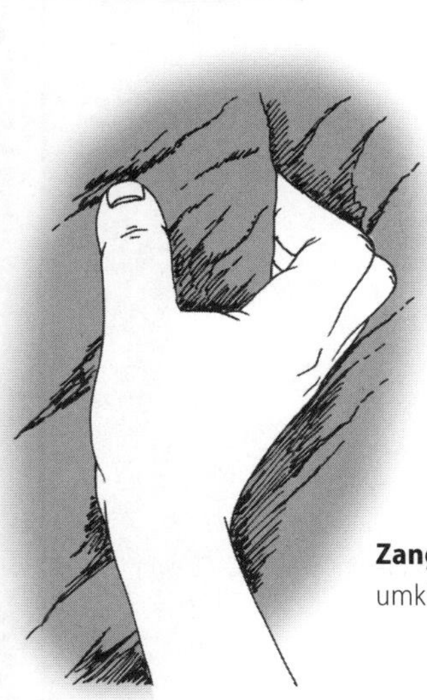

Zangengriff Finger und Daumen umklammern den Felsvorsprung.

GRIFFE

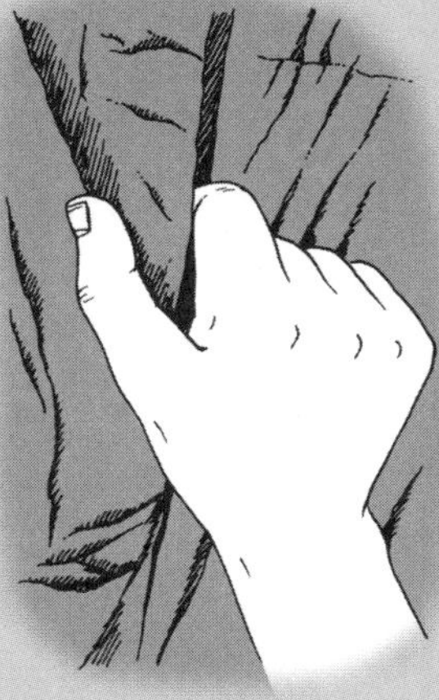

Ein-Finger-Zangengriff Manchmal kann dem Daumen nur ein einzelner Finger entgegengestellt werden.

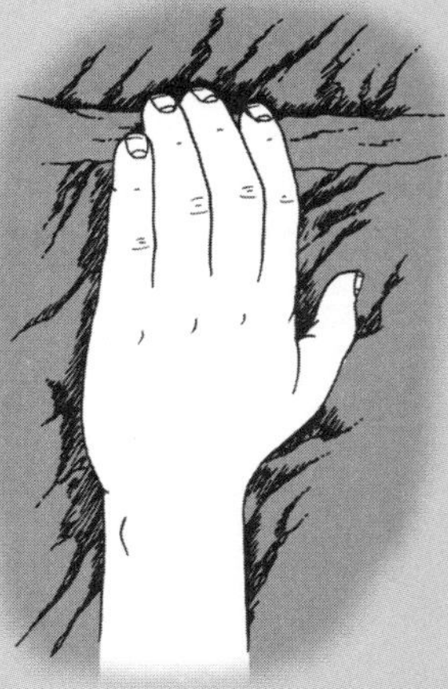

Pull Ein schmaler Vorsprung, an dem sich ein Kletterer hochziehen kann

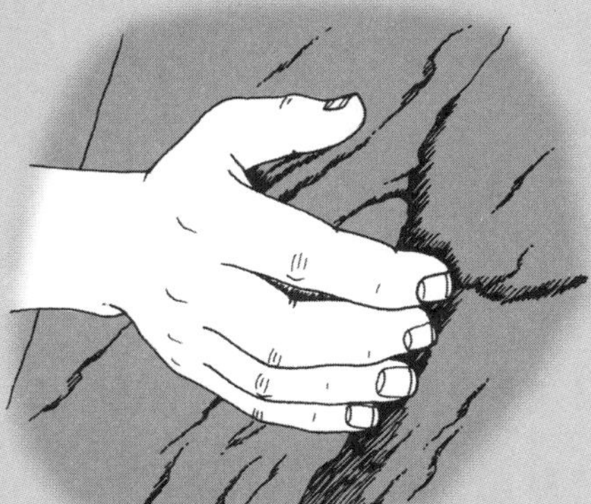

Seitgriff Sinnvoll, wenn man gleichzeitig höhere Tritte für die Füße findet

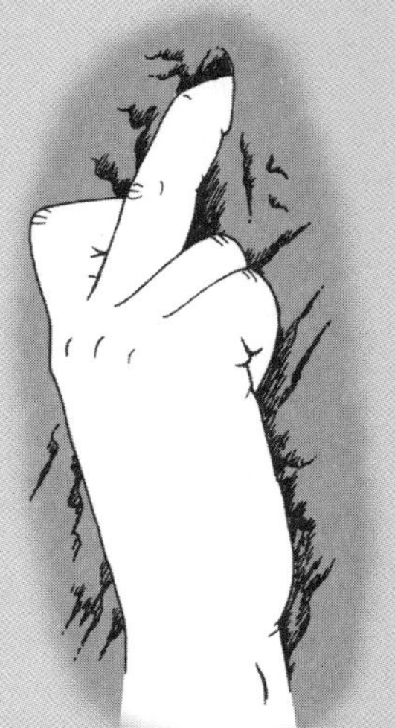

Fingerloch Am meisten Kraft hat dein Zeige- oder Mittelfinger.

TRITTTECHNIK

Mit den Zehen Sie kommen beim Klettern oft zum Einsatz, aber je nach Felsstruktur und Neigungswinkel werden auch andere Teile des Fußes eingesetzt.

Außenkante Ein kleiner Teil des Fußes nahe dem Zehenbereich wird auf einen kleinen Vorsprung aufgesetzt.

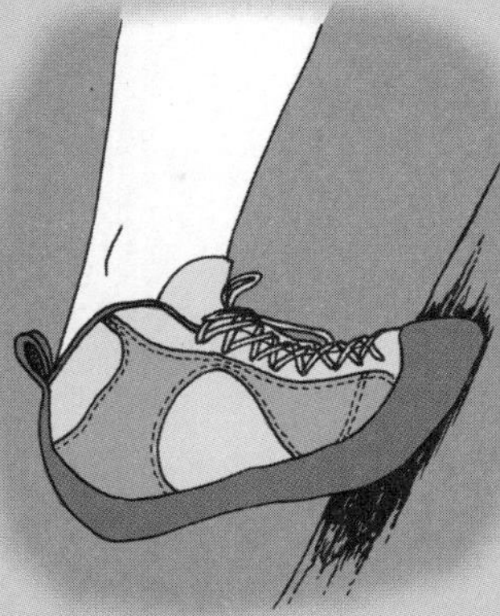

Reibungstritt Ein größerer Teil der Schuhsohle kommt mit dem Fels in Kontakt.

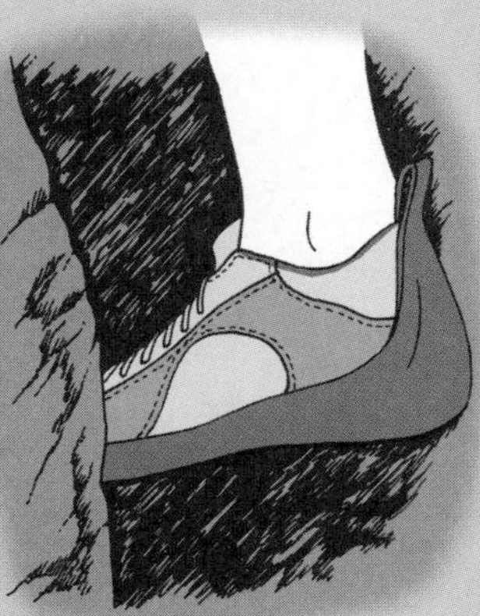

Foot Jam Indem man den Fuß in einen Spalt hineindreht, erhält man sicheren Halt.

Heel Hook Beim Hochziehen des Körpers wird die Ferse eingesetzt.

FORTBEWEGUNG AN DER WAND

Dachklettern Eine häufig eingesetzte Technik, um auf einen größeren Vorsprung zu gelangen. Dabei geht man vom Ziehen zum Schieben über und stellt sich schließlich, die Balance bewahrend, aufrecht hin. Am leichtesten geht es aus der Bewegung heraus.

1 Lege die Hände am Rand des Vorsprungs auf. Stütze dich an hohen Tritten ab und ziehe dich hoch.

2 Schiebe dich auf einer Seite hoch, sobald dein Schwerpunkt nach oben kommt.

3 Winkle beide Arme wie bei einem Liegestütz an und schwinge dein Gewicht nach oben.

4 Schwinge einen Fuß auf den Vorsprung und schiebe dich hoch, bis du aufrecht stehst.

Piazen / Gegendrucktechnik Eine der elegantesten und angenehmsten Klettertechniken, die dank des Zusammenwirkens zweier entgegengesetzter Kräfte funktioniert: Die Arme ziehen den Körper von einem Riss weg, die Füße schieben.

Stemmen Mit den Beinen stützt man sich von einander gegenüberliegenden Felswänden ab und drückt den Körper nach oben. Man kann es zu Hause im Türrahmen üben.

MITTLERER KAMIN

1 Stemme dich in dem Kamin hoch, indem du dich mit den Füßen abstützt und das Gesäß gegen die andere Seite drückst.

2 Schiebe den Körper nach oben, indem du das untere Bein streckst.

3 Suche mit dem jetzt tiefer liegenden Fuß einen höheren Trittpunkt und wiederhole das Ganze.

Breiter Kamin Stütze dich mit gespreizten Beinen und Armen ab. Entlaste abwechselnd jeweils eine Hand oder einen Fuß und bewege sie bzw. ihn nach oben. Diese Technik ist sehr anstrengend und erfordert kräftige Bauch- und Brustmuskeln.

Schmaler Kamin Bewege dich nach oben, indem du Körperteile in beliebiger Kombination einsetzt, um Halt zu finden und dich nach oben zu stemmen – z. B. Knie einerseits und Gesäß und Füße andererseits, oder Hände und Füße einerseits und Rücken andererseits.

ABSEILEN

Ab nach unten! Anstatt herunterzuklettern, seilen sich die meisten Bergsteiger lieber ab, denn es geht schneller und kostet weniger Energie. Beim Abseilen braucht man nicht von einem Partner gesichert zu werden und kann die Geschwindigkeit selbst bestimmen.

NATÜRLICHE VERANKERUNGEN

Bombensicher Weil sich der Abseilende mit seinem ganzen Gewicht ins Seil hängt und ihm sein Leben anvertraut, muss es extrem gut gesichert sein und die Verankerung darf keinesfalls verrutschen oder brechen. Felsbrocken und Bäume eignen sich gut.

kräftiger Baum, dessen Wurzeln weit vom Rand weg sind

großer, fest liegender Felsbrocken

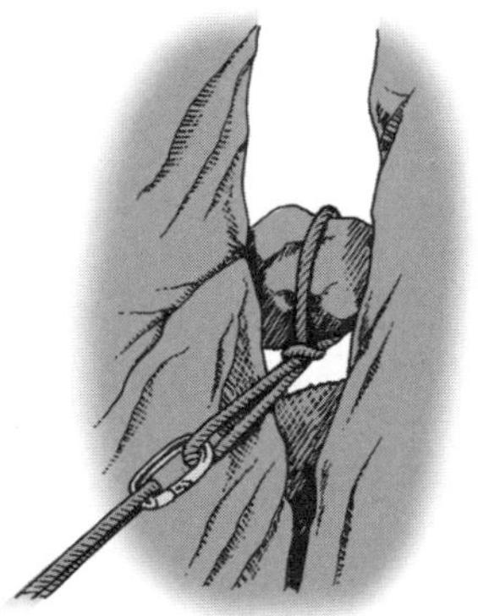

Klemmblock

Stelle, an der zwei Felsbrocken sehr engen Kontakt haben

Methoden Beim Abseilen verwenden die meisten Kletterer heute den Halbmastwurf. Die ursprüngliche Technik bestand darin, sich das Seil einfach um den Körper zu legen, damit Reibung entstand. Sie kam Ende des 19. Jahrhunderts auf.

Klassisch Genutzt wird die Bremskraft der zwischen Körper und Seil entstehenden Reibung. Das Seil wird im Zickzack zwischen den Beinen hindurch, quer über die Brust, über eine Schulter und den Rücken zum anderen Arm geführt. So gesichert gehen die Bergsteiger die Wand hinunter, indem sie das Seil langsam durch die Hände gleiten lassen. Heute wird diese Methode aber nicht mehr genutzt, da sie auch sehr gefährlich ist.

Modern Wenn er seinen Klettergurt mit einem Sicherungsgerät verbindet, kann sich der Kletterer wesentlich sicherer und schneller abseilen und dabei mit der unteren Hand die Geschwindigkeit des Abstiegs kontrollieren. Die obere Hand sollte das Seil nicht festhalten, sondern nur lenken.

MOUNTAIN-BIKEN

Bei der verhältnismäßig neuen Sportart Mountainbiken geht es um Freiheit und Abenteuer. Mit einem Mountainbike kannst du weit in die Wildnis vordringen, deine Grenzen ausloten und beim Bergabfahren den Geschwindigkeitsrausch genießen – und das alles auf einer Tour!

Lerne dein MTB kennen

Freiheitsgenerator Mountainbikes, kurz: MTBs, sind so gebaut, dass man auf ihnen in unebenem und steilem Gelände sicher und bequem fahren kann. Sie haben niedrige, stabile Rahmen, breite Reifen, viele Gänge und starke Bremsen.

Die richtige Wahl Auf den ersten Blick ähneln sich alle MTBs. Tatsächlich aber sind die Unterschiede hinsichtlich Rahmenmaterial, Design, Aufhängung, Maßen und natürlich auch Preisen groß. Kaufe kein billiges Rad, das als Mountainbike ausgegeben wird: Es wird nicht lange halten.

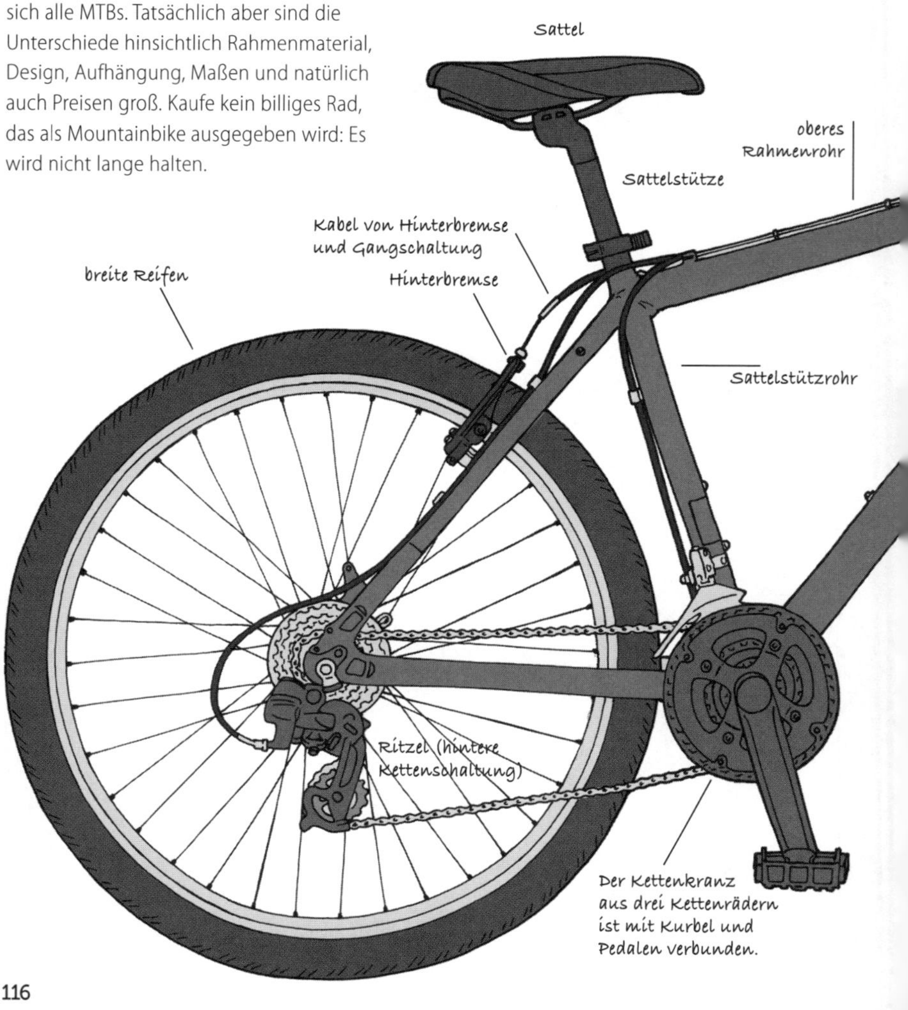

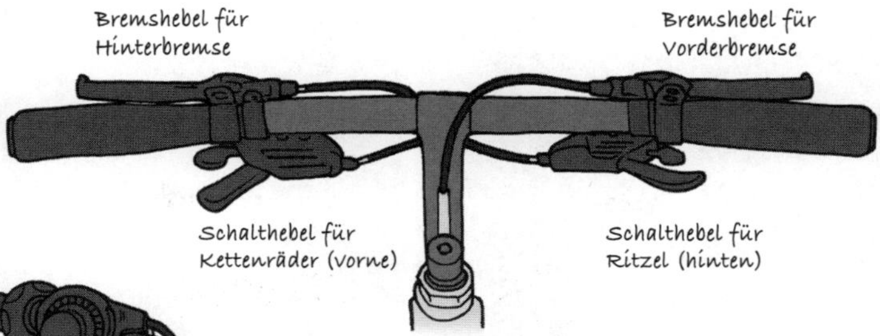

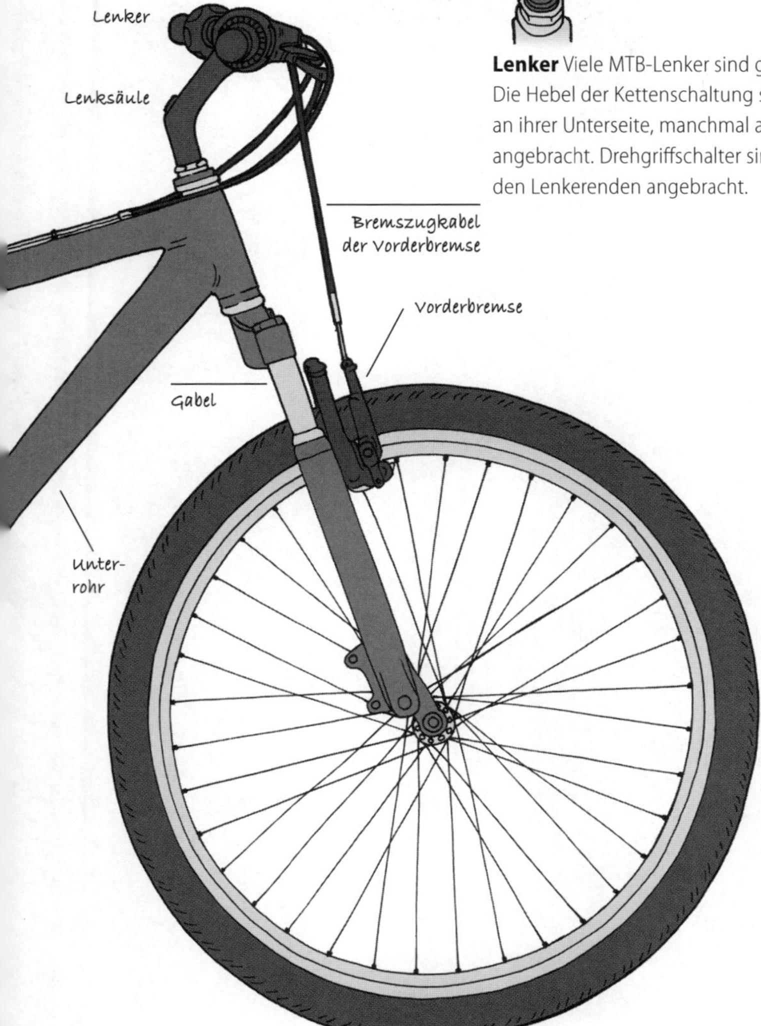

Lenker Viele MTB-Lenker sind gerade und breit. Die Hebel der Kettenschaltung sind gewöhnlich an ihrer Unterseite, manchmal aber auch oben angebracht. Drehgriffschalter sind als Griffe an den Lenkerenden angebracht.

ÜBERTRAGUNG

Kraftpakete Das Übertragungssystem überträgt die Kraft von den Pedalen über die Kette zu den Rädern. Bei manchen Rädern ist die Gangschaltung fixiert, leicht und einfach. Doch wenn du auf die Berge hinauf- und von ihnen wieder hinunterfahren willst, benötigst du eine große Auswahl an leicht einzustellenden Gängen. MTBs verfügen über zwei Schaltwerke mit jeweils einem Hebel: Einer bewegt die Kette an den drei Kettenrädern, der andere, Umwerfer genannt, an dem meist aus sieben Zahnrädern bestehenden Ritzel.

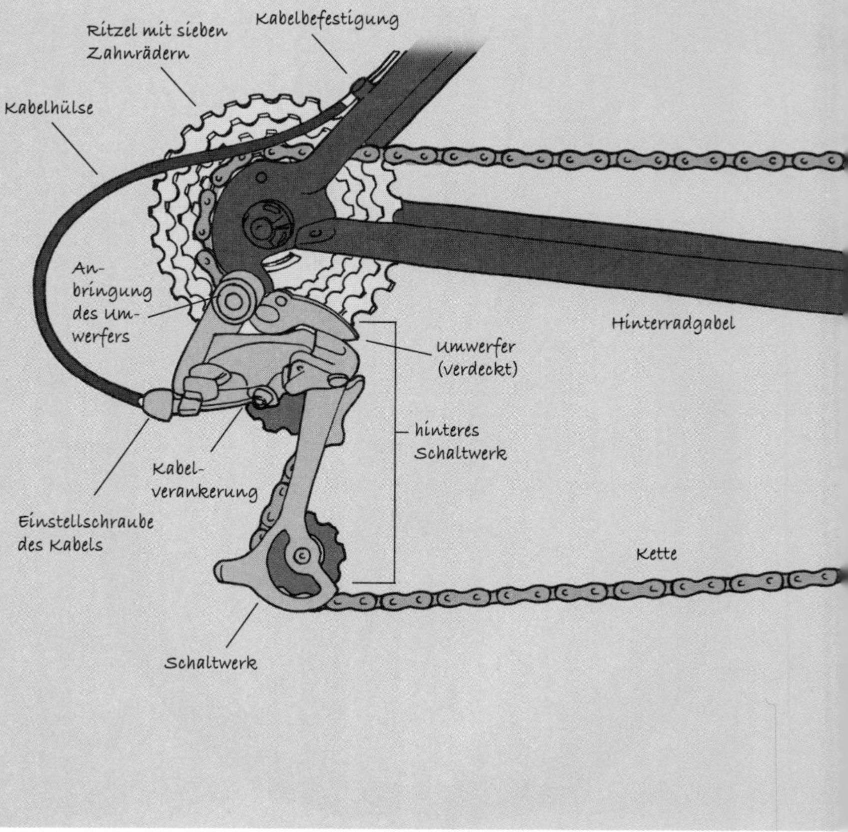

SCHALTHEBEL

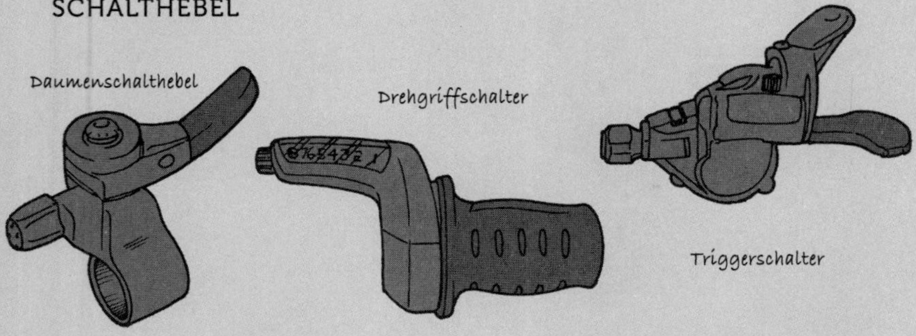

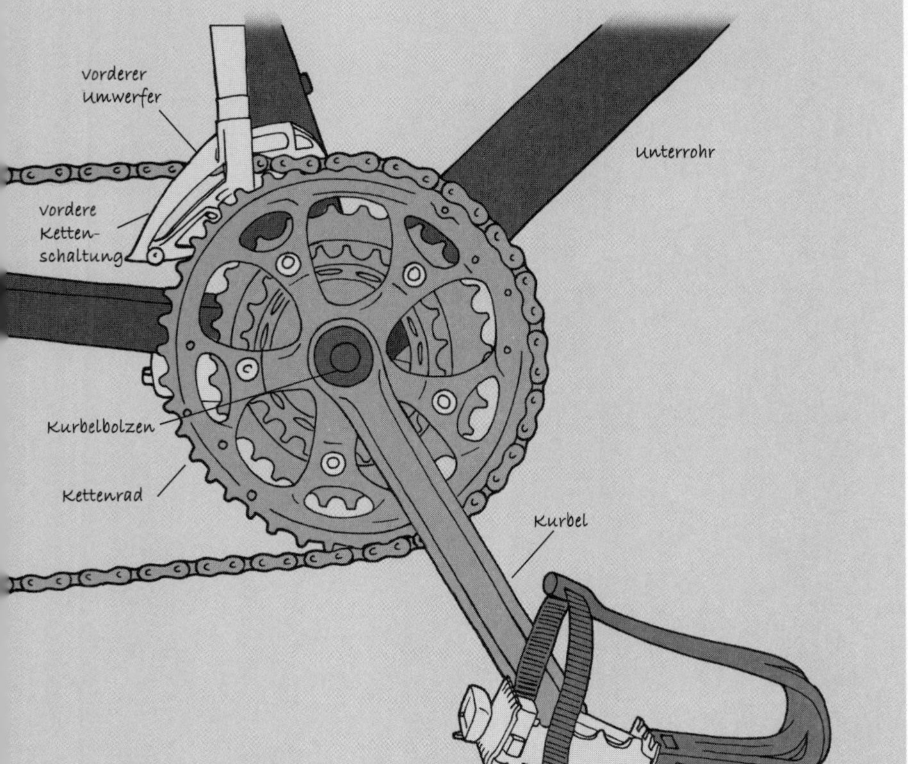

BREMSEN

Stoppkraft Wenn du einen Berghang hinunterrast, ist es gut zu wissen, dass dir zuverlässige, starke Bremsen zur Verfügung stehen.

Bremshebel Die meisten Bremshebel können auf die individuelle Handgröße und Greifkraft eingestellt werden.

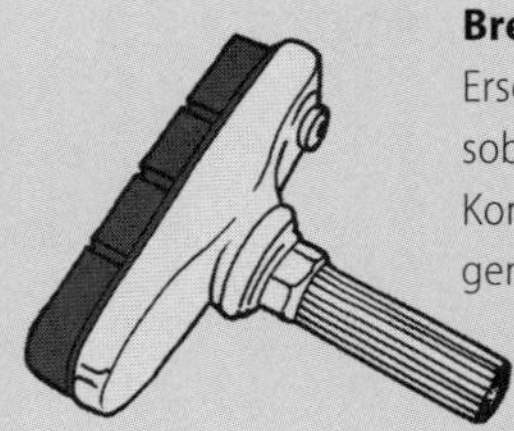

Bremsbelag Ersetze die Beläge, sobald sie bis zur Kontrolllinie abgenutzt sind.

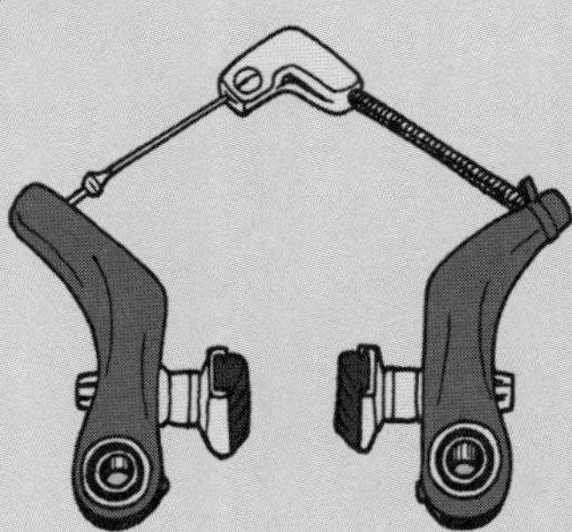

Felgenbremse Bis vor Kurzem waren fast alle Mountainbikes mit Felgenbremsen ausgestattet. Es sind einfache, zuverlässige Mechanismen, die leicht einzustellen sind.

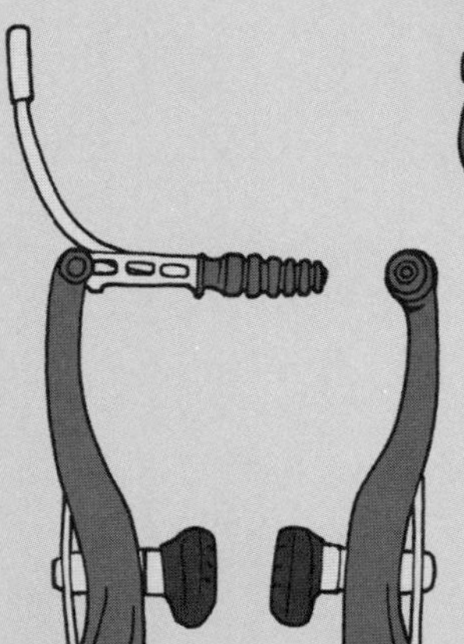

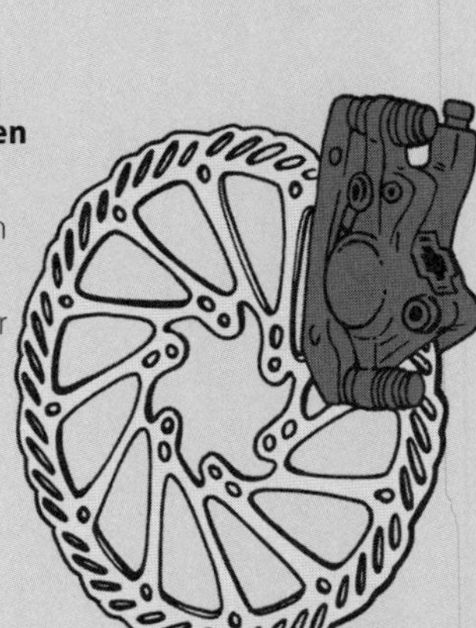

Scheibenbremsen Diese Bremsen funktionieren auch dann noch, wenn sie nass oder voller Schlamm sind. Deshalb eignen sie sich gut für Mountainbikes.

V-Bremsen, auch V-Brakes genannt, sind sehr kraftvoll und einfach zu warten.

PEDALE

Wo der Fuß auf die Maschine trifft Die Pedale stellen die wichtigste Verbindung zwischen dir und deinem Rad her. Ihre Ausführung kann darüber entscheiden, wie gut du mit dem Rad zurechtkommst.

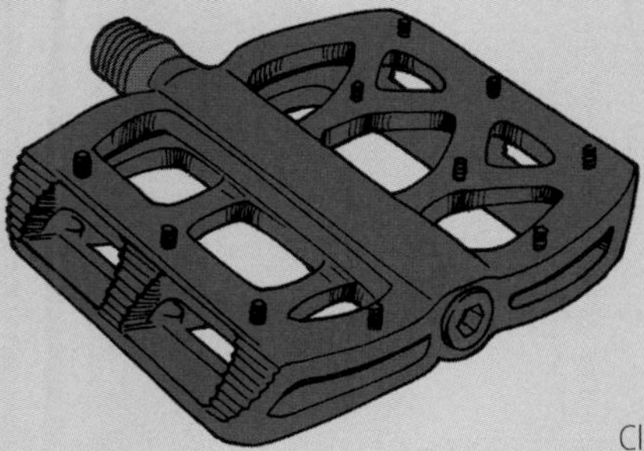

Standardpedale Sie sind breit und bieten deinen Füßen stabilen Halt. Wenn etwas schiefgeht, kommt man von ihnen am einfachsten herunter. Das macht sie ideal für Anfänger.

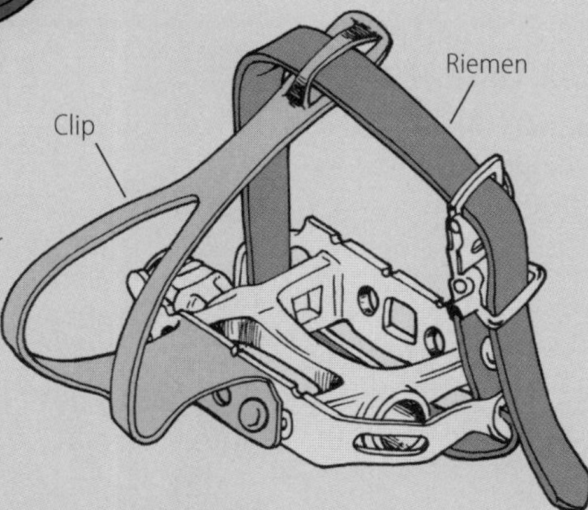

Systempedale Der Riemen und der Zehenclip sorgen für festen Halt und für effizientere Kraftübertragung während des gesamten Bewegungsablaufs.

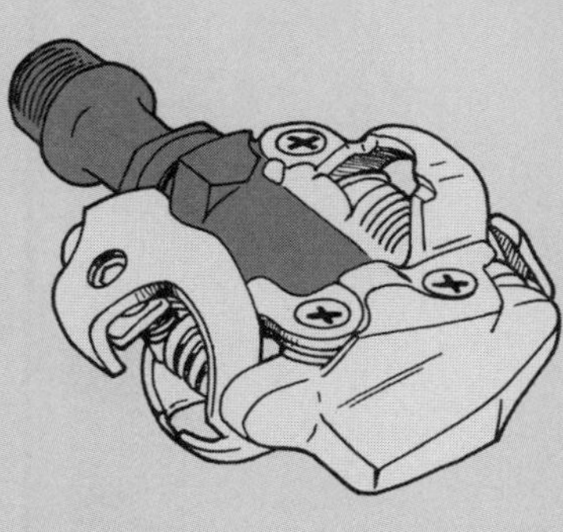

Klickbindung Wenn der Fuß in einem passenden Schuh drauftritt, rastet die Bindung ein. Diese Verbindung verbessert die Nutzung der eingesetzten Kraft.

Radschuh Es gibt sie auch als Sommersandalen und als Winterstiefel. Achte darauf, dass der Schuh zu deiner Klickbindung passt.

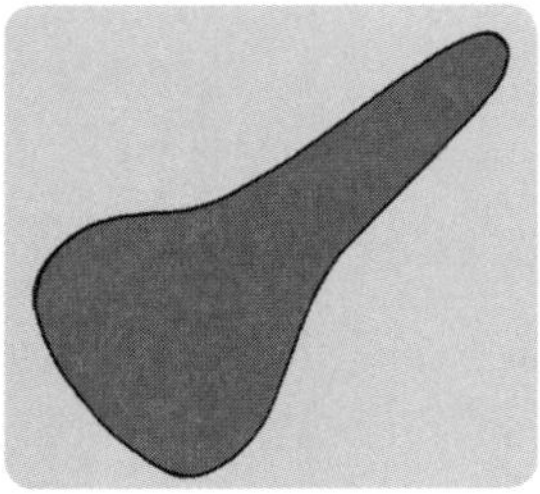

Schmaler Sattel Diese Sattelform erleichtert schnelles Absteigen.

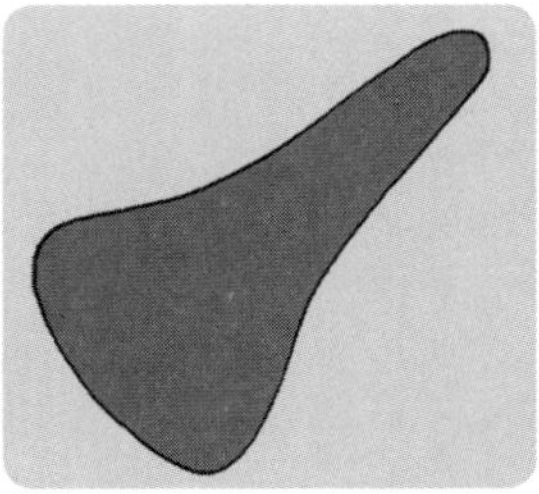

Breiter Sattel Ein breiter Sattel ist bei längeren Touren bequemer.

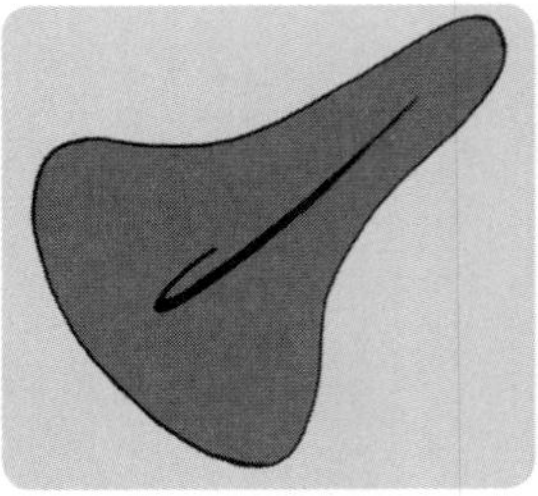

Frauensattel Weil Frauen ein breiteres Becken haben, ist er für sie bequemer.

VOLL GEFEDERTES RAD

Stoßfrei Es ist etwas teurer, aber angenehmer zu fahren und leichter zu kontrollieren.

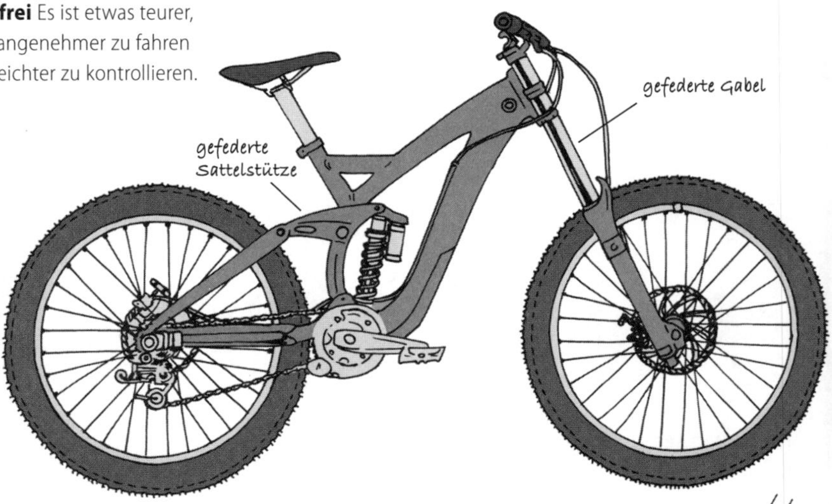

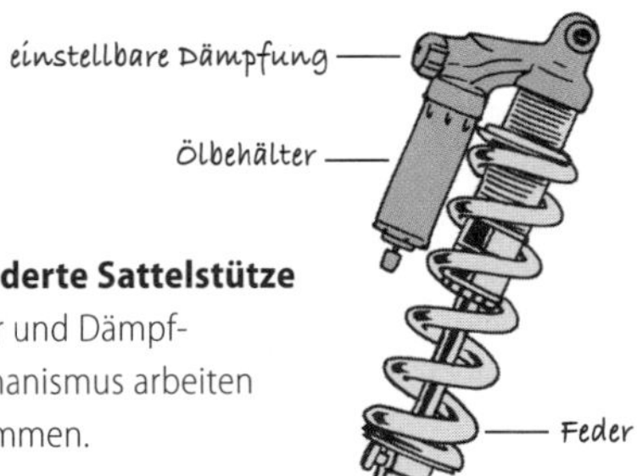

Gefederte Sattelstütze Feder und Dämpfmechanismus arbeiten zusammen.

Gefederte Gabel Teleskopfedergabeln lassen sich auf unterschiedliche Fahrbedingungen einstellen.

EINGELENKER

Einfacher Stoßdämpfer Single-Pivot („ein Gelenk") ist die einfachste Form der Rahmenfederung. Er besteht aus einem Stoßdämpfer und einem einfachen Schwingarm, der die Hinterachse mit dem Rahmen verbindet.

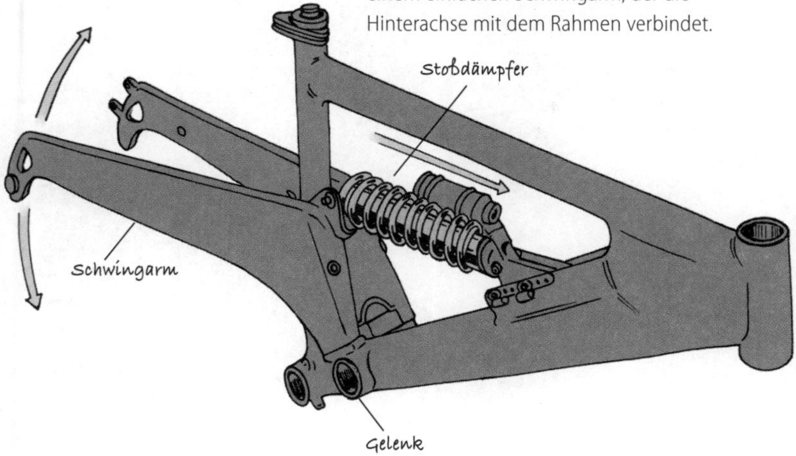

VIERGELENKER

Weich gedämpft Bei diesem Bautyp aktivieren mehrere Gelenke zwischen Rohren den Stoßdämpfer. Dadurch fährt sich das MTB in unebenem Gelände weicher und bequemer.

ZUBEHÖR

REIFENFLICKSET

Luft ausgegangen? Platte Reifen gehören zum Radfahren nun einmal dazu. Aber wenn du immer ein Flickset dabeihast, brauchst du dein Rad nicht nach Hause zu schieben. Wie das Reifenflicken geht, siehst du auf S. 130.

WERKZEUG

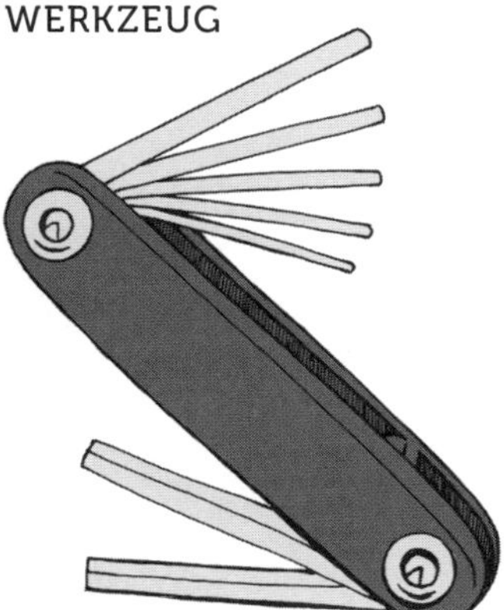

Reifenheber Mit dem Löffel an dem einen Ende löst du den Reifen von der Felge. Mit dem Haken hängst du eine gelöste Speiche wieder ein.

Miniwerkzeug So ziemlich alles, was an einem Fahrrad geschraubt ist, kann mit einem Element dieses handlichen Miniatur-Werkzeugsets festgemacht oder gelockert werden.

Kettennieter Mit ihm kannst du eine gerissene oder beschädigte Kette reparieren. Auf S. 128 siehst du, wie das geht.

Satteltasche Alles, was du für eine Tagestour brauchst – Ersatzschlauch, Flickset, Werkzeug, Regenschutz und Erste-Hilfe-Pack – passt in die kleine Tasche unter dem Sattel.

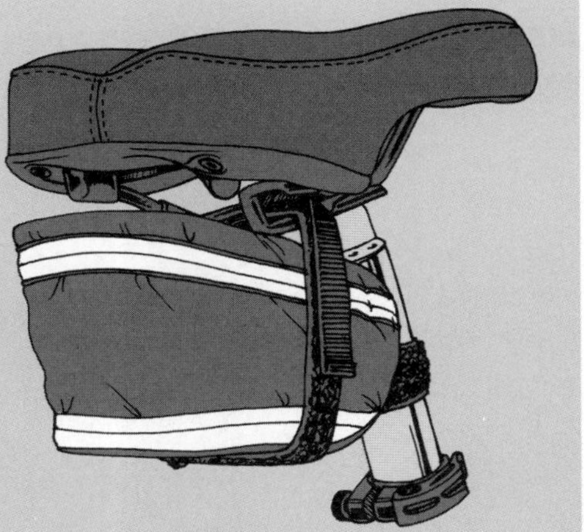

Lenkertasche Neben der Satteltasche für die Grundausrüstung kann man noch eine Lenkertasche mitnehmen, in die mehr hineingeht – zum Beispiel der Proviant.

Flasche und Flaschenhalter Wie bei jeder anderen Sportart musst du auch beim Mountainbiken den Flüssigkeitshaushalt in Schuss halten. Die Wasserflasche ist in einem Halter am Rahmen am besten untergebracht.

Anpassen und Einstellen

Ein Rad nur für dich Auf einem exakt für dich eingestellten Fahrrad fährst du bequem und sicher und kannst deine Kraft optimal einsetzen.

KORREKTE EINSTELLUNG

Rahmengröße Stelle dich mit dem Rad zwischen deinen Beinen aufrecht hin. Zwischen deinem Schritt und dem oberen Rahmenrohr sollten mindestens 5 cm Luft sein.

Lenker Auch wenn es sich anfangs komisch anfühlt: Der Lenker sollte tiefer als der Sattel sein (bis zu 10 cm). Dadurch hast du einen niedrigen Schwerpunkt und dein Gewicht verteilt sich gleichmäßig auf die Räder.

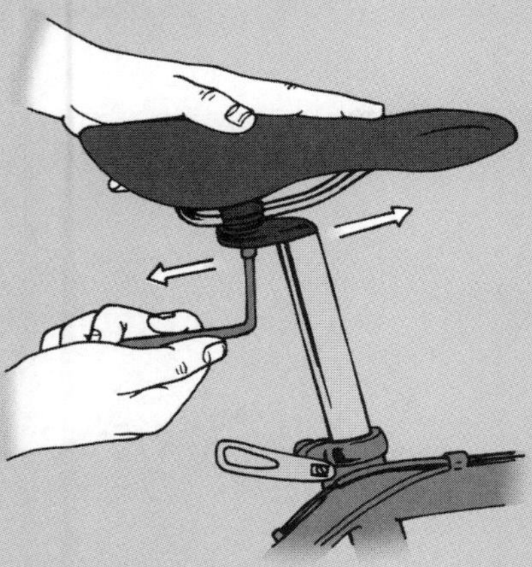

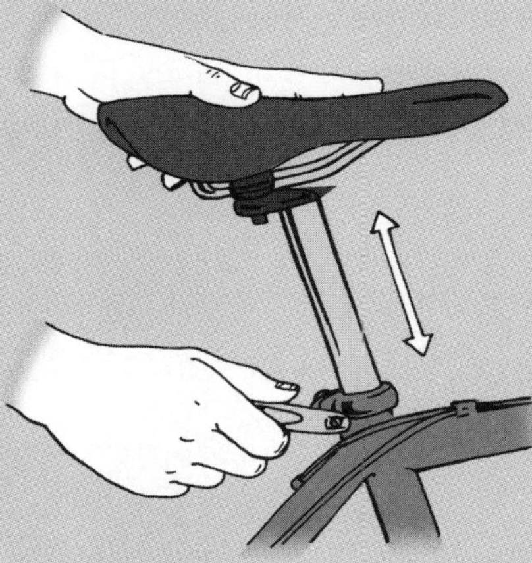

Sattelposition Stelle die Pedale so ein, dass einer deiner Füße in der 3-Uhr-Position ist. Bei einem richtig eingestellten Sattel sollte die Einbuchtung direkt unter deiner Kniescheibe genau über der Pedalenachse sein.

Sattelhöhe Stelle ein Pedal auf seine höchste Position ein. Stelle den Sattel so ein, dass deine Ferse das Pedal bei durchgestrecktem Bein gerade eben berühren kann.

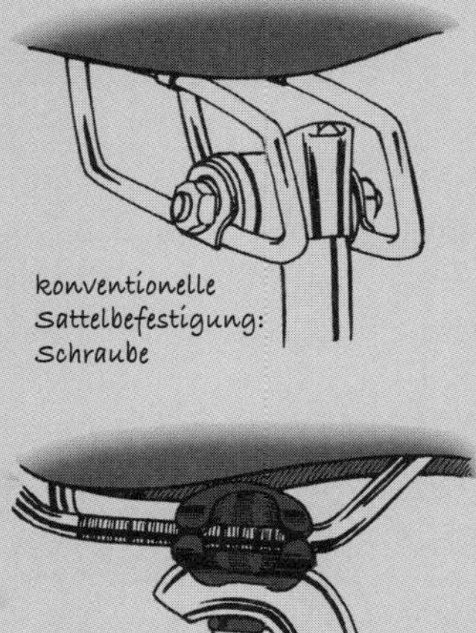

Sattelneigung Stelle den Sattel zuerst parallel zum Boden ein. Wenn du das unbequem findest, hebe die Sattelspitze etwas an oder drücke sie tiefer – aber nie um mehr als 3°.

Reparaturen unterwegs

Fix gerichtet Gerissene Ketten, platte Reifen und verbogene Felgen bereiten dem Vergnügen ein jähes Ende. Aber nicht für lange, wenn du diese Reparaturtechniken beherrschst!

REPARIEREN EINER GERISSENEN KETTE

1 Schiebe die Niete mit dem Kettennieter so weit raus, dass du das beschädigte Glied entfernen kannst.

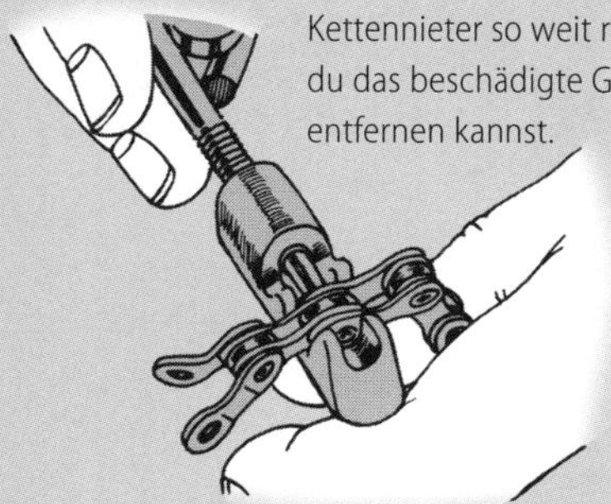

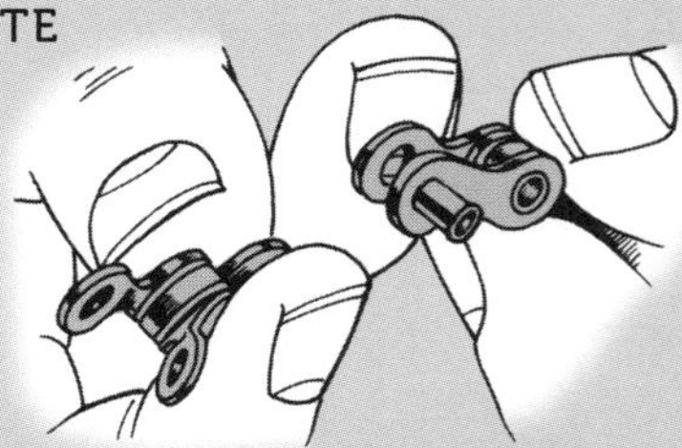

2 Schiebe die Niete aber nicht ganz raus. Ein Stück weit sollte sie innen noch abstehen.

3 Fädle die Kette mit der nach außen gewendeten Niete durch das Element der Schaltung. Klicke die beiden Kettenenden zusammen.

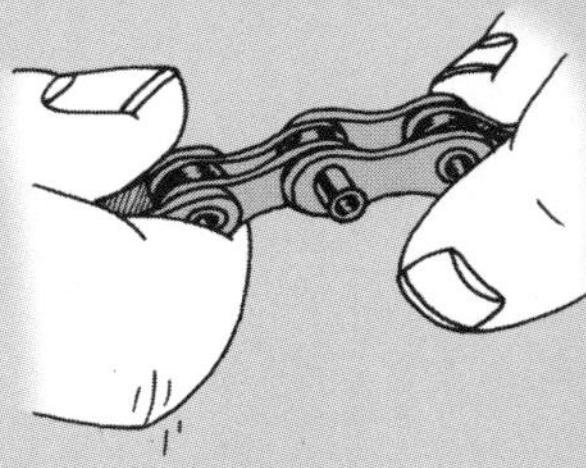

4 Drehe am Griff des Kettennietendrückers, um die Niete wieder durch das Kettenglied zu schieben.

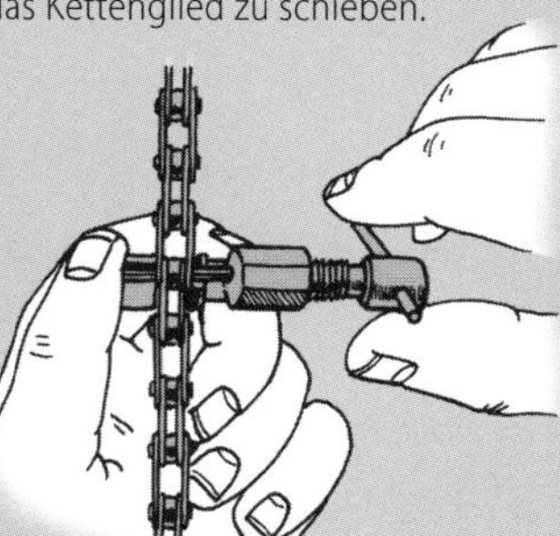

5 Biege die neue Verbindung zu beiden Seiten hin durch, um sie geschmeidiger zu machen.

SCHLAUCH ERSETZEN

1 Löse die Bremsen und nimm das Rad ab.

2 Ergreife den Mantel mit beiden Händen und drücke ihn zusammen, um ihn vom Felgenrand zu lösen.

3 Drücke den Mantel ringsum mit dem Reifenheber über den Felgenrand. Suche nach der beschädigten Stelle des Schlauchs oder nimm den Schlauch ganz heraus.

4 Pumpe den neuen oder reparierten Schlauch (siehe S.130) leicht auf und stecke ihn wieder unter den Mantel.

5 Schiebe den Mantel mit den Fingern wieder über den Felgenrand.

6 Pumpe den Reifen auf. Prüfe dabei, ob er korrekt auf der Felge sitzt.

SCHLAUCH FLICKEN

1 Suche nach dem Loch, indem du am prall aufgepumpten Schlauch mit den Lippen entlangfährst. Alternative: Lege den Schlauch ins Wasser und achte auf Bläschen.

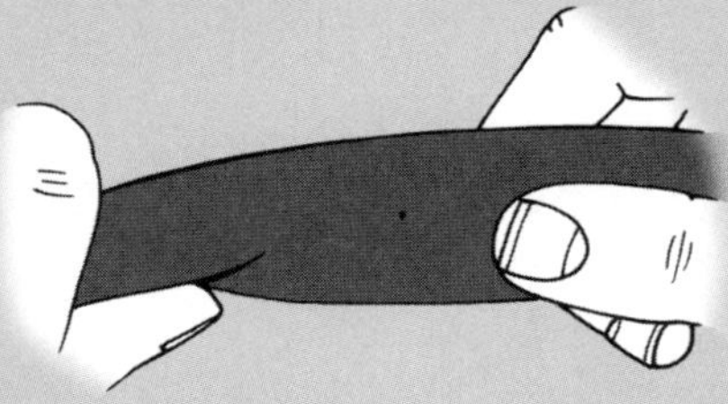

2 Schau dir das Loch genau an, damit du weißt, wie du den Flicken setzen musst. Markiere die Stelle.

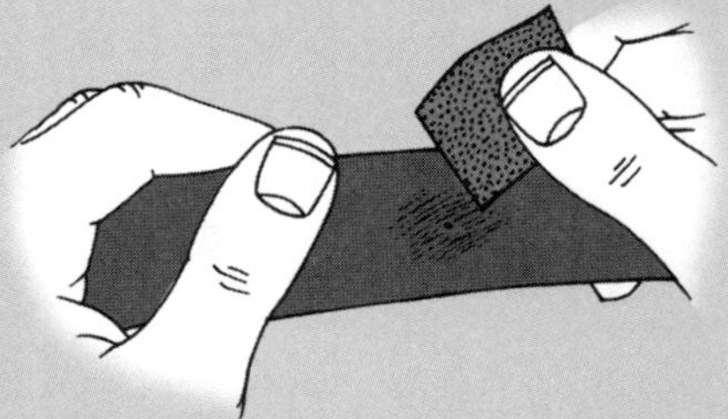

3 Raue die Umgebung des Lochs mit Sandpapier auf. Dadurch haftet der Kleber besser.

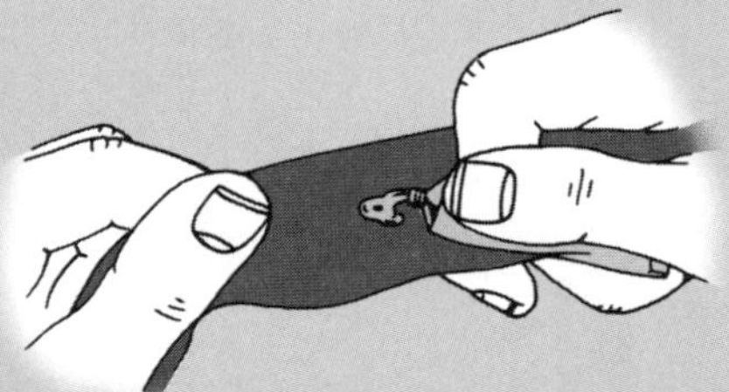

4 Trage rings um das Loch eine kleine Menge Kleber auf. Verteile ihn mit dem Finger auf eine Fläche, die etwas größer als der Flicken ist.

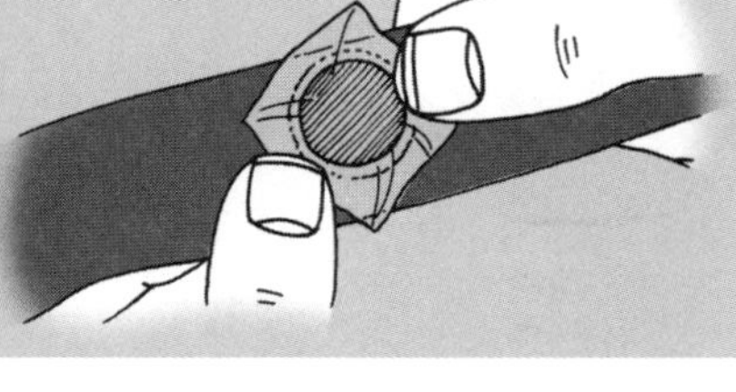

5 Sobald sich der Kleber trocken anfühlt, ziehst du vom Flicken die Folie ab und drückst ihn fest auf das Loch.

KEIN FLICKSET, KEIN ERSATZSCHLAUCH?

Ausstopfen Entferne den beschädigten Schlauch und fülle den Mantel mit zusammengepresstem Gras. Das ist keine Dauerlösung, doch damit solltest du bis nach Hause kommen können, ohne die Felge zu beschädigen.

Zubinden Schneide einen stark beschädigten Schlauch durch und binde die Enden fest zusammen.

ACHTER

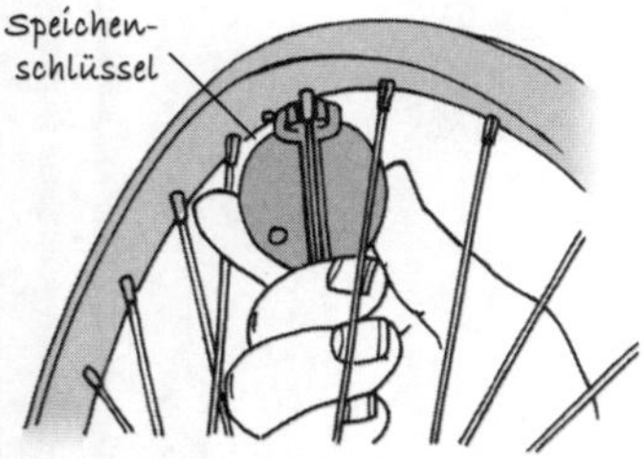

Prüfen Drehe das Rad zwischen deinen Händen und du siehst, ob es rund läuft oder weitere Reparaturen benötigt.

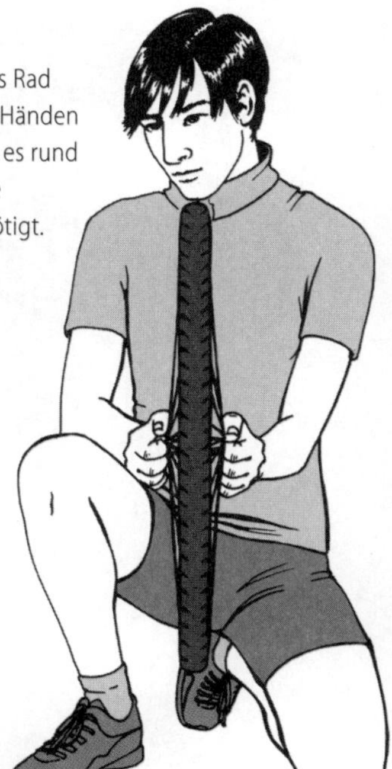

Nachspannen Ein leicht verbogenes Rad repariert man, indem man die Spannung der Speichen nachstellt.

Drauftreten Ein stark verbogenes Rad kann den Einsatz von größerem Kraftaufwand erforderlich machen.

Kleidung

Outfit fürs Abenteuer Welche Art des Mountainbikens du auch bevorzugst: Bei der Wahl der Kleidung sollten Komfort und Sicherheit im Vordergrund stehen.

Radlerchic Für eine MTB-Tour brauchst du nicht die allerneuesten Hightech-Klamotten – aber praktisch sind sie schon. Die eigens für das Mountainbiken entwickelten Shirts und Hosen tragen sich bergauf wie bergab sehr angenehm.

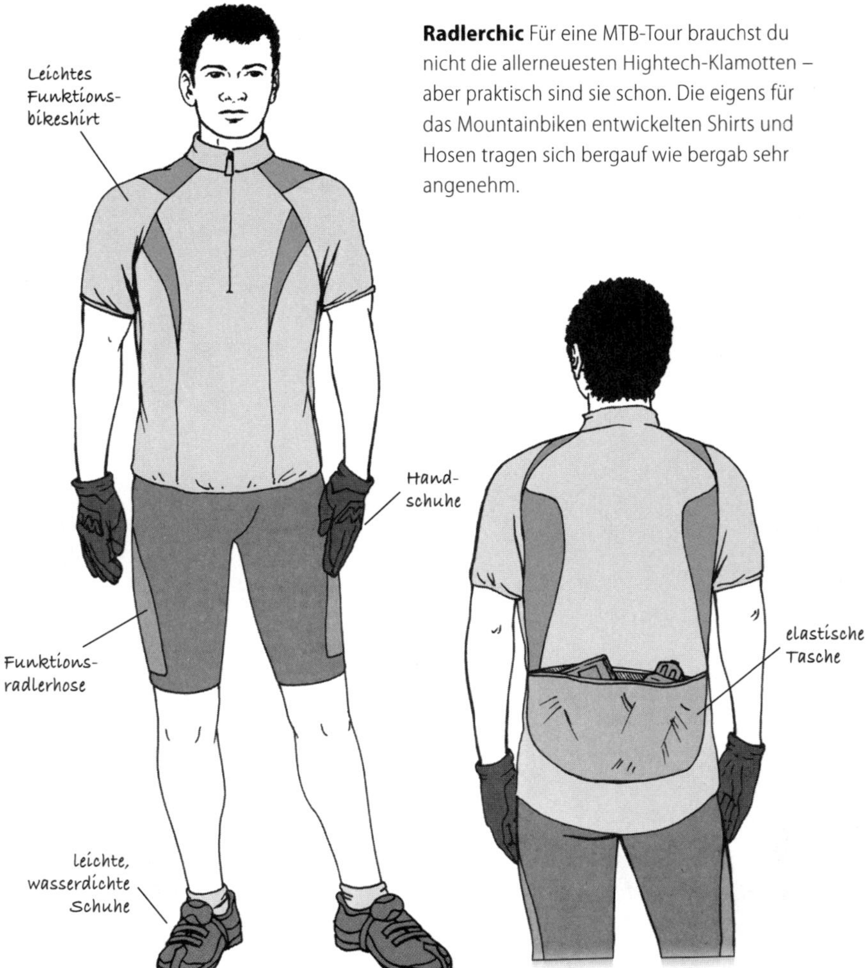

Helm Der Kopfschutz ist für alle MTBler ein Muss. Achte darauf, dass dein Helm den Sicherheitsvorschriften entspricht und dir genau passt.

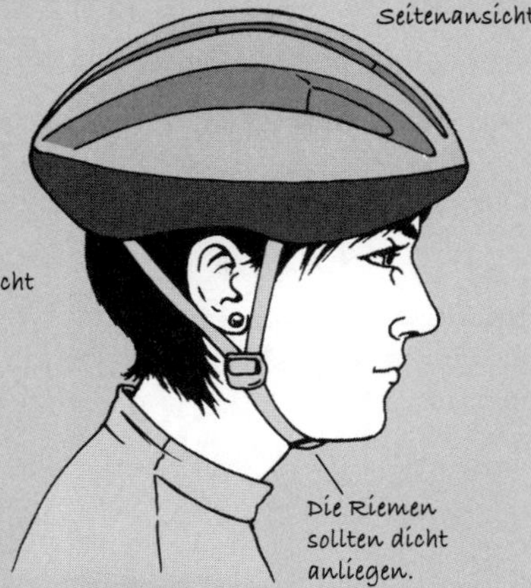

Brille Hochwertige Sportbrillen schützen die Augen vor ultravioletten Strahlen, Wind, Staub und Insekten.

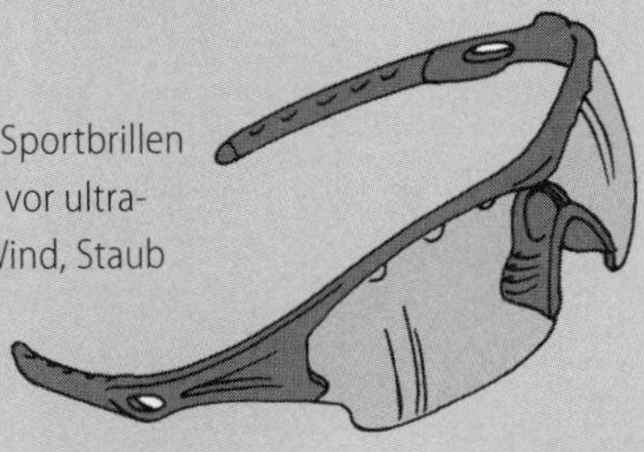

Jacke Nimm eine leichte wind- und wasserdichte Jacke mit.

Handschuhe Gepolsterte Handschuhe sind bei längeren Touren empfehlenswert und schützen die Hände bei Stürzen.

FAHRTECHNIK

Geschickt im Gelände Für das Fahren jenseits der Straßen musst du bestimmte Techniken erlernen. Aber lernen mit dem Rad macht Spaß, und was du einmal beherrschst, vergisst du nie wieder.

Die Sitzposition In einer bequemen, effizienten Position kannst du lange und ohne übermäßigen Kraftaufwand radeln.

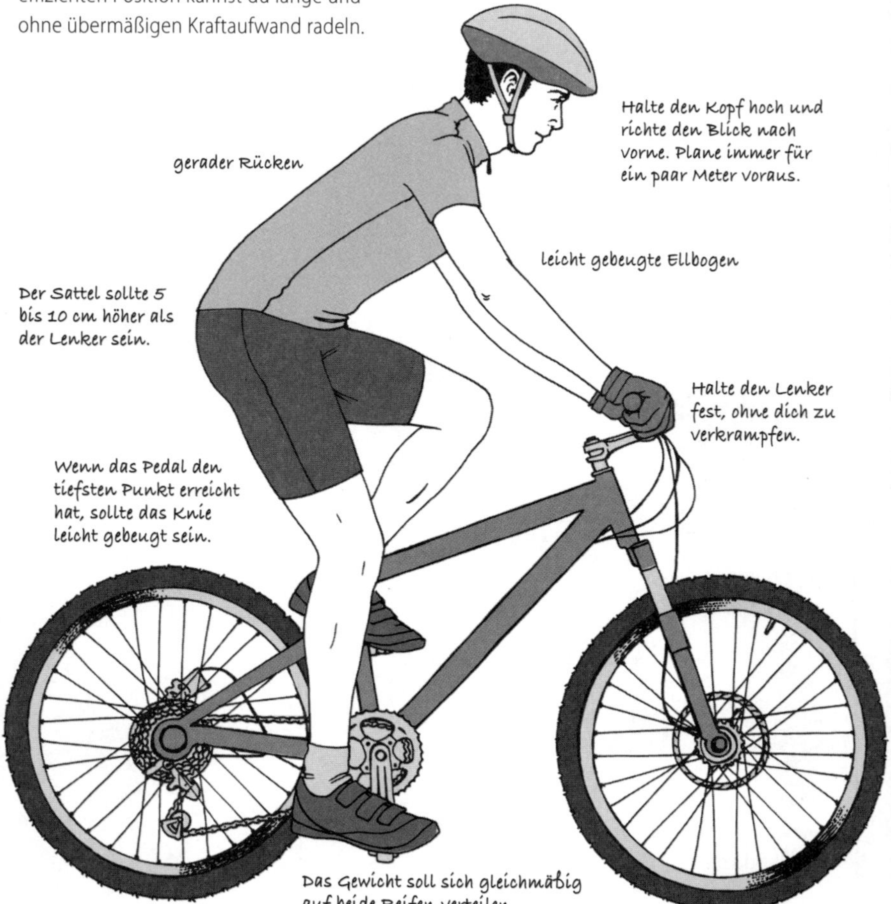

AUFSTEIGEN

1 Stelle dich links neben das Rad. Halte den Lenker mit beiden Händen. Das rechte Pedal sollte in der 2-Uhr-Position sein.

2 Strecke dein rechtes Bein über den hinteren Teil des Sattels und stelle deinen rechten Fuß auf das Pedal.

3 Drehe das Pedal herum, damit der Clip oder die Schuh-Haltevorrichtung einrastet. Stoße dich mit dem linken Fuß ab. Wenn das linke Pedal nach oben kommt, stellst du den linken Fuß darauf und trittst weiter.

BEIM FAHREN ABSTEIGEN

1 Verlangsame mit den Bremsen die Geschwindigkeit zum Schritt- oder Lauftempo. Klicke deinen rechten Fuß aus und schwinge das rechte Bein über das Hinterrad.

2 Während das Rad weiterrollt, bringst du das rechte Bein vor das linke und setzt den rechten Fuß auf dem Boden auf.

3 Packe das Rad am oberen Rahmenrohr, hebe es auf deine Schulter und gehe oder laufe damit am Hindernis vorbei.

Bergauf Bevor der Hang richtig steil wird, schaltest du auf einen niedrigeren Gang herunter. Rutsche im Sattel nach vorne, um das Vorderrad stärker zu belasten. Beuge die Ellbogen und den Rücken.

Betätige immer wieder die Hinterradbremse, um beim Bergabfahren nicht zu schnell zu werden.

Bergab Verlagere bei steilen Abfahrten dein Gewicht nach hinten, damit sich das Rad nicht überschlägt. Schau nach vorne und wähle die beste Route.

BAUMSTAMM ÜBERSPRINGEN

1 Während du gerade auf den Stamm zufährst, verringerst du die Geschwindigkeit und schaltest in einen niedrigen Gang.

2 Komprimiere deinen Körper, indem du die Ellbogen anwinkelst und dich über den Lenker beugst. Richte dich dann mit Schwung auf und ziehe den Lenker hoch.

3 Wenn das Vorderrad den Stamm passiert hat, verlagerst du dein Körpergewicht nach vorne, um das Hinterrad zu entlasten.

4 Dadurch rollt das Hinterrad über den Stamm. Wenn deine Füße mit den Pedalen verbunden sind, zieh sie hoch, um die Aktion des Hinterrads zu unterstützen.

5 Sobald du den Stamm hinter dir gelassen hast, nimmst du wieder deine normale Position ein und fährst weiter.

STEILER HANG

Flotte Talfahrt Bevor du einen sehr steilen Hang hinunterfährst, rutschst du auf dem Sattel nach hinten und verlagerst möglichst viel Gewicht auf das Hinterrad. Am Hang wirst du immer schneller. Widerstehe trotzdem der Versuchung, abrupt zu bremsen. In dieser Situation könnte das leicht einen Sturz auslösen.

UM DIE ECKE FAHREN

1 Drossle das Tempo, bevor du um eine Ecke fährst. Schaue möglichst weit voraus und überlege dir die beste Route.

2 Lege dein Rad in die Kurve, halte den Körper aber senkrecht zum Boden. In extrem scharfen Ecken solltest du dich darauf vorbereiten, dich mit dem inneren Fuß abzustützen, falls du ins Rutschen kommst.

3 Bleibe beim Herausfahren aus der Kurve auf der gewählten Route. Verlagere dein Gewicht nach vorne und fange so schnell wie möglich mit dem Treten an.

Ecken fahren in hohem Tempo Fahre die Kurve so weit wie möglich aus. Strecke das äußere Bein aus: Das hilft, Bodenhaftung zu behalten. Lege dich in die Kurve und bremse nicht, denn dadurch könntest du die Kontrolle verlieren.

STUFEN FAHREN

1 Fahre gerade und langsam auf die Stufe zu. Verlagere dein Körpergewicht auf das Hinterrad.

2 Ziehe ca. 20 cm vor der Stufe den Lenker hoch. Dadurch kommt dein Vorderrad über die Stufe.

3 Beuge dich vor und bremse leicht mit der Vorderbremse. Dadurch hebt sich das Hinterrad.

4 Lasse die Bremsen los, verlagere dein Gewicht wieder nach hinten und fahre normal weiter.

BUNNY-HOP

1 Spanne dich wie eine Feder, indem du dich mit angewinkelten Ellbogen, Knien und Hüften tief über das Rad beugst. Fahre nicht zu schnell und in einem niedrigen Gang.

2 Richte dich sprungartig auf und ziehe den Lenker mit dir hoch.

3 Wenn das Vorderrad in der Luft ist, schiebst du den Lenker nach vorne. Ziehe die Füße hoch, damit das Hinterrad abhebt.

4 Lande auf beiden Rädern gleichzeitig oder, wenn das nicht möglich ist, auf dem Hinterrad.

DURCH WASSER FAHREN

1 Wenn du den Wasserlauf nicht kennst und den Boden nicht sehen kannst, halte an und prüfe die Tiefe. Wenn dir die Durchquerung machbar erscheint, fahre langsam darauf zu.

2 Radle schneller, sobald das Vorderrad im Wasser ist.

3 Radle durch das Wasser. Anhalten könnte hier zu einem Sturz führen.

4 Tritt beim Verlassen des Wassers kräftig in die Pedale, um das Ufer hinaufzukommen.

Waschen und Schmieren

Glänzt wie neu Mountainbiken ist ein schmutziger Sport. Ein gutes MTB fährt auch dann noch gut, wenn es voller Schlamm und Sand ist, doch es fährt besser, hält länger und ist sicherer, wenn du es nach einer Tour gründlich säuberst.

1 Ziehe dir alte Sachen an und besorge dir einen Eimer warmes Seifenwasser, eine Bürste und Putzlappen. Wasche das Rad von oben nach unten.

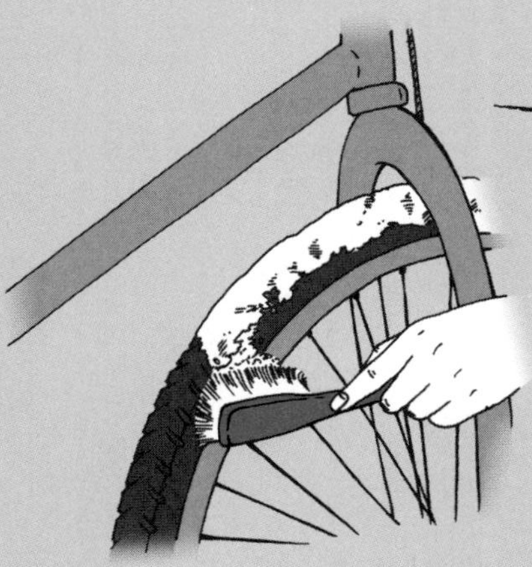

2 Reinige die Felgenränder und Bremsklötze gründlich, damit auf deiner nächsten Tour wieder alles gut funktioniert.

3 Säubere die Kette mit einer harten Bürste und heißem Seifenwasser. Schrubbe, bis die Kette hell glänzt.

4 Trockne die saubere Kette mit einem weichen Tuch. Drehe die Pedale nach hinten, um an alle Abschnitte der Kette zu kommen.

5 Wenn die Kette sauber und trocken ist, schmierst du sie mit etwas Fahrradöl. Wische danach überschüssiges Öl mit einem Lappen ab.

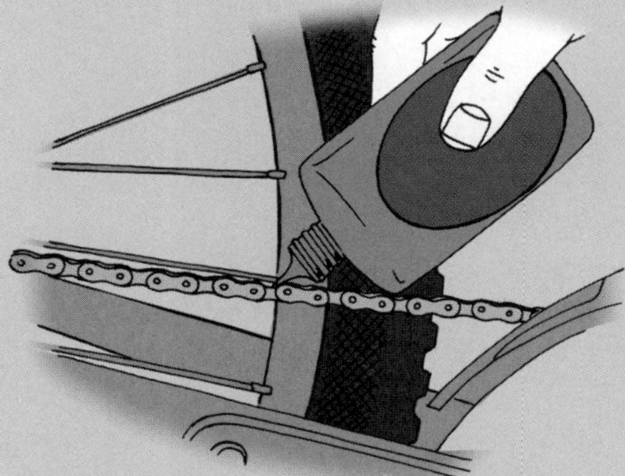

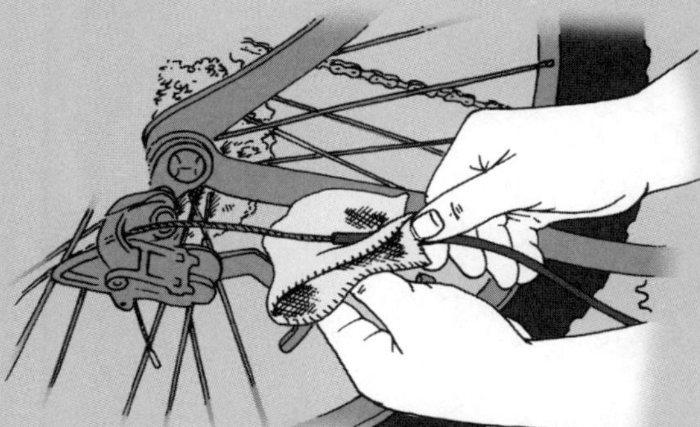

6 Schiebe die Hüllen von Brems- und Schaltkabeln zurück und wische die Kabel mit einem in Entfettungsmittel getränktem Tuch.

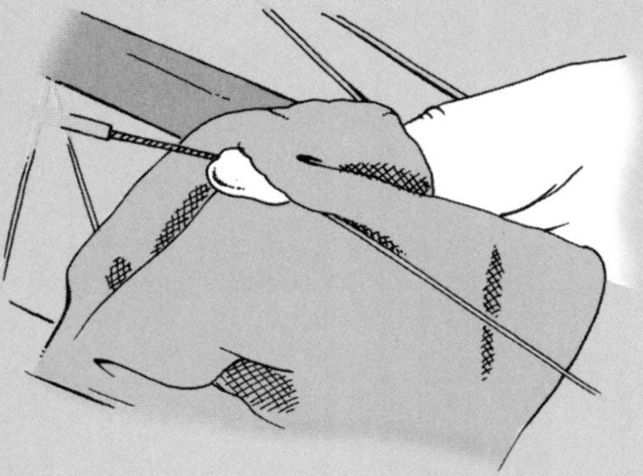

7 Fette die Kabel mithilfe eines weichen Tuchs leicht ein. Warte die Kabel überall dort, wo du an sie herankommst, auf dieselbe Weise.

8 Schrubbe den Umwerfer gründlich mit Bürste und Seifenwasser und trockne ihn mit einem weichen Tuch.

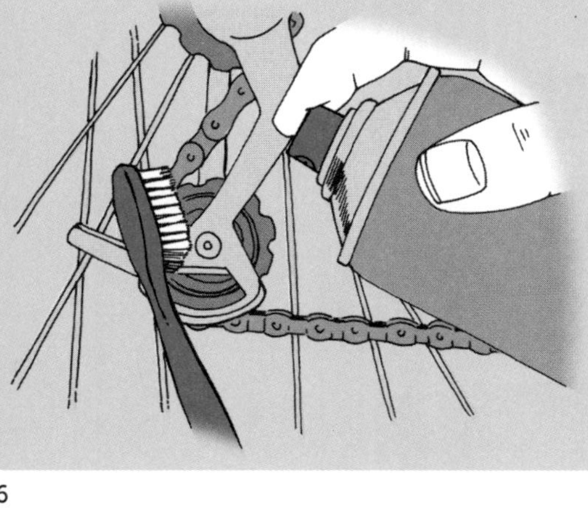

9 Entferne mit einem Schraubenzieher Fett und Sand von der hinteren Gangschaltung, säubere sie mit einer Zahnbürste und fette sie ein.

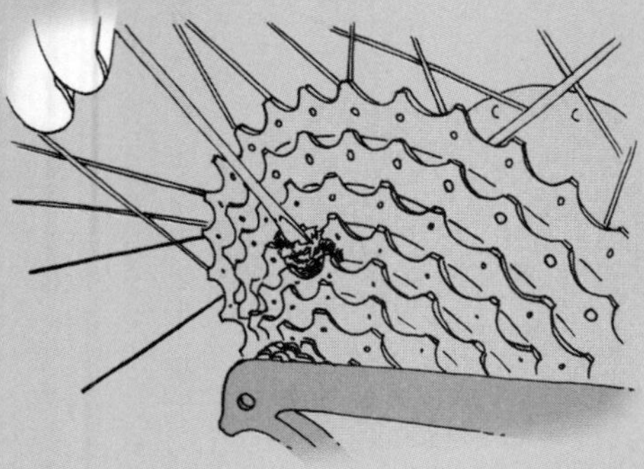

10 Entferne mit einem Schraubenzieher Schmutz und Fett aus den Lücken zwischen den Zahnkränzen des Ritzels.

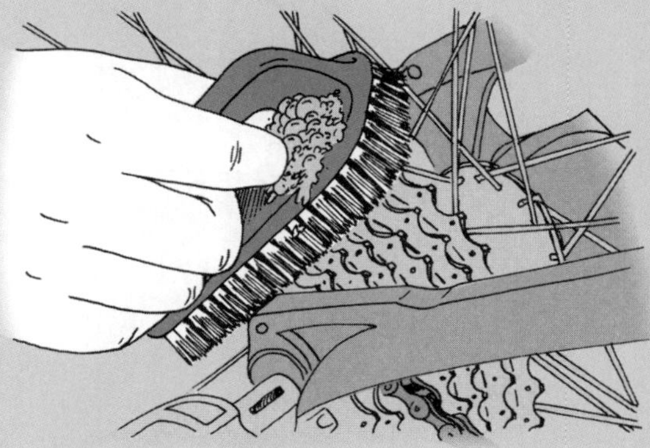

11 Schrubbe das Ritzel sauber und trockne es anschließend mit einem Lappen.

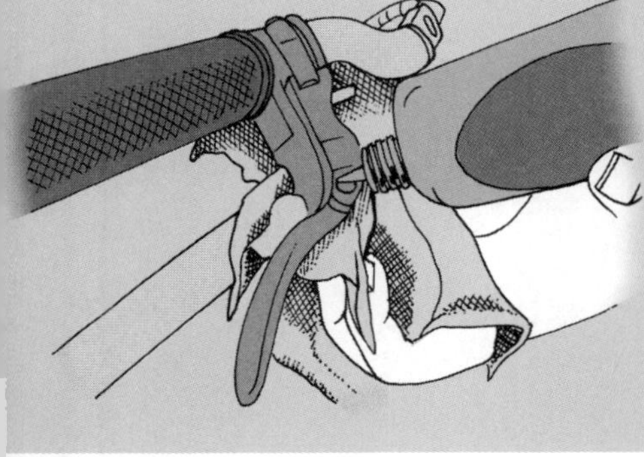

12 Schmiere zum Schluss die beweglichen Teile von Brems- und Schalthebeln mit ein paar Tropfen Öl.

Kanu- und Kajak-fahren

Zwei Drittel unseres Planeten sind von Wasser bedeckt. Wenn du gerne draußen bist, solltest du es einmal mit Bootfahren probieren. In Kanus und Kajaks erlebst du die Natur von einer ganz neuen Seite.

Lerne dein Boot kennen

Immer im Fluss Kanus und Kajaks sind von Muskelkraft angetriebene Boote. Beide sind relativ klein und leicht, sodass sie auch nur von ein bis zwei Personen gelenkt und angetrieben werden können. Trotzdem passt viel Gepäck hinein.

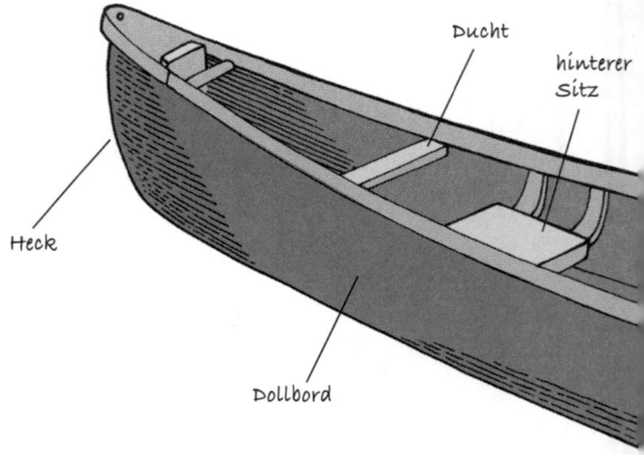

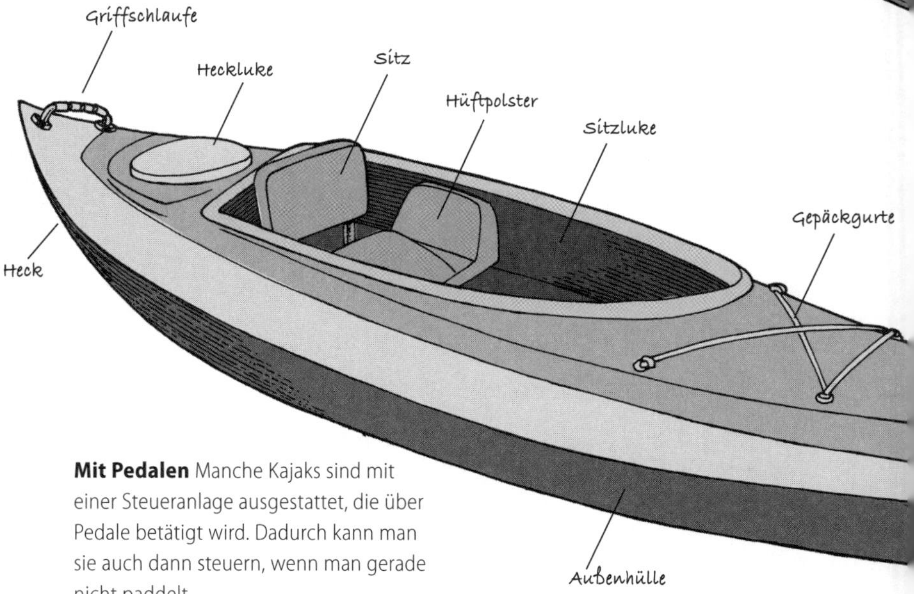

Mit Pedalen Manche Kajaks sind mit einer Steueranlage ausgestattet, die über Pedale betätigt wird. Dadurch kann man sie auch dann steuern, wenn man gerade nicht paddelt.

Kanu Ein Kanu ist mit das älteste (und manche behaupten: das beste) Transportmittel auf dem Wasser. Kanus sind kleine, schmale Boote, die mittels Stechpaddel (einzelnes Paddel) angetrieben und gelenkt werden. Sie lassen sich aber auch staken, rudern oder segeln. Weil sie leicht sind, kann man sie von einem Wasserlauf zum nächsten tragen. Am besten fahren sie mit zwei Paddlern.

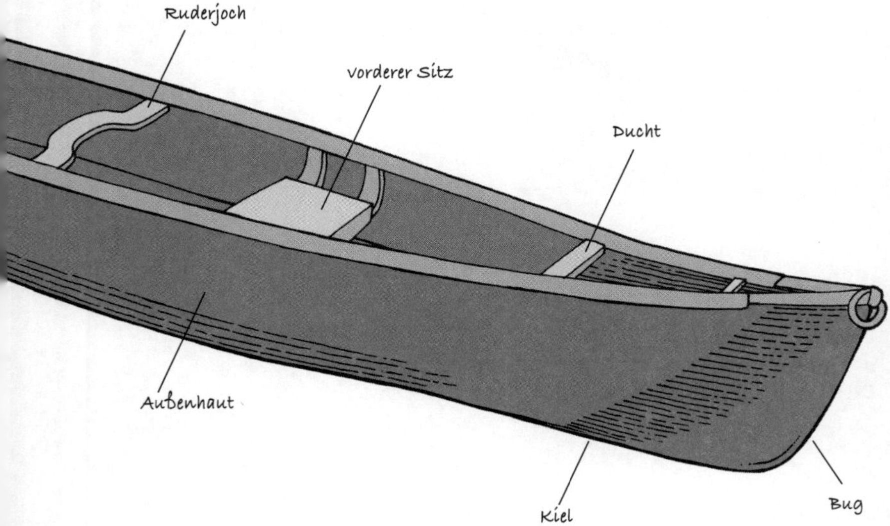

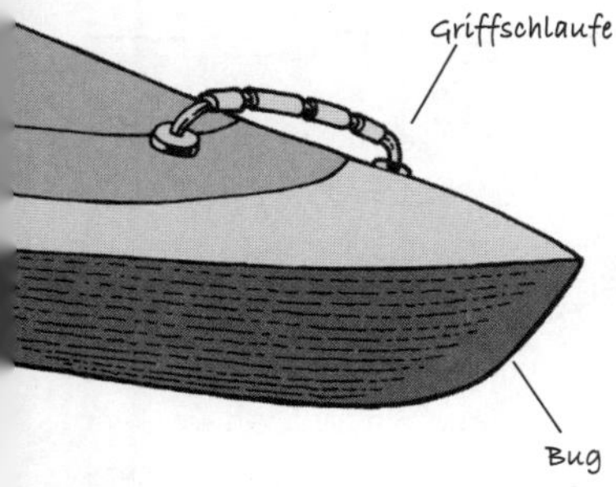

Kajak Moderne Kajaks haben dieselbe Form wie das vor Tausenden von Jahren von den Inuit entwickelte Modell aus Holz, Walknochen und Robbenhäuten. Heutige Kajaks besitzen meist ein geschlossenes Deck mit ein oder zwei eventuell durch Spritzdecken geschützten Sitzluken. Angetrieben werden sie mit Doppelpaddeln.

BOOTSRUMPF

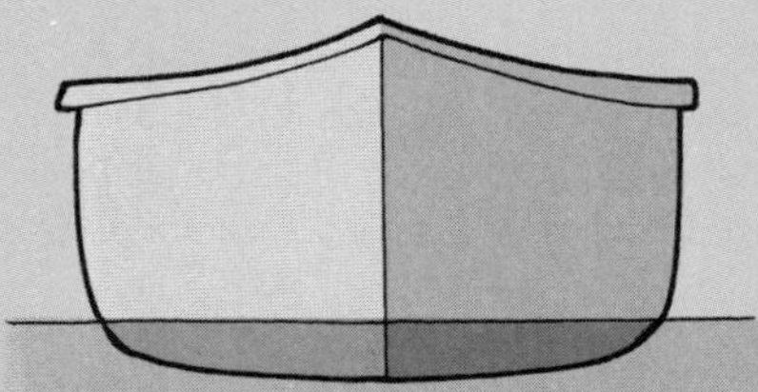

Flacher Boden In ruhigem Wasser sehr stabil, leicht zu steuern. Optimal für Angler und Freizeitpaddler

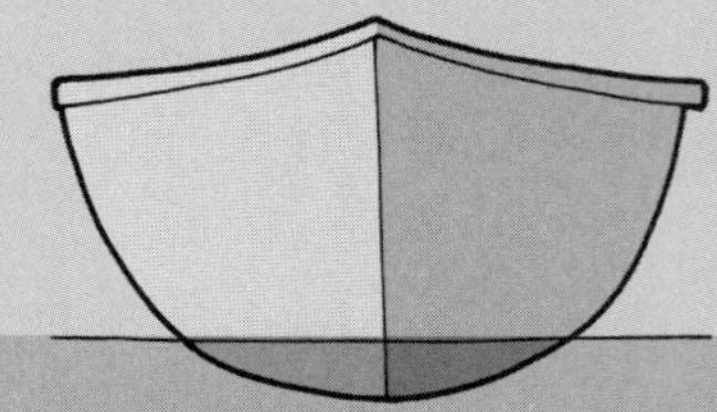

Rundspant So sehen schnelle, effiziente Boote aus. Sie fühlen sich eher unstabil an, kentern aber weniger leicht.

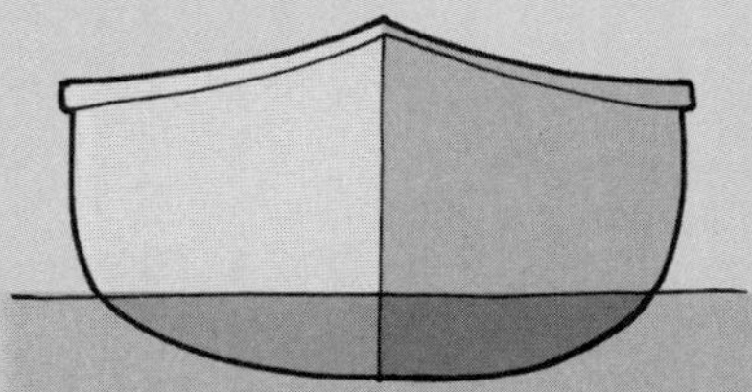

Breiter Knickspant Ein Kompromiss zwischen der flachen Kahnform und dem Rundspant

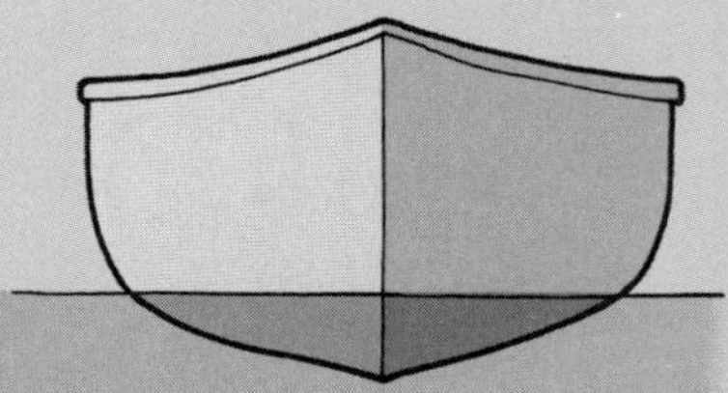

Knickspant Ein relativ stabil im Wasser liegender, leicht manövrierbarer Typ

VORDERSTEVEN

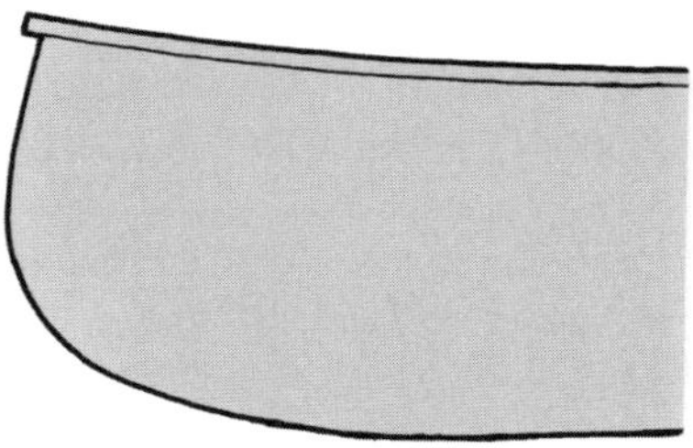

Gerundet Ein abgerundeter Steven erleichtert das Steuern und Manövrieren und eignet sich für das Paddeln in unruhigem Wasser.

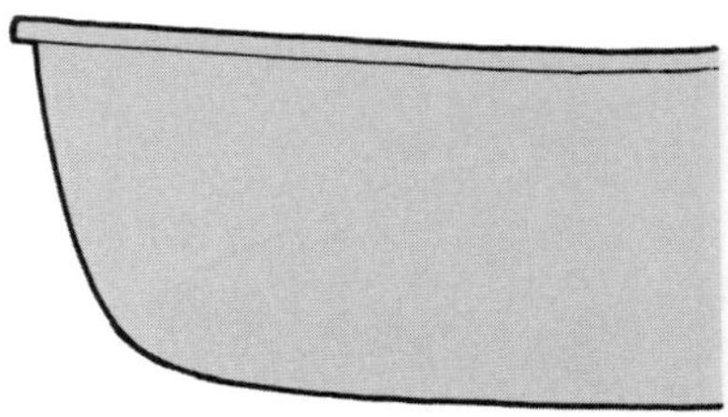

Gerade Ein gerade geformter Steven erleichtert das Fahren in gerader Linie. Kanus mit diesem Profil eignen sich für flaches Wasser und Touren.

KIEL

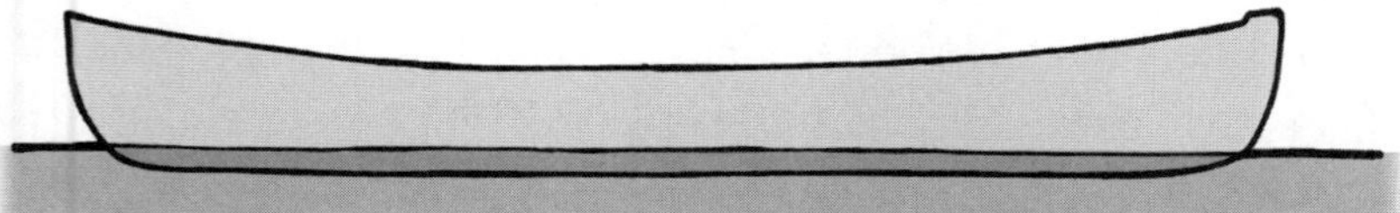

Gerader Kiel Ideal für das geradlinige Zurücklegen langer Strecken

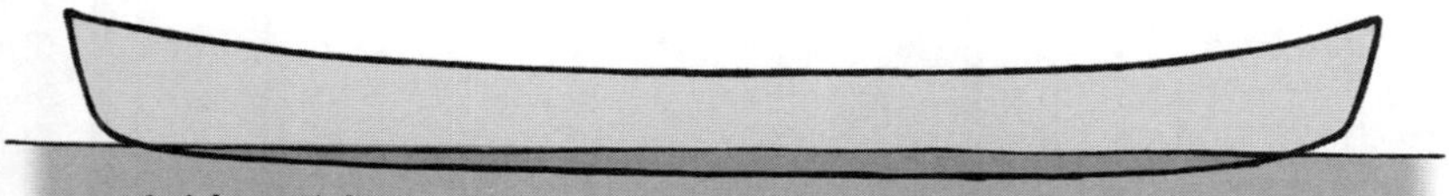

Leichter Kielsprung Sehr manövrierfähig und leicht auszubalancieren – für die meisten Varianten des Kanusports optimal

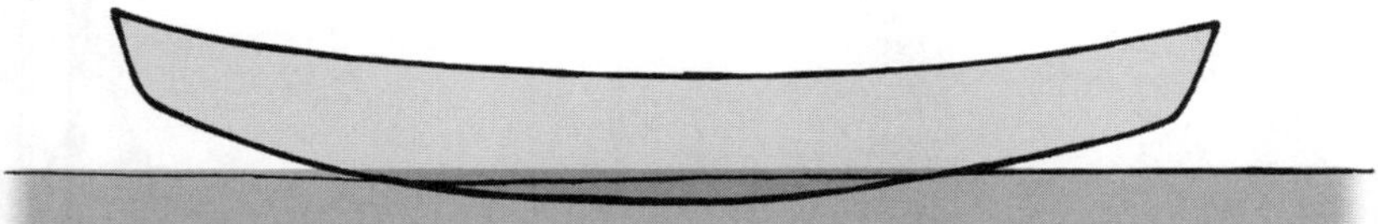

Starker Kielsprung Ausgezeichnet lenkbar, die richtige Form für das Wildwasserfahren unter extremen Bedingungen

SYMMETRIE

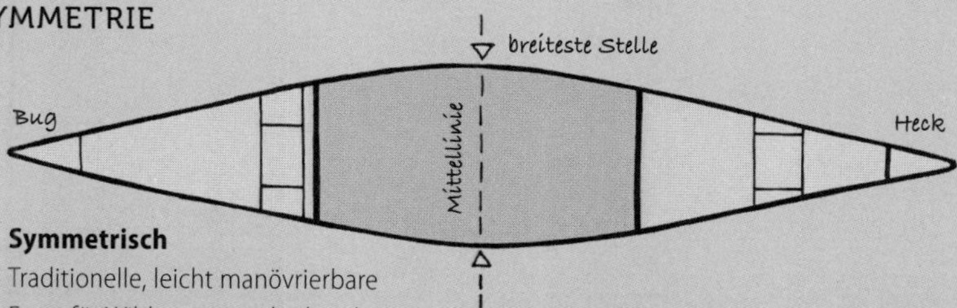

Symmetrisch
Traditionelle, leicht manövrierbare Form für Wildwasser und schmale Wasserläufe

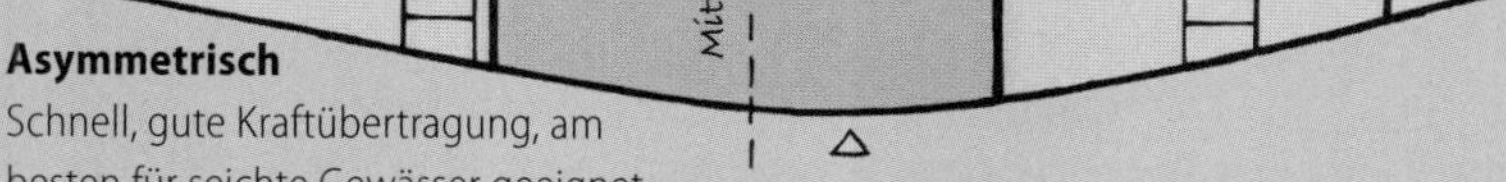

Asymmetrisch
Schnell, gute Kraftübertragung, am besten für seichte Gewässer geeignet

PADDEL

Antrieb Welchen Paddeltyp du auswählst, hängt von deinem Körperbau, dem Bootstyp und der Einsatzart ab. Paddel werden aus Glasfiber, Aluminium, Karbonfaser, Plastik oder Holz hergestellt.

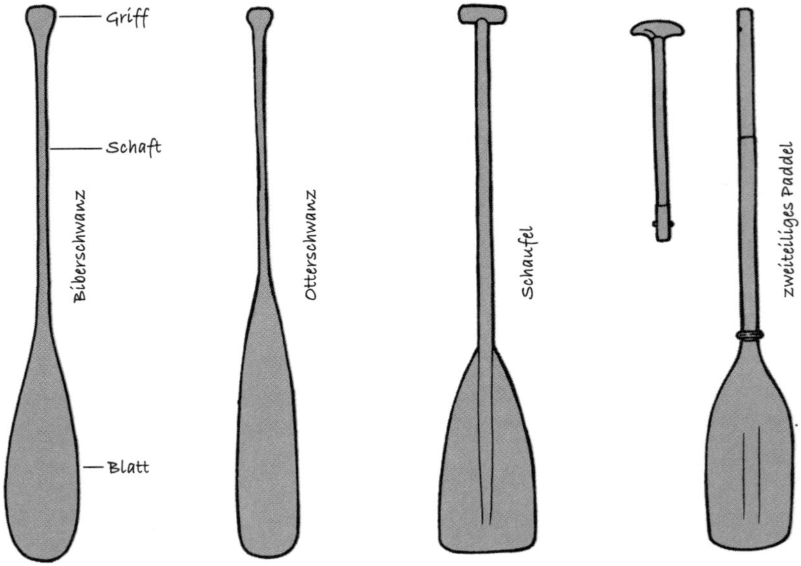

HISTORISCHE KANUS UND KAJAKS

Algonkin 1–6 Personen; Birkenrinde und Holz; Transporte, Jagd und Fischfang

Inuit 1 Person; Robbenhäute und Walknochen; Jagd und Fischfang

Umiak 8–12 Personen; Robbenhäute und Walknochen; Transporte und Jagd

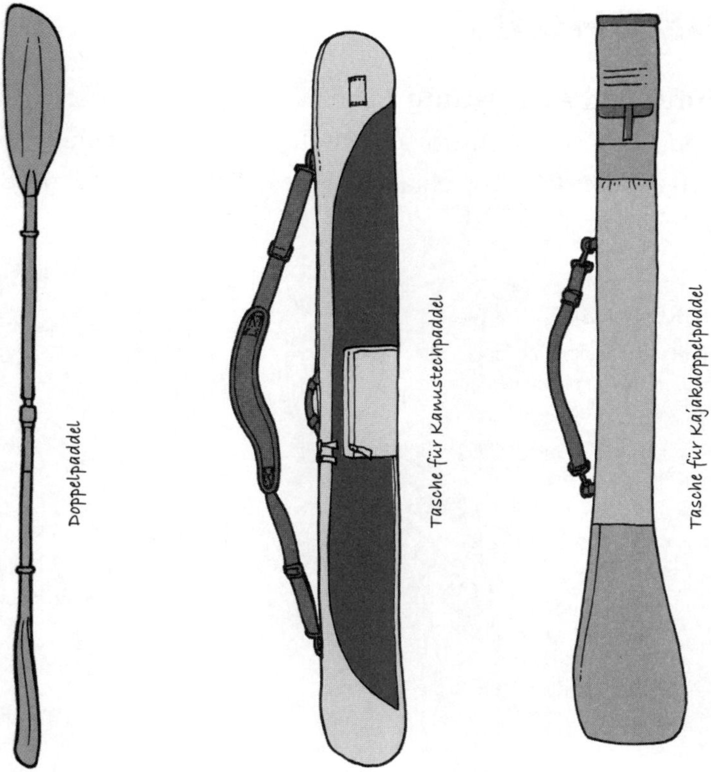

Kriegskanu der Haida 10–20 Personen; Einbaumkanu aus Zedern- oder Mammutbaum; Zeremonien

Pelzhändler 7–10 Personen; Birkenrinde und Holz; Transporte

Chippewa 1–2 Personen; Ulme oder Birkenrinde; Krieg, Jagd, Sammeln

ZUBEHÖR

Kleidung und Ausrüstung Wenn man Boot und Paddel hat, ist man schon gut ausgestattet. Allerdings benötigt man auch Kleidung, in der man sich auf dem Wasser wohlfühlt, sowie einige weitere Dinge, die die Tour sicherer machen.

TROCKENANZUG

Unten drunter warm Der Kontakt mit kaltem Wasser kühlt den Körper aus, und bei längeren Fahrten in kühlen Gewässern kann das gefährlich werden. Ziehe für eine Paddeltour bei kaltem Wetter einen Trockenanzug an!

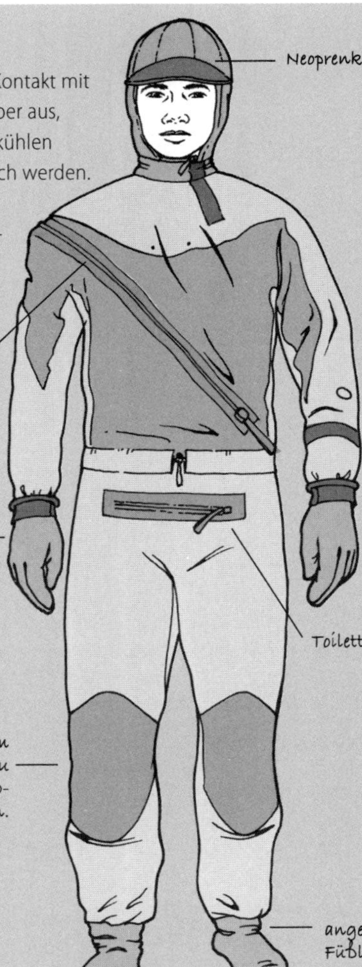

Wetsuit Ein Nassanzug mit 3 mm Stoffdicke hält dich bei milden Temperaturen warm und schützt dich vor Abschürfungen.

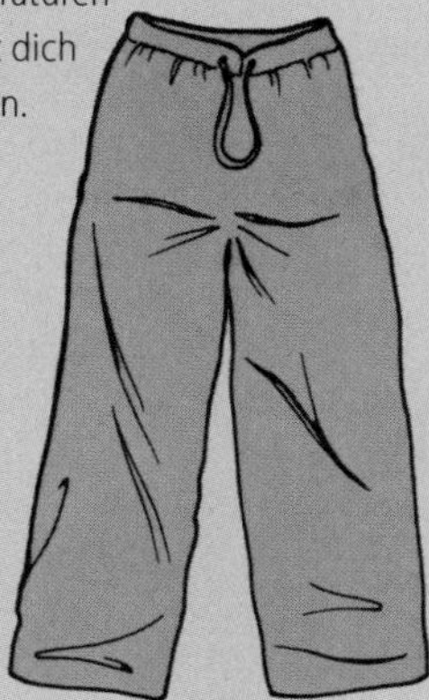

Wasserdichte Hose Je nach Situation kannst du über deine kurze Hose auch eine wasserdichte lange Hose anziehen.

Sommerkleidung An einem warmen, windstillen Tag brauchst du dich nur vor der Sonne zu schützen.

Paddeljacke Nimm bei wechselhaftem Wetter eine wasser- und winddichte Jacke mit.

SICHERHEITSAUSRÜSTUNG

Schwimmweste Lege eine Schwimmweste an, bevor du dich in ein Boot setzt. Wähle ein TÜV-geprüftes Modell, dass dir genügend Bewegungsfreiheit lässt.

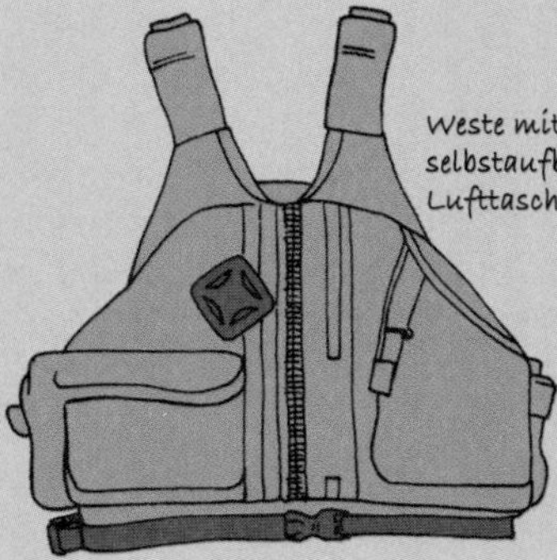

Weste mit selbstaufblasbaren Lufttaschen

Schwimmweste

Für den Paddelhund Es stimmt nicht, dass alle Hunde von Natur aus gut schwimmen können. Schenke deinem vierbeinigen Freund eine spezielle Schwimmweste, wenn du ihn auf Touren mitnimmst.

Helme Beim Paddeln in Wildwasser oder im Meer ist ein Helm lebenswichtig. Er sollte genau passen und gleichzeitig bequem sein. Ersetze den Helm, wenn er einen heftigen Schlag abbekommen hat.

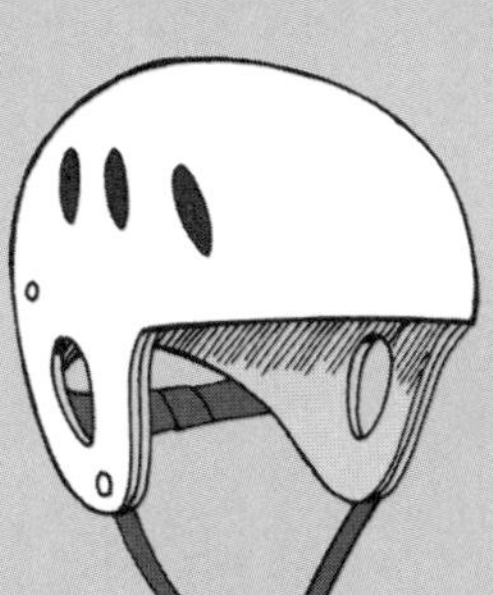

Vollschalenhelm

Halbschalenhelm

WASSERDICHTE BEHÄLTER

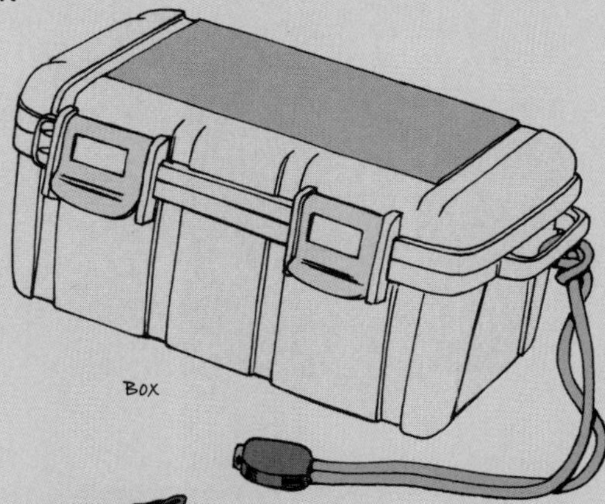

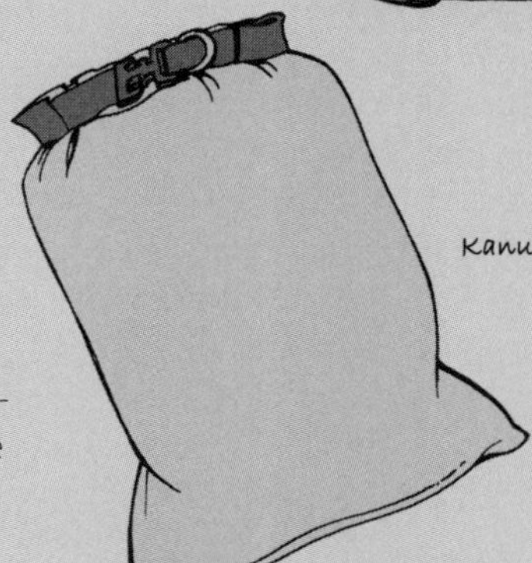

Innen trocken Beim Paddeln nass zu werden, ist unvermeidlich. Meist aber hat man Dinge dabei, die unbedingt trocken bleiben sollen.

WASSERDICHTER PLASTIKBEUTEL

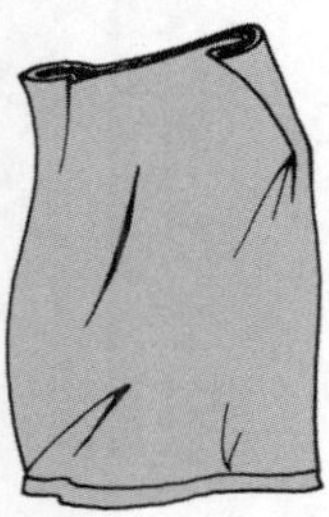

1 Lege deine Sachen in den Beutel und drücke die Luft heraus.

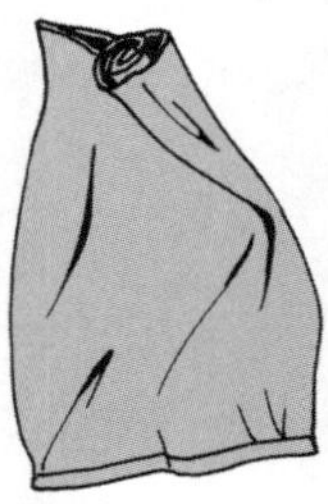

2 Rolle den oberen Teil von einem Rand zum anderen zusammen.

3 Drehe den eingerollten Teil einmal um sich selbst.

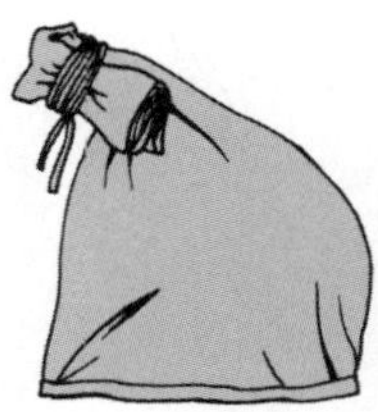

4 Falte ihn zusammen und fixiere ihn mit Gummiband.

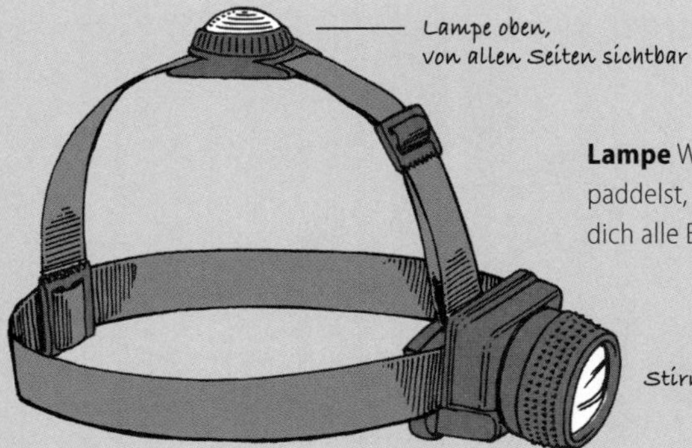

Lampe Wenn du nachts paddelst, ist es wichtig, dass dich alle Boote sehen können.

Pumpe Nimm immer eine Pumpe mit, um aus deinem Boot unterwegs eingedrungenes Wasser zu entfernen. Handpumpen sind unkompliziert, aber eine Fußpumpe oder elektrische Pumpe ermöglichen dir, während des Pumpens weiterzupaddeln.

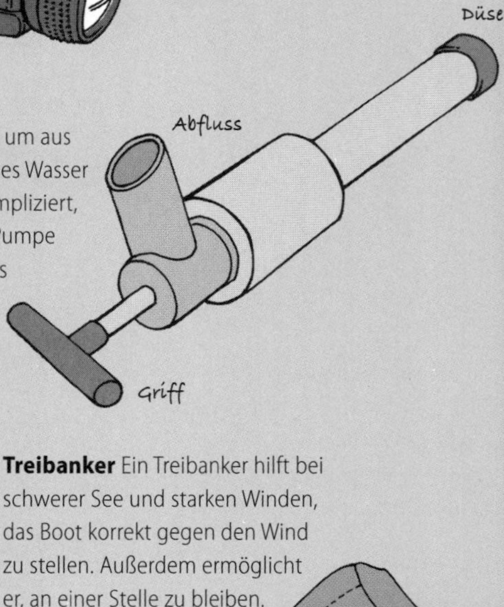

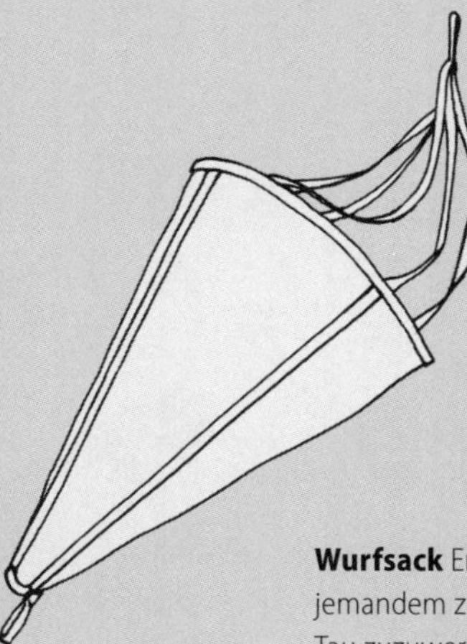

Treibanker Ein Treibanker hilft bei schwerer See und starken Winden, das Boot korrekt gegen den Wind zu stellen. Außerdem ermöglicht er, an einer Stelle zu bleiben.

Wurfsack Er soll helfen, jemandem zielsicher ein Tau zuzuwerfen.

Anemometer Mit diesem Gerät misst man die Windgeschwindigkeit. Wenn du sie kennst, kannst du entscheiden, ob du zu einer Tour aufbrechen willst.

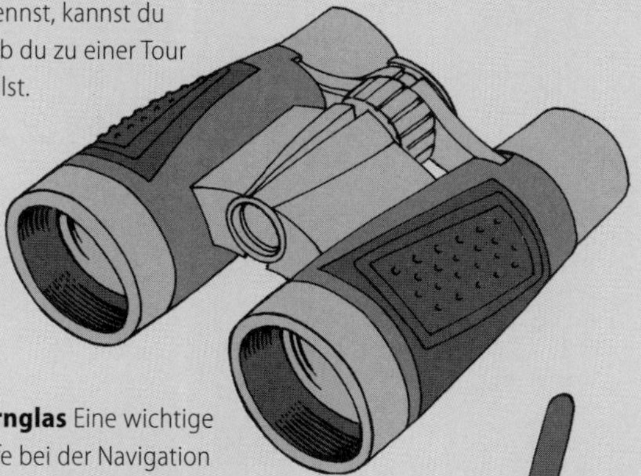

Fernglas Eine wichtige Hilfe bei der Navigation auf dem Meer oder auf großen Seen.

Kompass Ein auf dem Deck deines Kajaks oder vorne an deinem Kanu angebrachter Kompass hilft dir, den geplanten Kurs zu halten und dich auf Karten zurechtzufinden.

Funkgerät Verwende ein wasserdichtes VHF-Funkgerät, um mit Paddelkameraden oder der übrigen Welt in Verbindung zu bleiben.

BELADEN

Gepäck im Kajak Lege die schwersten Stücke in die Nähe der Sitzluke und fern von Bug und Heck. Damit du siehst, ob das Boot gut ausbalanciert ist, solltest du es bepacken, wenn es im Wasser liegt.

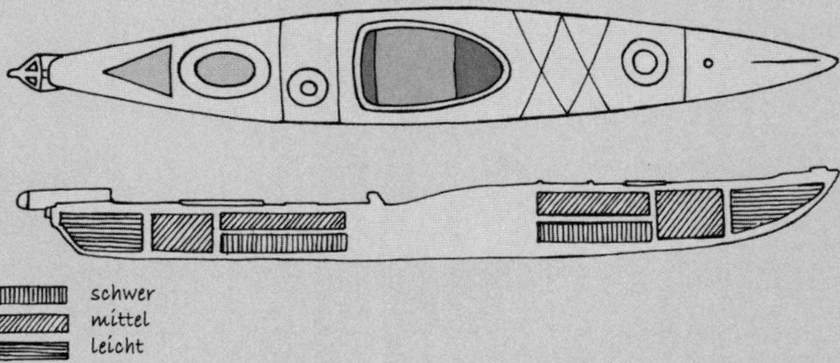

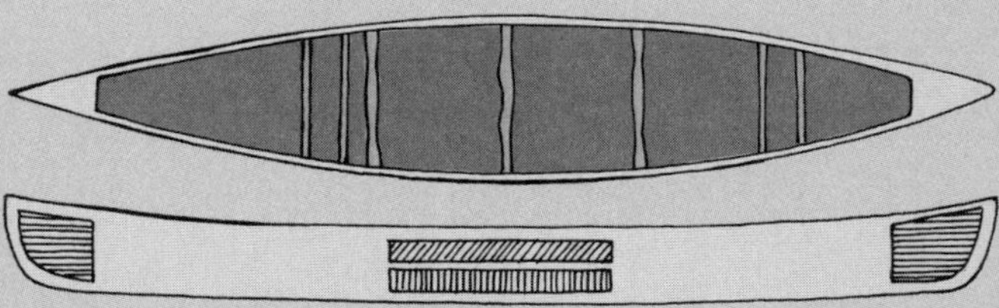

Gepäck im Kanu Die Ladung sollte entlang der Kiellinie untergebracht werden. Schwere Dinge kommen nach unten.

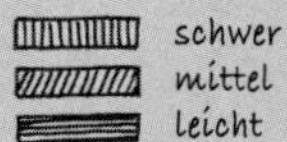

Gut ausbalanciert In beinahe allen Situationen fährt es sich mit einem gleichmäßig belasteten Kanu am besten.

Hecklastig Hier ragt der Bug weiter aus dem Wasser. Er fängt den Wind und wird auch bei leichter Brise schwanken.

Fahrtechnik

Seefest Damit das Paddeln auch wirklich Spaß macht, musst du lernen, mit deinem Kanu oder Kajak zu Lande und zu Wasser richtig umzugehen, und wissen, was zu tun ist, wenn nicht alles nach Plan läuft.

DAS BOOT TRAGEN

Mit der Hand Ein Einerkajak oder leichtes Kanu kann auf kurzen Strecken wie ein Koffer getragen werden.

Über der Schulter Trage dein Boot auf längeren Strecken auf der Schulter.

Zu zweit Lass dir nach Möglichkeit von jemandem helfen. Vor allem beladene Boote sollte man zu zweit tragen.

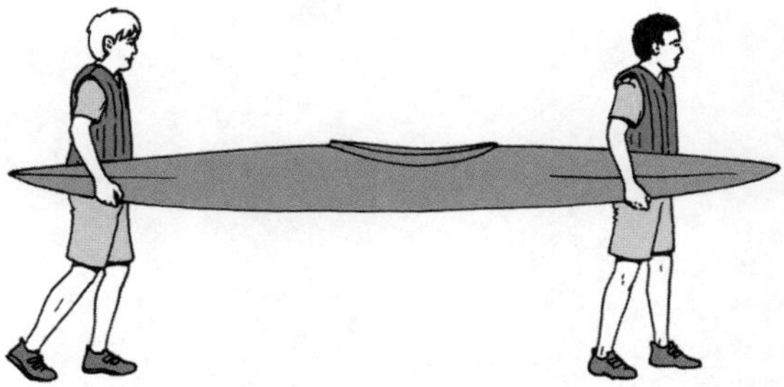

Zu zweit ein Kanu tragen Stellt euch zu beiden Seiten des Kanus auf. Hebt es an Griffen oder dem Rand des Dollbords gerade an.

SO TRÄGT MAN EIN KANU ALLEINE

1 Ergreife, mit dem Gesicht zum Kanu stehend, den Rand des Dollbords, kippe das Kanu von dir weg und mache einen Schritt darauf zu.

2 Beuge dich vor und ergreife mittig das Ruderjoch. Lehne dich langsam zurück, hebe das Kanu an und setze es auf deinen Oberschenkeln auf. Halte den Rücken dabei möglichst gerade.

3 Ergreife mit einer Hand den gegenüberliegenden Dollbordrand und mit der anderen den Dollbordrand auf deiner Seite. Das funktioniert nur, wenn das Kanu dabei ausbalanciert bleibt.

4 Schwinge das Kanu über deinen Kopf. Am besten geht es, wenn die Bewegung fließend und schnell ist.

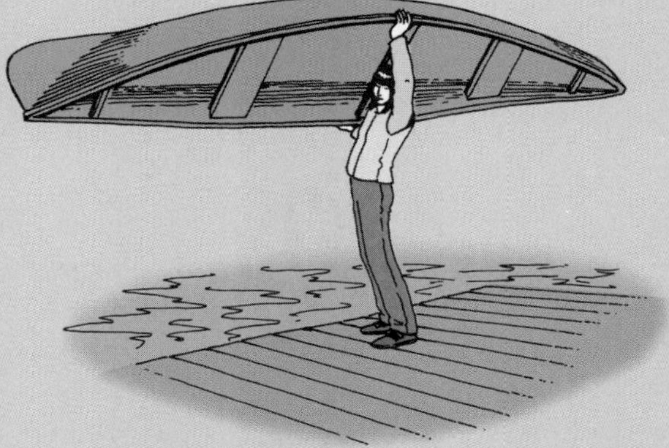

5 Senke das Kanu nun vorsichtig auf deine Schultern herab, sodass das Ruderjoch quer auf ihnen und deinem Nacken ruht.

PADDELTECHNIK IM KANU

Die beste Position Bei der Standardtechnik kommt der Antrieb von verschiedenen Muskelgruppen des Körpers und nicht nur aus den Armen. Bei geradem Sitz und korrekter Paddelhaltung geht es fast von alleine.

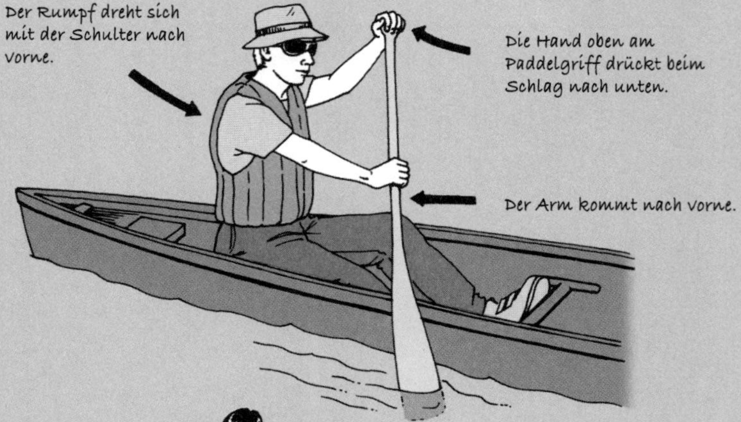

Tandempaddeln Zwei Paddler müssen ihre Bewegungen koordinieren und die Schläge gleichzeitig ausführen.

Grundschlag Ziehe das Paddelblatt neben dem Kanu gerade durch das Wasser. Dieser Schlag funktioniert am besten, wenn ihn zwei Paddler koordiniert ausführen.

J-Schlag Bei diesem Schlag wird das Blatt zunächst gerade und zum Schluss in gebogener Linie vom Kanu weg durch das Wasser gezogen. Wenn man alleine paddelt, neigt das Kanu dazu, abzudrehen. Mit dem J-Schlag wirkt man dem entgegen.

Rückwärtsschlag Das Gegenstück zum Grundschlag: Auf diese Weise hält man das Kanu an oder paddelt es rückwärts.

Ziehschlag Durch diesen Schlag ändert man die Richtung oder bewegt das Kanu seitwärts.

Drückschlag Das Gegenstück zum Ziehschlag. Durch ihn kann man das Kanu schnell wenden oder seitwärts bewegen.

C-Schlag Durch ihn dreht man das Kanu in eine neue Richtung, indem man es um einen Drehpunkt herum drehen oder aber im Kreis fahren lässt.

Heckruder Tauche das Paddelblatt am Heck senkrecht ein und steuere das Kanu damit. Das funktioniert aber nur, wenn das Kanu in Fahrt ist.

PADDELTECHNIK IM KAJAK

1 Tauche das vordere Paddelblatt auf Höhe deiner Füße ins Wasser ein.

2 Ziehe das Blatt parallel zum Kajak durch eine Rumpfdrehung durch das Wasser.

3 Wenn das Blatt an deiner Hüfte vorbeigekommen ist, ziehst du es heraus.

4 Drehe den Rumpf so weit wie möglich herum und tauche das andere Paddelblatt wieder auf Höhe deiner Füße ins Wasser ein.

SO LEERT MAN EIN VOLLGELAUFENES BOOT

1 Auch vollgelaufen sollte ein Kanu oder Kajak noch so viel Auftrieb haben, dass man es in seichtes Wasser paddeln kann.

2 Versuche nicht, das schwere Boot hochzuheben, sondern rolle es auf die Seite, damit das Wasser abfließt.

3 Damit alles raus kann, hebst du abschließend abwechselnd Bug und Heck an.

Wenn du alleine bist: Stütze das Boot an der Uferböschung ab, um es auszuleeren.

Auf dem Wasser vollgelaufen Drehe das vollgelaufene Kajak um und lege es zum Abtropfen über das Deck eines anderen Kajaks.

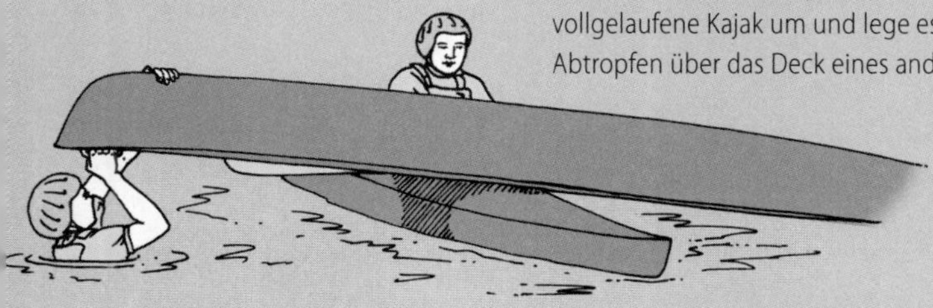

Zwei Retter Zwei Einzelpaddler sollten nahe zusammenfahren und ihre Paddel quer über ihre Kajaks legen. Sie heben das gekenterte Kajak über ihre Paddel und lassen das Wasser so abfließen.

SCHWIMMEN IM WILDWASSER

Mit den Füßen voran Wenn du in einen Strudel hineingerissen wirst, versuche nicht, gegen die Strömung zu schwimmen. Das vergeudet nur deine Kräfte. Lasse dich mit flussabwärts gehaltenen Füßen auf dem Rücken treiben.

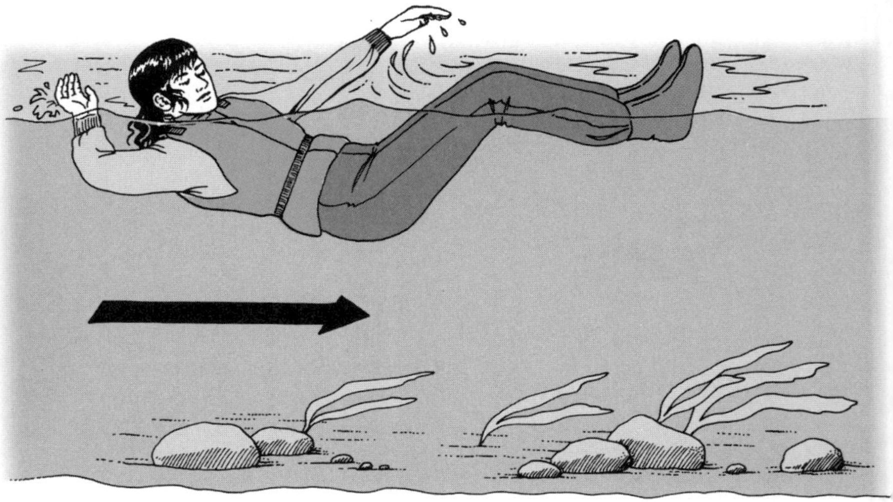

RETTUNGSHALTUNG

Halte die Körperwärme zurück Wenn du in kaltem Wasser treibend auf die Retter wartest, ist es wichtig, den Kopf über Wasser zu halten. Nimm eine Körperhaltung ein, die verhindert, dass du allzu rasch auskühlst. Dazu deckst du jene Körperteile ab, die viel Wärme abstrahlen (Achselhöhlen, Seiten der Brust, Schritt und Kniekehlen). Wenn ihr zu mehreren gekentert seid, haltet ihr euch gegenseitig warm, indem ihr eng beieinander bleibt.

TREIBEN LASSEN

Entspannt überleben Solange du entspannt bleibst und die Lunge voller Luft hast, kannst du im Wasser überleben. Lass dich treiben!

1 Lass dich aufrecht im Wasser treiben und atme tief ein.

2 Tauche mit nach vorne ausgestreckten Armen unter, um dich an der Oberfläche auszuruhen. Dank der Luft in deiner Lunge gehst du nicht unter.

3 Entspanne dich in dieser Position und schone deine Kräfte, bis du wieder Luft holen musst.

4 Strecke den Kopf heraus und tritt dabei Wasser. Hole wieder tief Luft und kehre in die entspannte Position zurück.

Wetter

Die Launen des Wetters faszinieren uns, und manchmal finden wir sie sogar beängstigend. Wenn man sich viel draußen aufhält oder eine Tour plant, ist es gut zu wissen, wie Wetteränderungen entstehen und an welchen Anzeichen man sie voraussehen kann.

Die Grundlagen

Die Wettermaschine Die von der Sonne abgegebene Wärme versetzt die Atmosphäre in ständige Bewegung. Temperaturen, Winde, Luftdruck, Feuchtigkeitsgrad und Niederschläge verändern sich laufend.

DIE SONNE UND DIE JAHRESZEITEN

Geneigter Planet Weil die Erdachse um 23,5° geneigt ist, bekommen die verschiedenen Regionen der Erde während des Umlaufs der Sonne um die Erde unterschiedliche Mengen an Sonnenwärme ab. Diesen Unterschieden verdanken wir die Jahreszeiten.

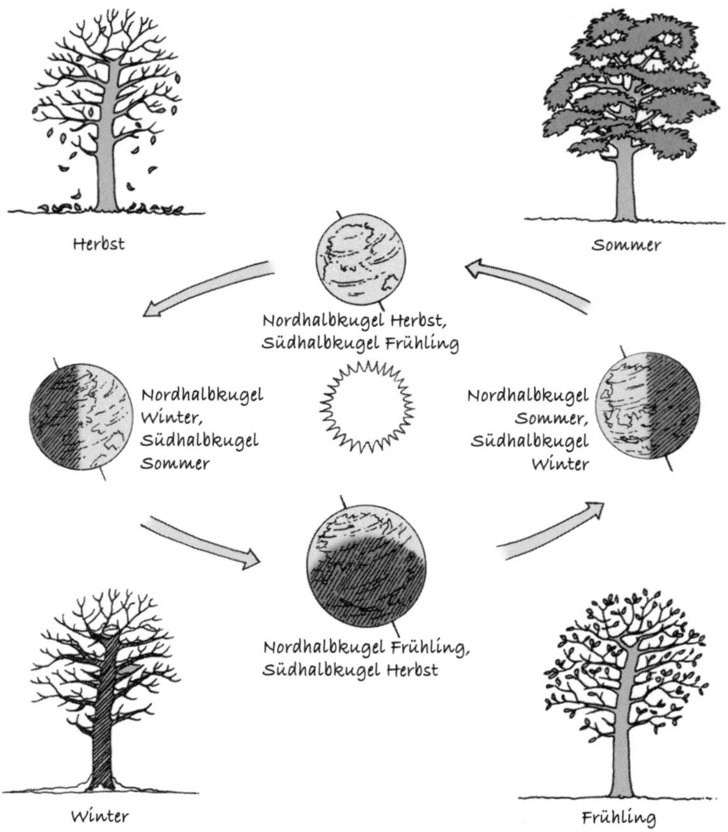

ATMOSPHÄRE

Schichten Die Erdatmosphäre setzt sich aus Schichten mit unterschiedlichen Temperaturen zusammen. Die unterste Schicht ist die Troposphäre, auf die 90 Prozent der gesamten Masse der Atmosphäre entfallen. Hier spielt sich auch das Wettergeschehen ab.

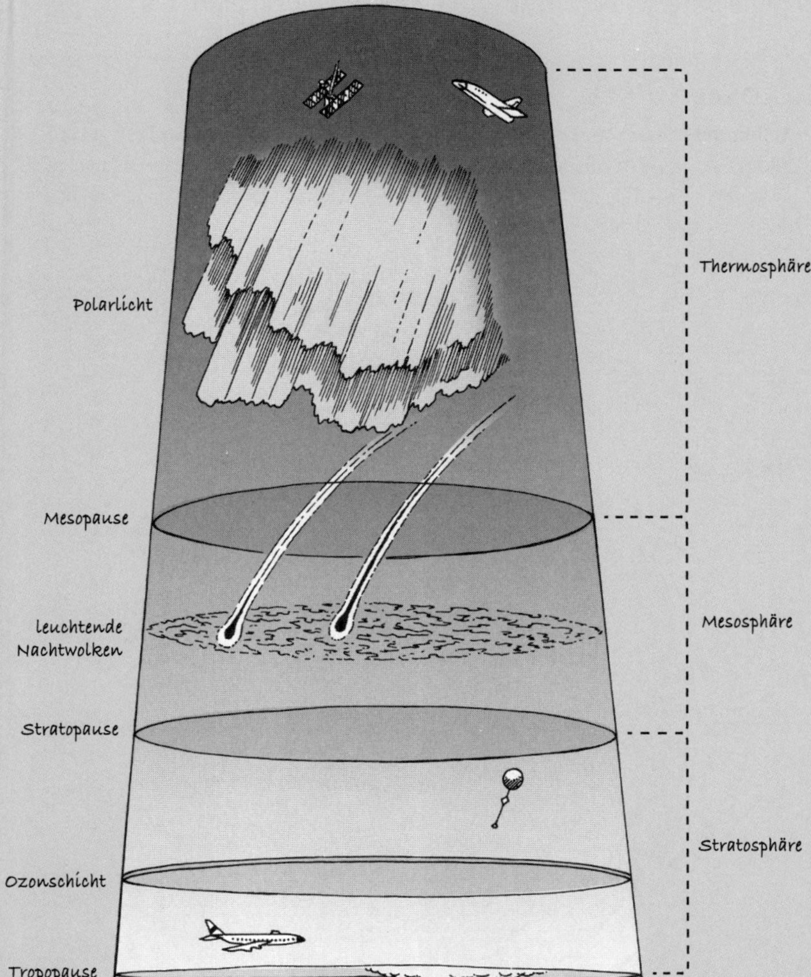

LUFTBEWEGUNGEN

Wind Winde sind durch Luftdruckunterschiede ausgelöste Luftströmungen. Diese entstehen, weil die Sonneneinstrahlung nicht überall auf der Erde gleich ist und weil die verschiedenen Oberflächen die Sonnenenergie unterschiedlich absorbieren oder reflektieren.

GLOBALE WINDE

Zellen, Jetstreams und Passatwinde Weil heiße Luft aufsteigt und kalte Luft absinkt, bewirkt die ungleichmäßige Erwärmung der Erde durch die Sonne, dass die Luft in großen Zellen zirkuliert. Diese durch die Erdrotation abgeleiteten Muster der Luftzirkulation bilden die großen Windsysteme der Erde.

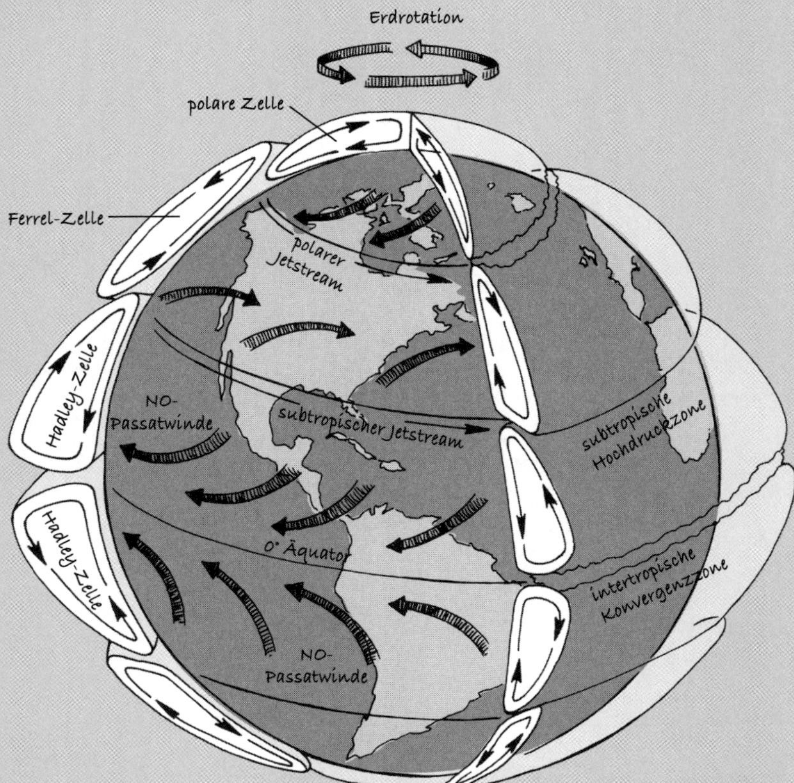

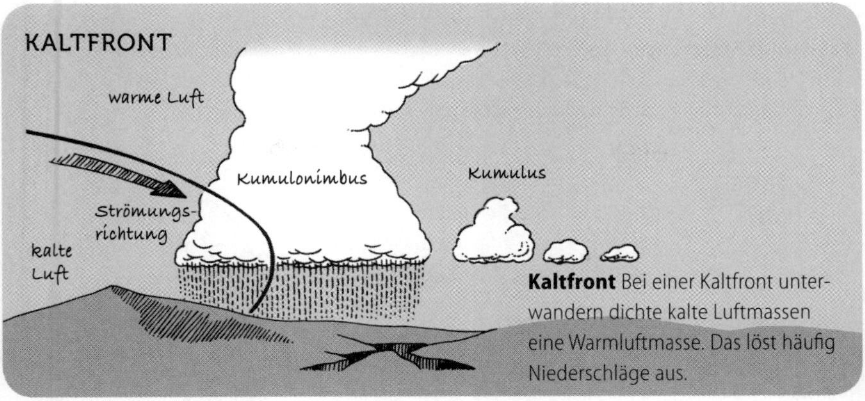

Kaltfront Bei einer Kaltfront unterwandern dichte kalte Luftmassen eine Warmluftmasse. Das löst häufig Niederschläge aus.

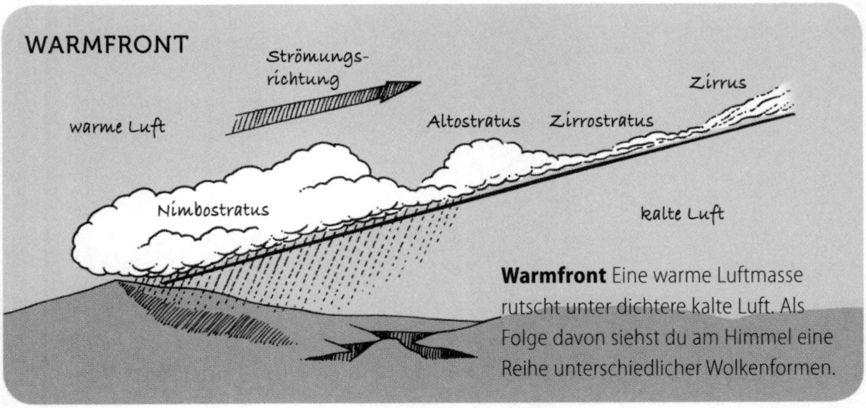

Warmfront Eine warme Luftmasse rutscht unter dichtere kalte Luft. Als Folge davon siehst du am Himmel eine Reihe unterschiedlicher Wolkenformen.

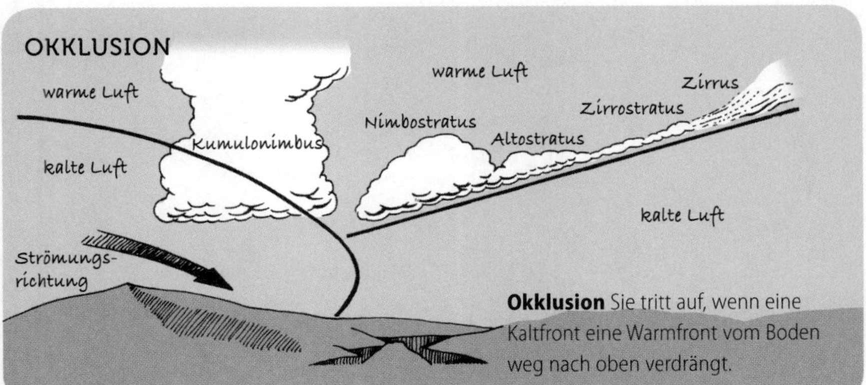

Okklusion Sie tritt auf, wenn eine Kaltfront eine Warmfront vom Boden weg nach oben verdrängt.

WECHSELHAFTIGKEIT IN MITTLEREN BREITEN

Wandernde Strömungen Wechselhaftes Wetter in den mittleren Breiten der Erde entsteht durch Ströme niedrigen Luftdrucks, die sich von Westen nach Osten verschieben. Wenn Luftmassen stagnieren, bleibt das Wetter tage- oder sogar wochenlang gleich.

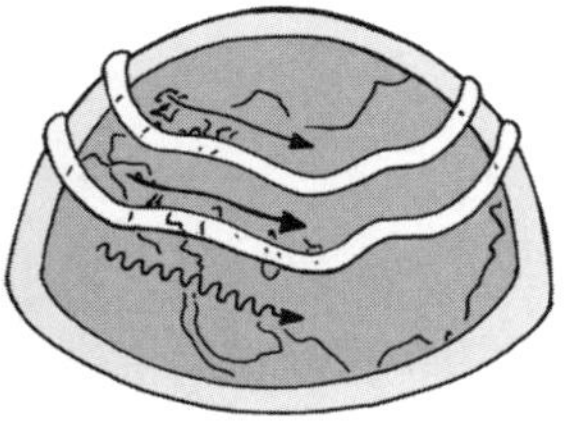

Normal Gleichmäßige polare Jetstreams bringen den mittleren Breiten wechselhaftes, aber nie extremes Wetter.

Starke Wellen Starke, die gesamte Erde betreffende Wellen lenken Jetstreams ab, tragen warme Luft in große Höhe und verursachen dadurch Unwetter.

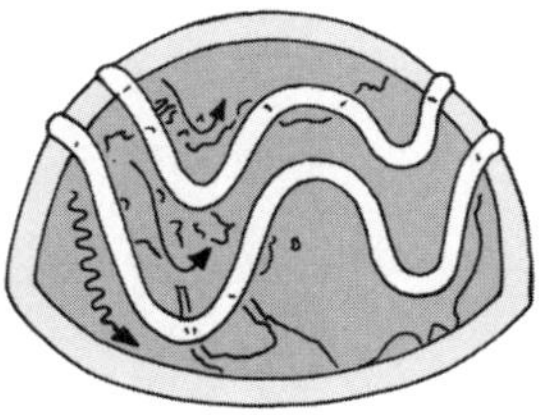

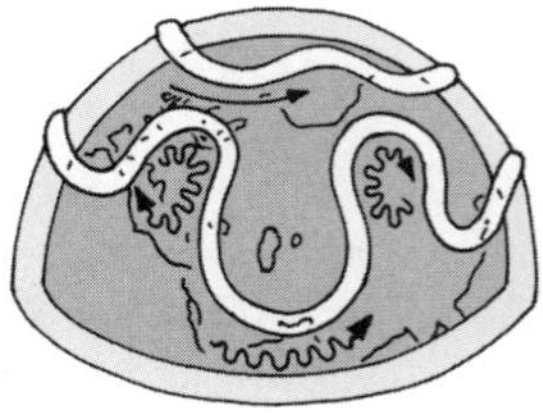

Blockade Hochdruck- und Tiefdruckzonen werden voneinander isoliert. Die stagnierenden Wettersysteme können extreme Frost, Hitzewellen und Dürren auslösen.

SEEWIND

Am Tag Ein geschlossener Kreislauf entsteht, weil über dem Meer abgekühlte Luft Richtung Küste strömt und die dort aufgewärmte Luft verdrängt, die wieder über das Meer zieht.

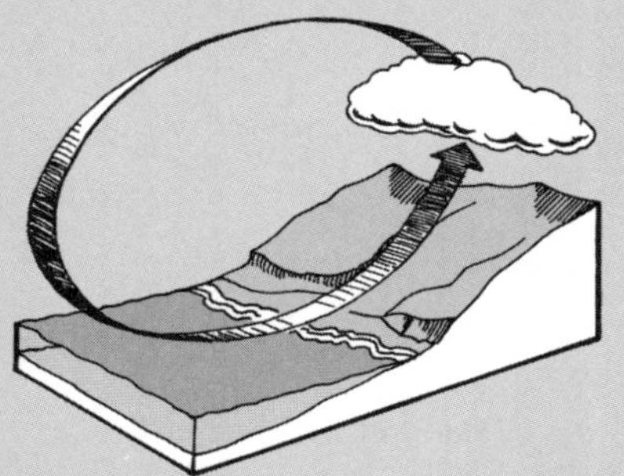

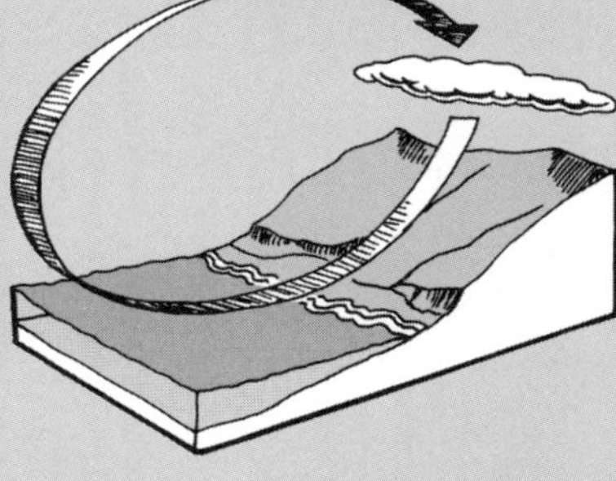

Bei Nacht Nachts kühlt sich Land schneller ab als die Meeresoberfläche. Kühlere Luft strömt vom Land hinaus aufs Meer.

TOPOGRAFISCHE WINDE

Tal am Tag Tagsüber erwärmen sich die Hänge. Die als leichte Brise bergauf ziehende Luft erwärmt sich, steigt auf und als warme Luft auch wieder ab.

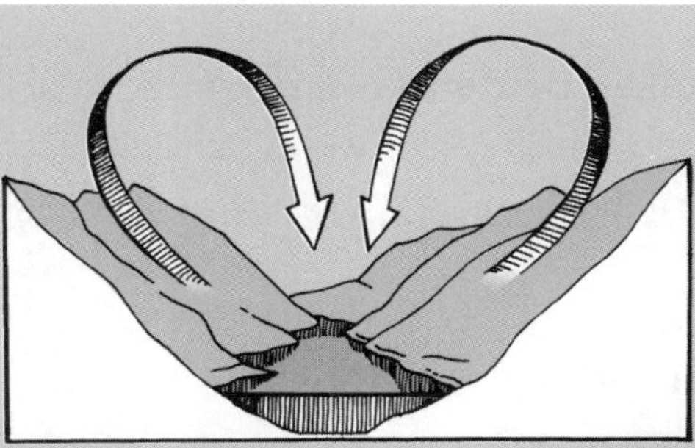

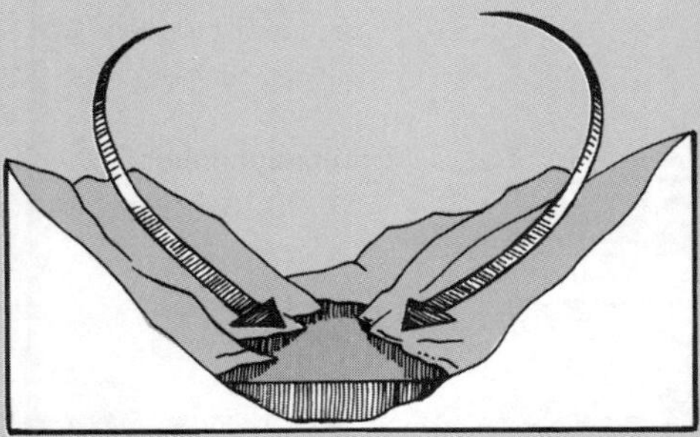

Tal bei Nacht Nachts kühlt der abgekühlte Boden die darüberliegende Luft. Sie fließt an den Hängen nach unten und sammelt sich am Talboden. So entsteht eine bergab strömende Brise.

Föhnwinde entstehen, wenn Luft über einen Berg strömen muss. Beim Aufsteigen kühlt sie ab. Die enthaltene Feuchtigkeit kondensiert und wird zu Niederschlag. Danach steigt die nun trockene Luft an der windabgewandten Seite auf und erwärmt sich.

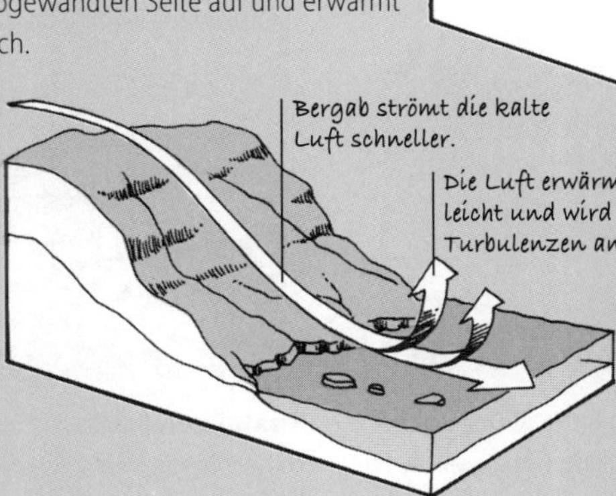

Fallwinde Diese heftigen Winde bilden sich, wenn kalte Luft, die dichter ist als warme, bergab strömt. Die schwerkraftbedingte Windstärke hängt von der Fallhöhe ab.

Wolkentypen

Wolken deuten Wolken liefern nicht nur Hinweise auf das aktuelle Wetter, sondern auch darauf, wie es sich im Laufe der folgenden Stunden oder sogar Tage verhalten wird. Schau dir immer mal wieder den Himmel an.

WOLKENFORMEN

Kumulus (ganz links) bis in 13 000 m Höhe; nach oben gezogene, bauschige Wolken mit gerader Basis

Kumulonimbus (links) bis in 13 000 m Höhe; Vorboten von Gewittern

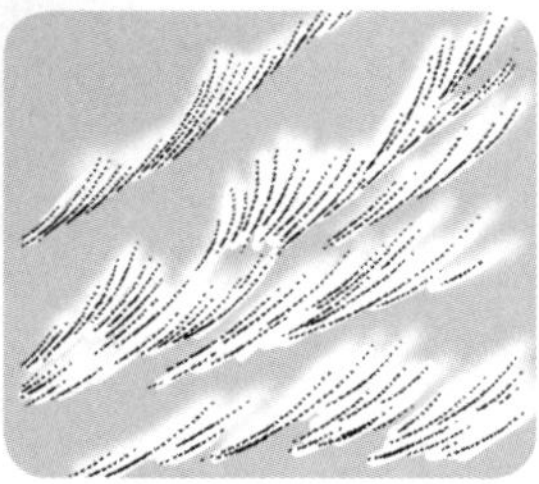

Zirrus 5 000 bis 13 000 m Höhe; langgezogen und gefiedert; bestehen aus Eis.

Zirrokumulus 5 000 bis 13 000 m Höhe; weisen auf kaltes Wetter hin.

Zirrostratus 5 000 bis 13 000 m Höhe; dünn und den Himmel wie Laken bedeckend

Altokumulus 2 000 bis 7 000 m Höhe; grauweiß bis dunkel. Kündigen Sturm an.

Stratus Bis in 2 000 m Höhe; niedrig, einförmig, grau; bedecken fast den ganzen Himmel.

Stratokumulus Bis in 2 000 m Höhe; niedrig, klumpig, grau. Kündigen leichten Regen an.

Wolkenhöhe Man unterscheidet die Wolkentypen nach Höhe und Form. In den Namen der höchsten Wolken ist „Zirrus" enthalten, in dem der mittleren „Alto" und in dem der niedrigen „Stratus". Kumulus-Wolkentypen bilden sich von Bodennähe bis in 10 000 m Höhe.

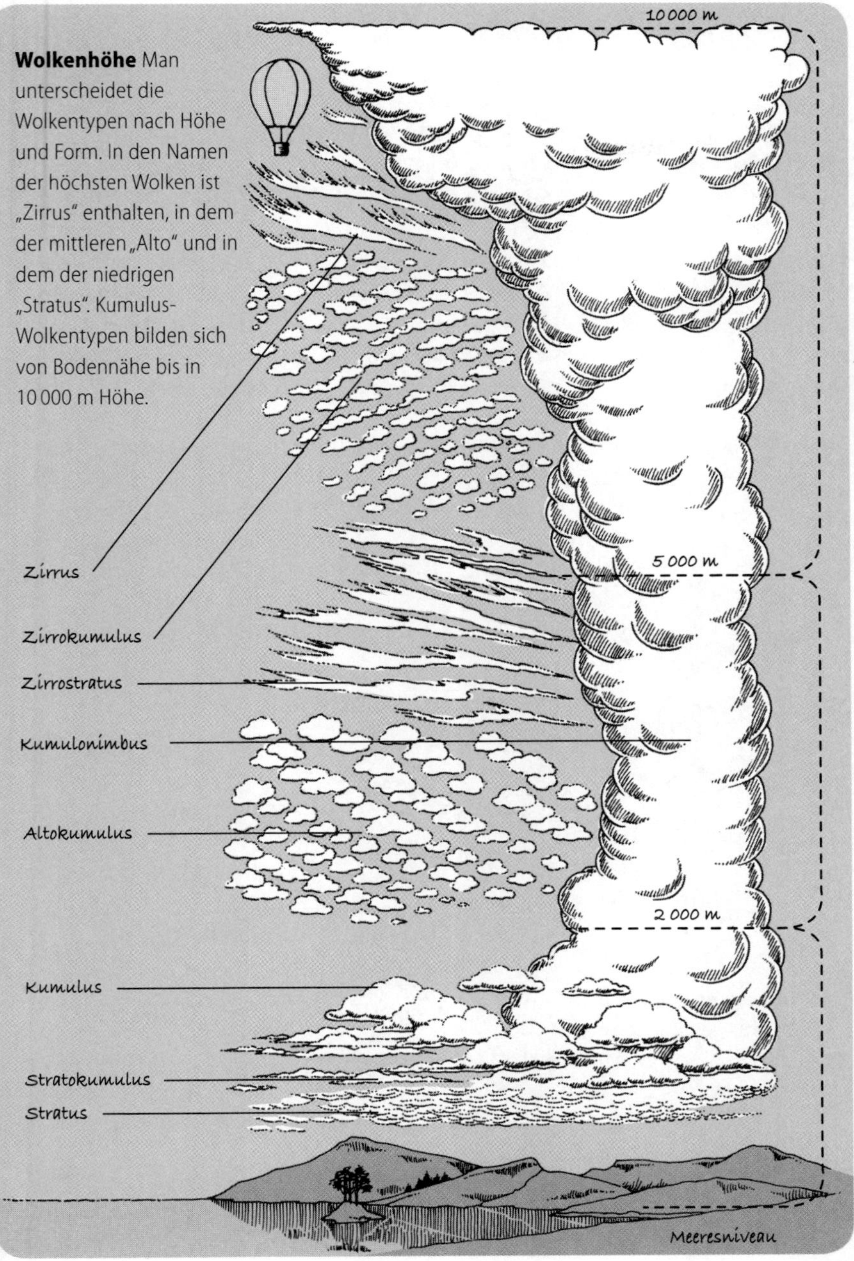

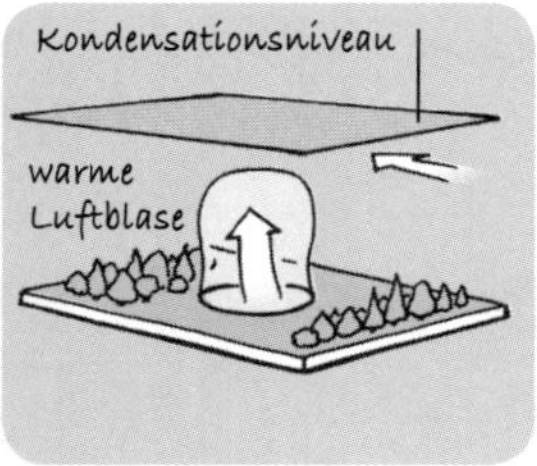

1 Eine Wolke bildet sich, wenn Luft durch Konvektion über sonnenerwärmtem Boden aufsteigt, abkühlt und sich dem Kondensationsniveau nähert.

2 Über dem Kondensationsniveau wird Wasserdampf zu Wassertröpfchen, und eine Kumuluswolke entsteht.

3 Der Wind treibt die Wolke weiter. Wenn der Boden an der Stelle warm bleibt, kann sich auf dieselbe Weise eine neue Wolke bilden.

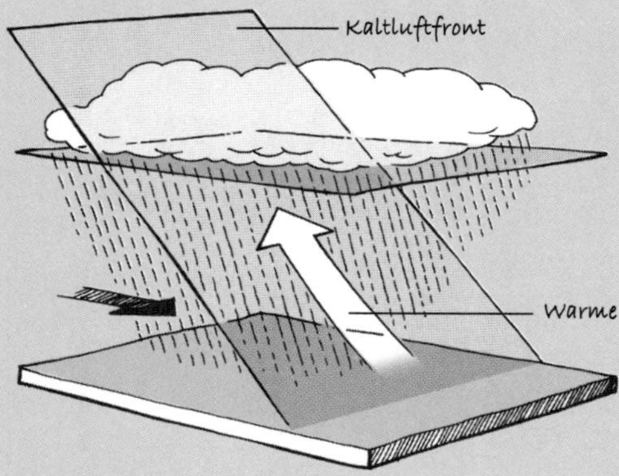

Wolkenfront Wenn sich eine Kaltluftfront unter warme Luft schiebt, steigt die Warmluft auf und lässt an den Warm- und Kaltluftfronten Wolkenschichten vom Stratustyp entstehen.

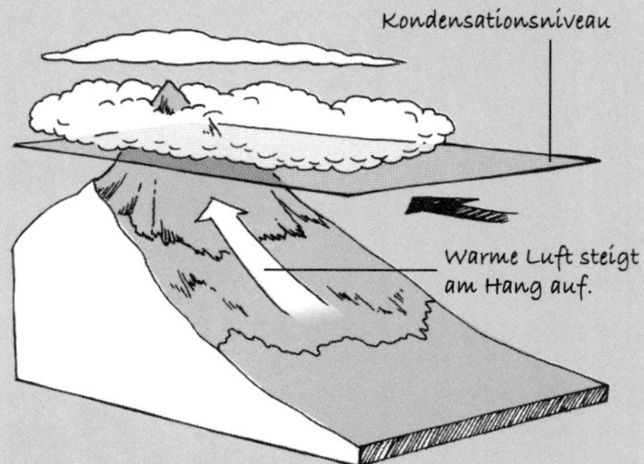

Orografische Wolken Wenn Luft auf Berge stößt und deshalb aufsteigen muss, spricht man von einem orografischen Effekt. Dabei entstehen meist Wolkenschichten des Stratustyps.

Nebel

Von Wolken umgeben Nebel ist eigentlich eine Wolke, die sich durch Kondensation auf Bodenhöhe gebildet hat. Er besteht aus Wassertröpfchen, die sich an in der Luft enthaltenen Partikel binden – zum Beispiel an Staub.

Nebeltypen Nebel bildet sich meist, wenn feuchte Luft so weit abkühlt, dass sie kondensiert, sodass sich Wasserdampf in feine Tröpfchen verwandelt. Seltener entsteht er dadurch, dass Wasser in Luft verdampft. Die folgenden Grafiken zeigen vier häufige Arten von Nebelbildung.

STRAHLUNG

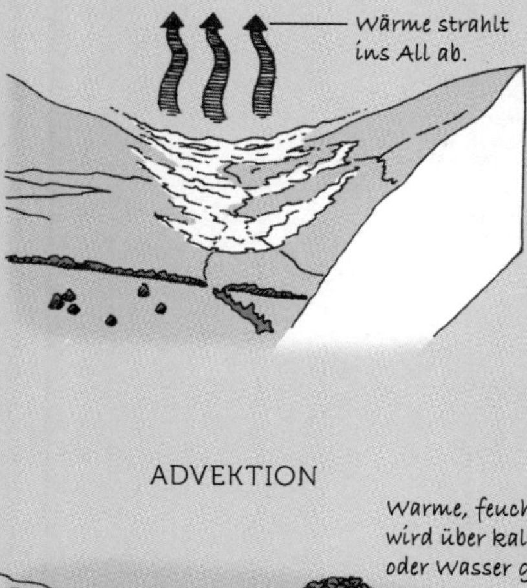

LUFTSTRÖMUNG BERGAUF

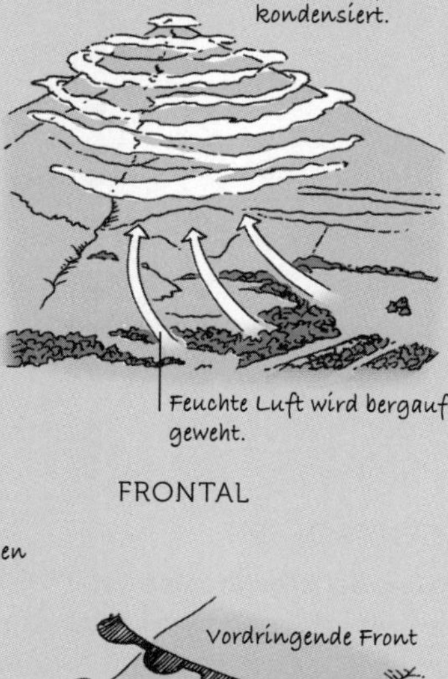

ADVEKTION

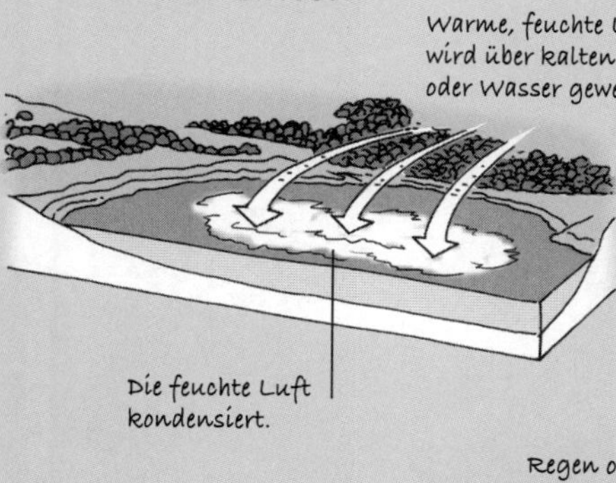

FRONTAL

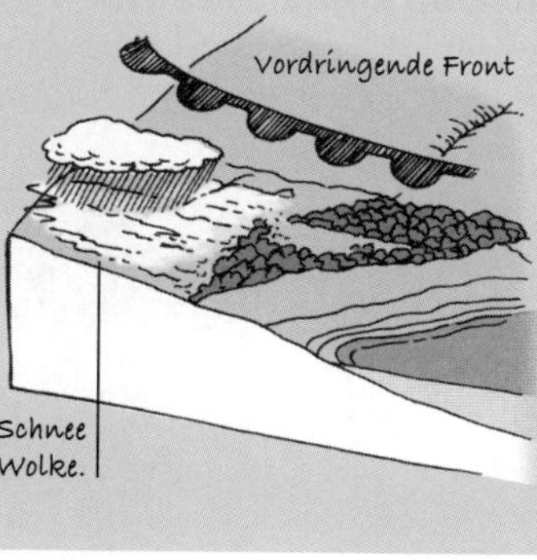

NIEDERSCHLÄGE

Regen, Hagel, Schnee und Schneeregen Wenn Wasser – in welcher Form auch immer – von der Atmosphäre auf die Erde fällt, spricht man von Niederschlägen. Wenn du draußen bist, solltest du stets mit Niederschlägen rechnen.

REGEN UND SCHNEE

Niederschlagsbildung Im Allgemeinen können nur Wolken, die dicker als 1 200 m sind, Niederschläge hervorbringen. Für schwere Niederschläge sind meist Nimbostratus- und Kumolonimbus-Wolken verantwortlich.

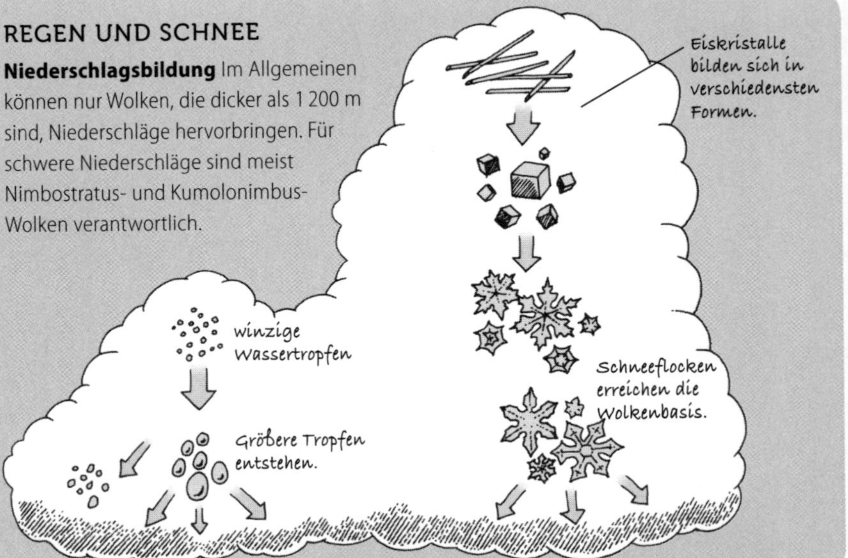

REGENTROPFEN

Die Form der Regentropfen Kleine Regentropfen sind kugelrund, während die größeren eine ovale Form erreichen, die sich unten aufgrund des Luftwiderstands abflacht oder hohl wird. Dicke Regentropfen breiten sich vor dem Aufschlag wie Fallschirme aus.

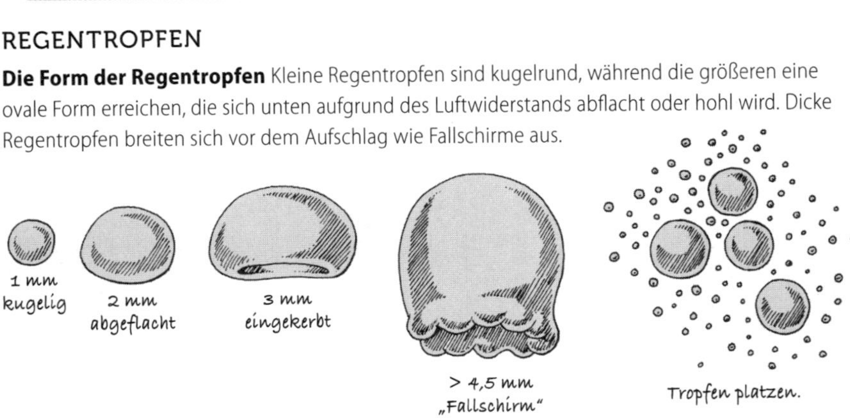

SCHNEEKRISTALLE

Schneeflockenformen Schneeflocken können sehr verschiedene Formen haben, die aber immer Variationen der sechsflächigen Kristallgrundform sind. Die Form der Flocken hängt von der Temperatur und Feuchtigkeit in der Wolke ab, in der sie entstehen.

Prismenrosette

eingefasste Säule

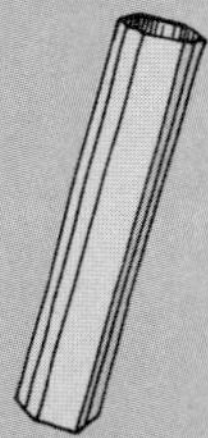

Säule

farnartiger Dendrit

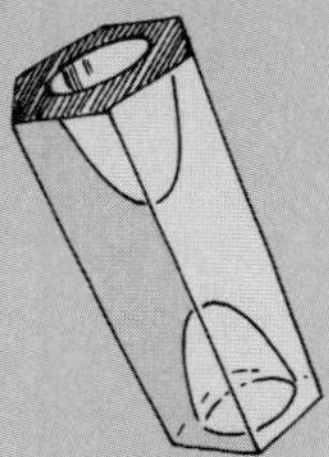

hohle Säule

Nadel

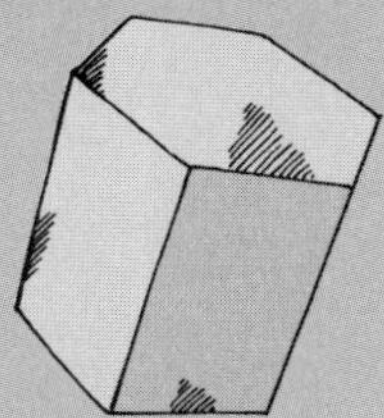

Prisma

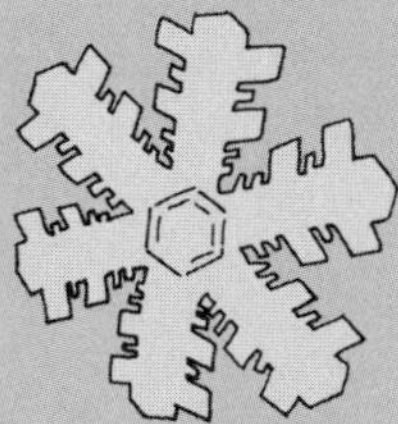

sternförmiger Dendrit

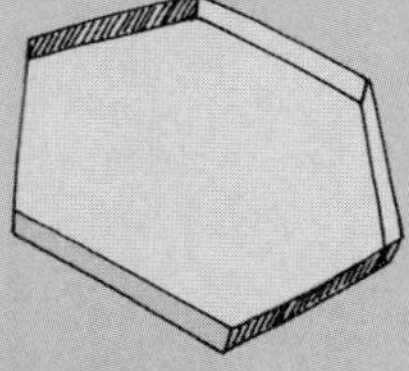

massives Plättchen

Sternplättchen

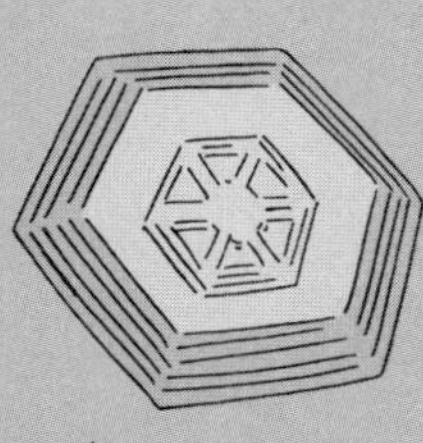

dünnes Plättchen

SEE-EFFEKT-SCHNEE

Verschneite Ufer Wenn extrem kalte Winde über wärmeres Seewasser wehen, wird Wasserdampf hochgehoben und fällt später in Form schwerer Schneefälle auf die vom Wind abgekehrten Ufer.

ZU KALT, UM ZU SCHNEIEN?

Ein kaltes Rätsel Bei Temperaturen weit unter null schneit es seltener. Sehr kalte Luft kann nicht viel Wasserdampf enthalten. Außerdem ist sie dicht und schwer. Daher wird sie kaum in größere Höhen gehoben, wo sie sich ausdehnen und kondensieren könnte, sodass Schnee entsteht.

GRAUPEL, HAGEL UND EISKÖRNER

Gefrorene Niederschläge Eispartikel, die in der Atmosphäre entstanden, können oft noch den Boden erreichen, bevor sie schmelzen. Graupel und Hagelkörner bilden sich aus kleineren Partikeln. Eiskörner sind Regentropfen, die auf ihrem Weg zum Boden gefrieren.

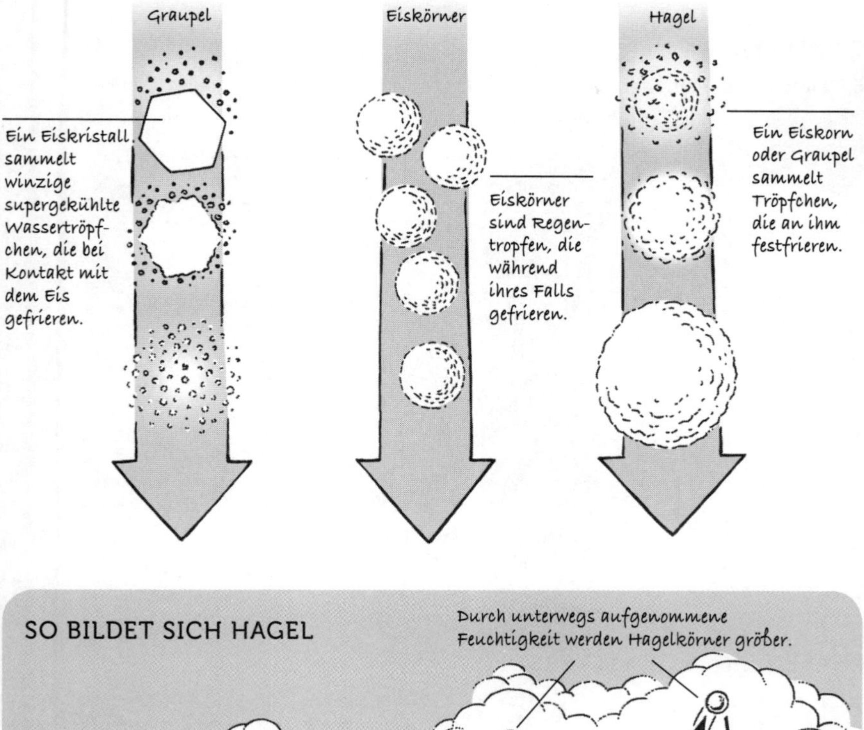

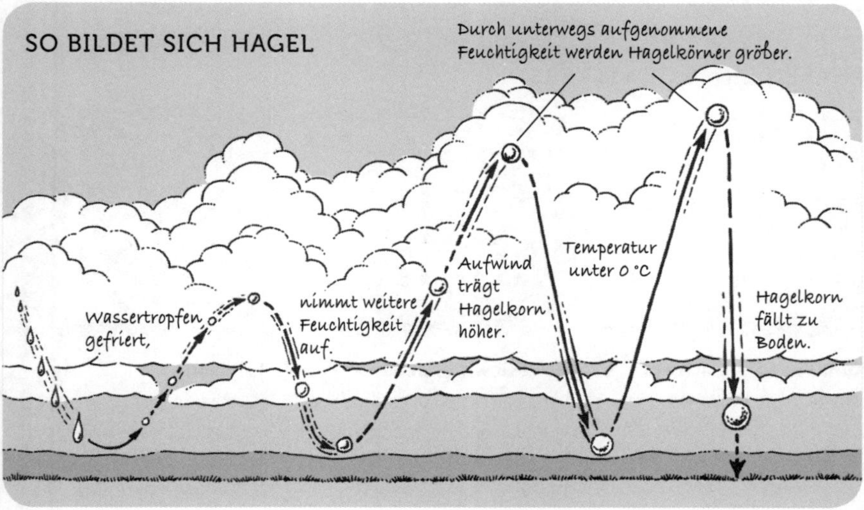

Gefährliches Wetter

Gefahr von oben Überschwemmungen, Wald- und Buschbrände, Schneestürme und Blitze … Unser gefährlichster Feind in der freien Natur ist das Wetter. Lerne, die Anzeichen für aufziehende Unwetter zu erkennen!

GEWITTER

Blitz und Donner Gewitter zählen zu den eindrucksvollsten Naturerscheinungen. Und sie können auch gefährlich sein. Wenn du draußen bist und ein Gewitter aufzieht, solltest du schnell Schutz suchen.

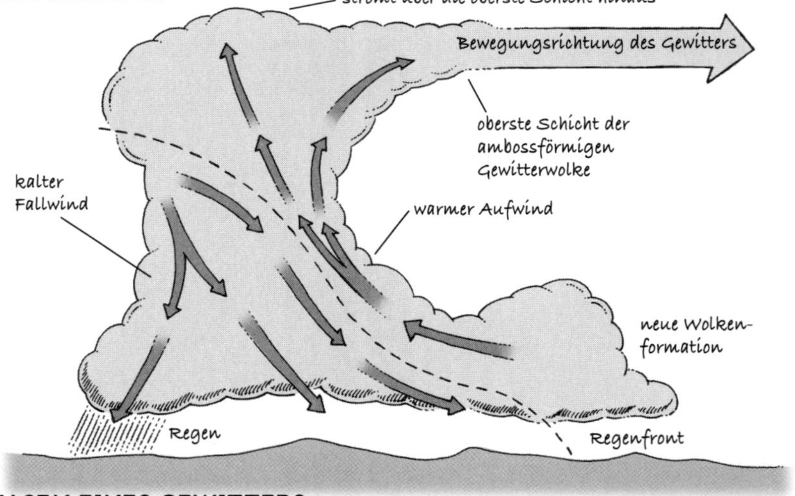

PHASEN EINES GEWITTERS

Kumulus türmt sich auf Das Wasser in der Wolke kondensiert, die Luft in ihr wird wärmer und sie steigt auf.

Reife Gewitterwolke Die Aufwinde erreichen die stabile Stratosphäre und breiten sich dort aus. Wo Luft abkühlt, bilden sich Fallwinde. Niederschlag fällt.

Auflösung Niederschläge dominieren. Der Nachschub an warmer Luft ist blockiert, die Wolke löst sich auf. Gewitter dauern meist eine Stunde.

BLITZE

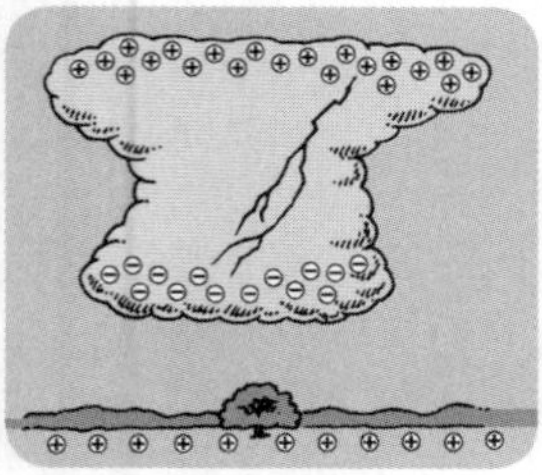

Blitze in der Wolke Die häufigsten Blitze bilden einen Bogen zwischen gegensätzlich geladenen oberen und unteren Schichten einer Wolke.

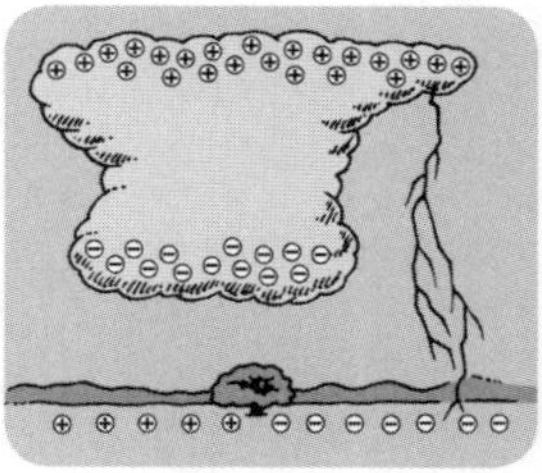

Positive Polarität zwischen Wolke und Boden Diese Entladung verbindet die positive Ladung weit oben in der Gewitterwolke mit der negativen Ladung unten im Boden.

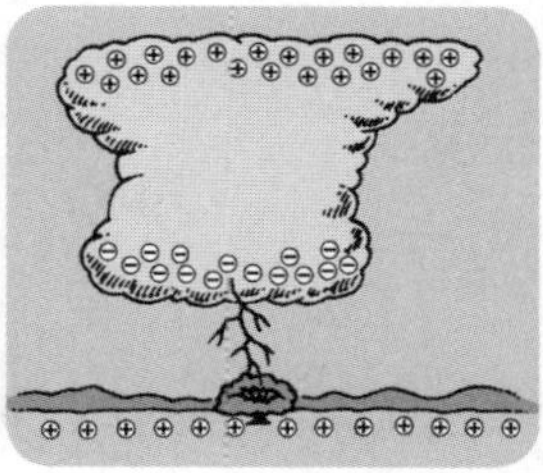

Negative Polarität zwischen Wolke und Boden Diese Entladung verbindet die negative Ladung unten in der Gewitterwolke mit der positiven Entladung am Boden darunter.

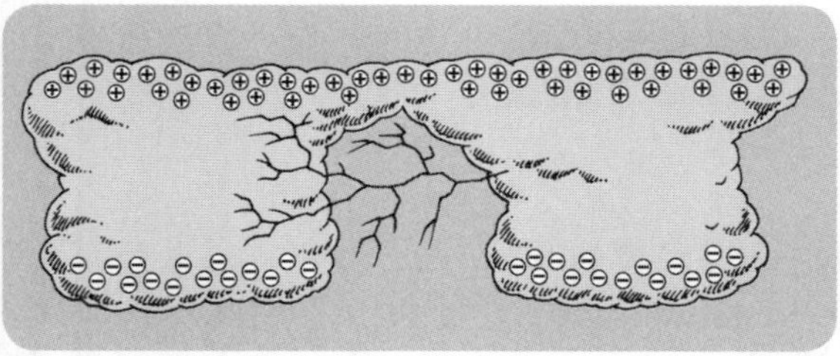

Zwischen Wolken Zu den selteneren Entladungen zwischen benachbarten Wolken kommt es, wenn ihre gegensätzlich geladenen Teile nah beieinander liegen.

Haare stehen zu Berge Wenn du ein Kitzeln auf der Haut spürst oder sich deine Haare aufrichten, bist du in großer Gefahr. Suche sofort einen Unterstand auf oder nimm eine Schutzhaltung ein (s. rechts).

Gewitterschutzhaltung Stelle die Füße zusammen, gehe in die Hocke, ziehe den Kopf ein und bedecke die Ohren. So machst du dich klein, verringerst den Kontakt mit dem Boden und schützt Kopf und innere Organe.

ORTE, DIE DU BEI GEWITTER MEIDEN SOLLTEST

Erhöhte Stellen
Wenn du bergauf gehst und ein Gewitter aufkommt, dann kehre wieder um.

Einzeln stehende Bäume
Auch wenn ein einzelner Baum aussieht, als könnte er dir Schutz bieten, solltest du dich bei Gewitter nicht darunter stellen. Er zieht Blitze an, und wenn er getroffen wird, könnte der Stamm auseinanderbrechen.

Offene Gebäude
Unterstände mit offenen Seiten bieten keinen Schutz vor Blitzen.

SICHERE ORTE BEI GEWITTER

Wäldchen Ein dichtes Wäldchen mit niedrigen Bäumen ist relativ sicher, besonders dann, wenn ein Stück weiter höhere Bäume stehen.

Auto Flüchte in ein geschlossenes Gebäude oder in ein Auto. Schließe alle Fenster und berühre kein Metall.

Tiefe Stellen Ein Graben bietet einen gewissen Schutz, könnte aber plötzlich überschwemmt werden.

TORNADOS

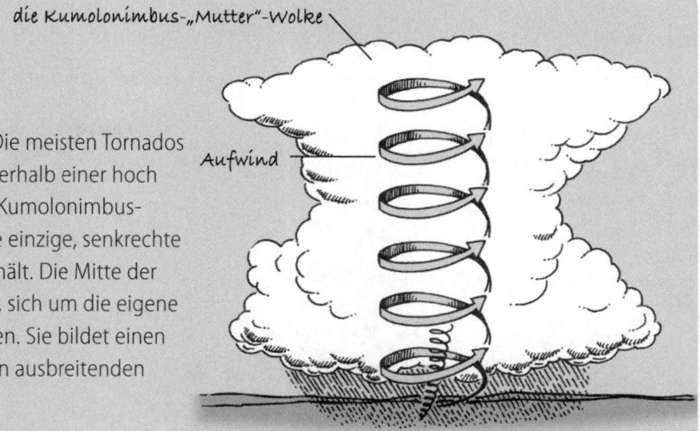

Entstehung Die meisten Tornados bilden sich innerhalb einer hoch aufgetürmten Kumolonimbus-Wolke, die eine einzige, senkrechte Superzelle enthält. Die Mitte der Wolke beginnt, sich um die eigene Achse zu drehen. Sie bildet einen sich nach unten ausbreitenden Luftwirbel.

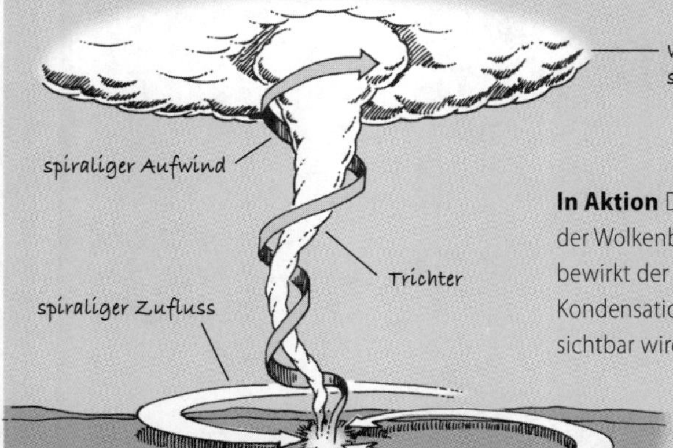

In Aktion Der Wirbel ragt unten aus der Wolkenbasis. In feuchter Luft bewirkt der niedrige Druck im Kern Kondensation, sodass der Trichter sichtbar wird.

Schutz In Tornadonähe geht die größte Gefahr von herumfliegenden Trümmern aus. Wenn dich ein Tornado draußen überrascht, dann suche eine Kuhle oder einen Graben, hocke dich hinein und bedecke den Kopf.

Wetterboten

Hinweise aus der Natur Seit Jahrtausenden versuchen die Menschen, aus dem Verhalten von Tieren und Pflanzen abzulesen, wie sich das Wetter entwickeln wird. Diese „Wettervorhersagen" beruhen zum Teil auf Aberglauben, zum Teil aber auch auf genauen Beobachtungen.

Rinder In Europa galt es lange Zeit als Anzeichen für bevorstehenden Regen, wenn sich die Kühe hinlegten. Angeblich liegen sie nicht gerne in nassem Gras, und machen es sich daher bequem, bevor der Regen zu fallen beginnt.

Insekten Tagsüber laut zirpende Heuschrecken oder Grillen sollen gutes Wetter ankündigen. Wissenschaftlich bewiesen ist dieser Volksglaube bisher nicht.

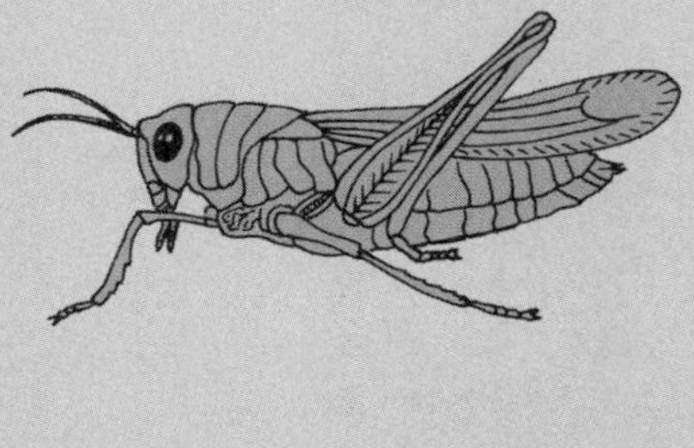

Spinnennetz Spinnen sollen ihre Netze kurz vor dem Regen langsamer bauen und nach dem Regen dann wieder schneller. Dieses Verhalten könnte tatsächlich eine Reaktion auf erspürte atmosphärische Veränderungen sein.

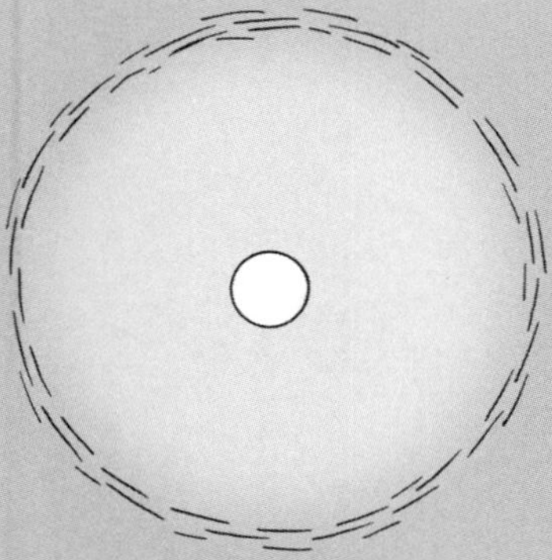

Halo Der Ring um Mond oder Sonne entsteht durch eine dünne Wolke aus Eiskristallen, die das Licht bricht. Manchmal beobachtet man dieses Phänomen vor der Ankunft einer Kaltfront, und Kaltfronten können tatsächlich Regen bringen.

Bäume Pinienzapfen reagieren sehr empfindlich auf Veränderungen der Luftfeuchtigkeit: Bei hoher Luftfeuchtigkeit verschließen sie sich, in trockener Luft springen sie auf. Hohe Luftfeuchtigkeit tritt oft kurz vor beginnendem Regen auf.

Blüten Wenn die Luftfeuchtigkeit und mit ihr die Regenwahrscheinlichkeit steigt, schließen sich viele Blüten, damit der Pollen nicht vom Regen weggespült wird.

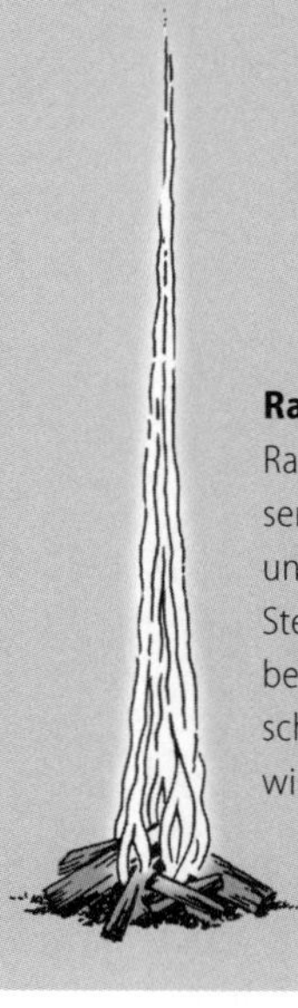

Rauch Bei Windstille steigt der Rauch eines Lagerfeuers senkrecht auf. Stille Luft ist stabil und lässt keine Feuchtigkeit ein. Steil aufsteigender Rauch bedeutet also, dass es weiterhin schön bleibt oder bald schön wird.

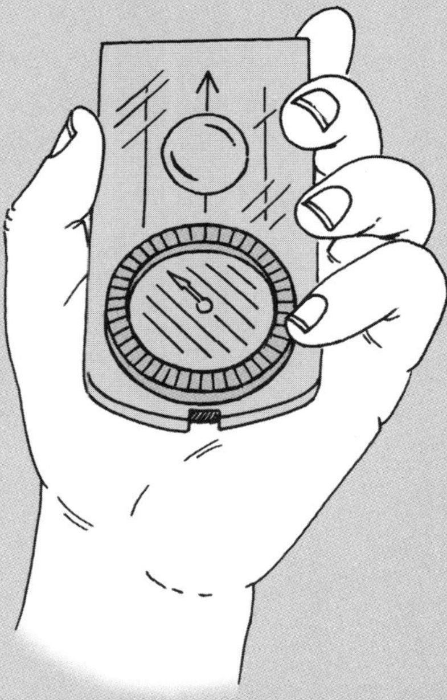

Karten und Navigation

Du willst endlich mal alles hinter dir lassen und in der Wildnis deine Ruhe haben? Gut, aber nimm trotzdem Karten mit, damit du immer weißt, wo du bist – vorausgesetzt, du hast auch einen Kompass eingepackt.

Karten

Deine Welt auf einem Blatt Papier Wenn du mit einer guten Karte losziehst und sie auch zu lesen verstehst, wirst du dich nie verirren. Allerdings musst du den Umgang mit Koordinaten, Maßstab und Höhenlinien beherrschen.

EINE KARTE FALTEN

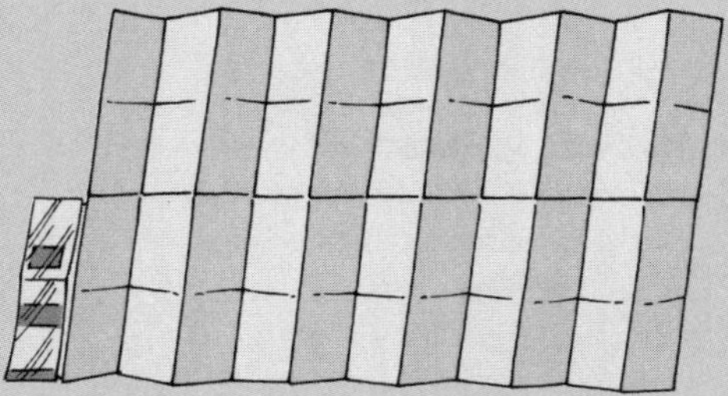

1 Schaue dir an der vollständig aufgefalteten Karte die Faltlinien an. Wenn sie noch frisch sind, erkennst du an ihnen, wie du vorgehen musst.

2 Falte die Karte einmal zusammen, indem du den oberen Rand auf den unteren legst.

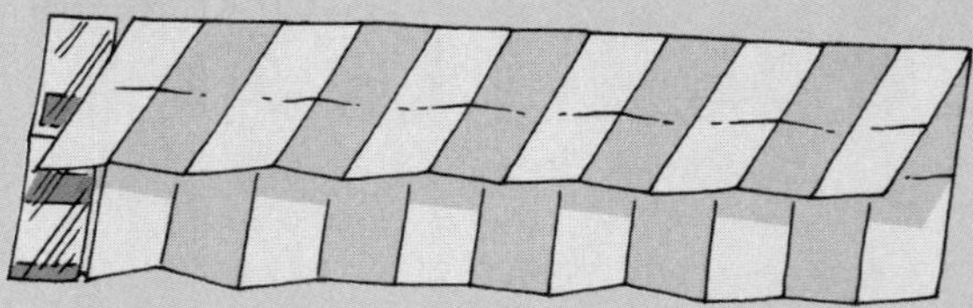

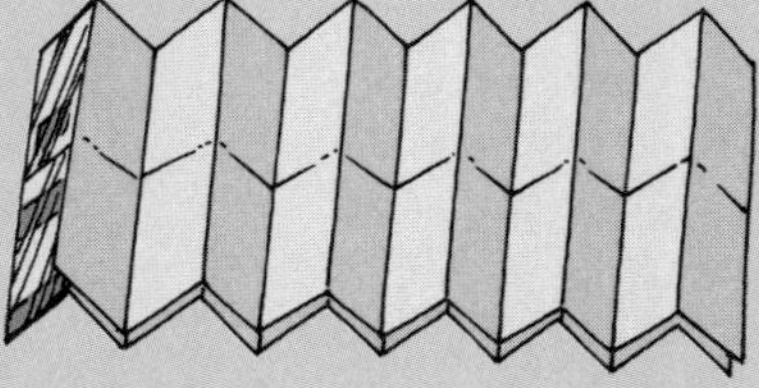

3 Falte die Karte quer wie ein Akkordeon zusammen. Dabei muss der Umschlag oben liegen.

4 Klappe das zusammengefaltete „Akkordeon" so zusammen, dass der Umschlag außen ist. Bei manchen Karten gibt es einen Zusatzteil, der hineingesteckt werden muss.

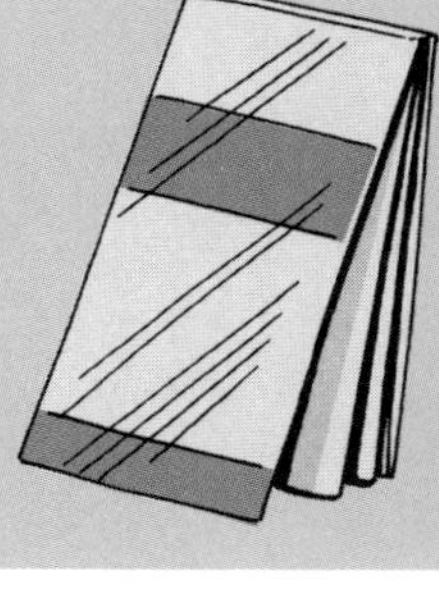

ENTFERNUNGSMESSER FÜR KARTEN

Analog Dieses Instrument hat auf dem Zifferblatt Skalen, die unterschiedlichen Maßstäben entsprechen. Es misst Entfernungen auf der Karte und rechnet sie in Kilometer um.

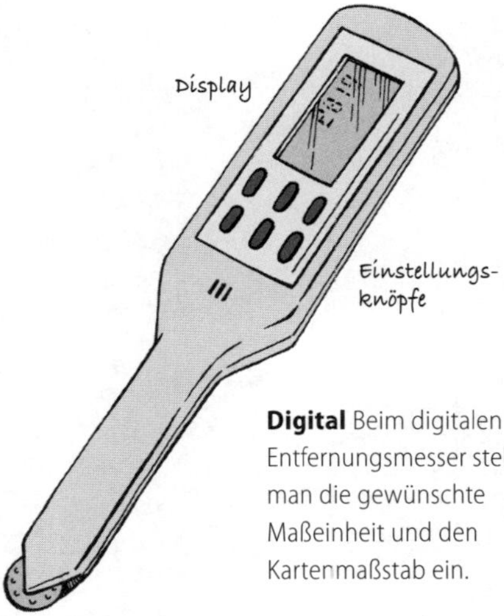

Digital Beim digitalen Entfernungsmesser stellt man die gewünschte Maßeinheit und den Kartenmaßstab ein.

HÖHENLINIEN

Linien und Geländeformen Höhenlinien auf topografischen Karten verraten dem Wanderer, wie das Gelände aussieht, in das er sich begibt. Jede Linie auf der Karte ist eine gedachte Verbindung aller benachbarter Punkte gleicher Höhe. Eng beieinanderliegende Linien zeigen an, dass es steil rauf oder runter geht. Große Zwischenräume zwischen den Linien weisen auf flaches oder nur leicht ansteigendes Gelände hin.

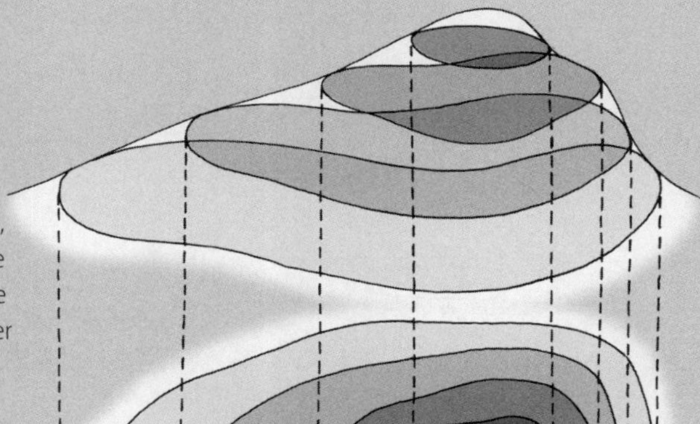

SANFTER
HANG

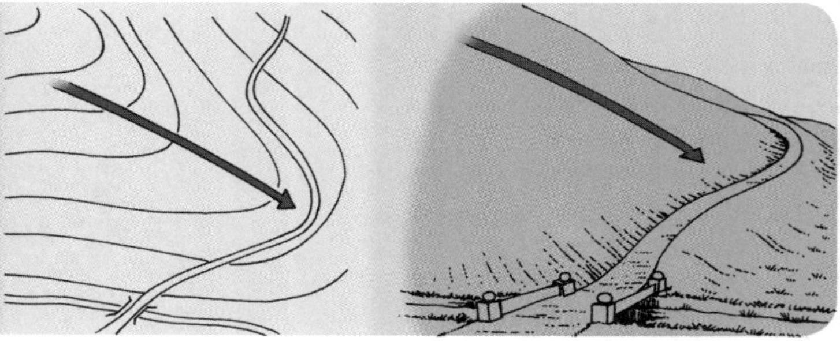

STEILER
HANG

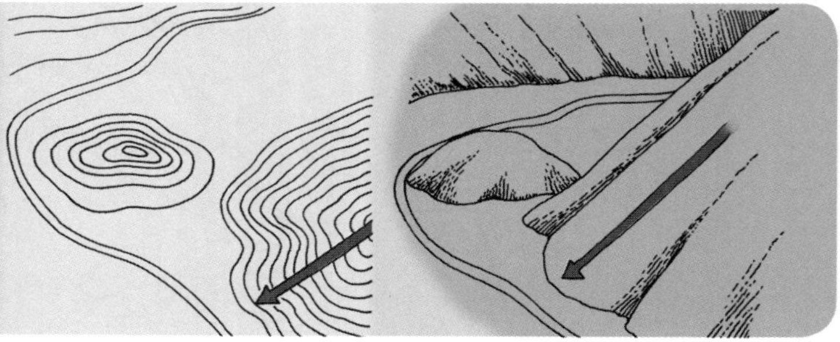

KONKAVER
HANG

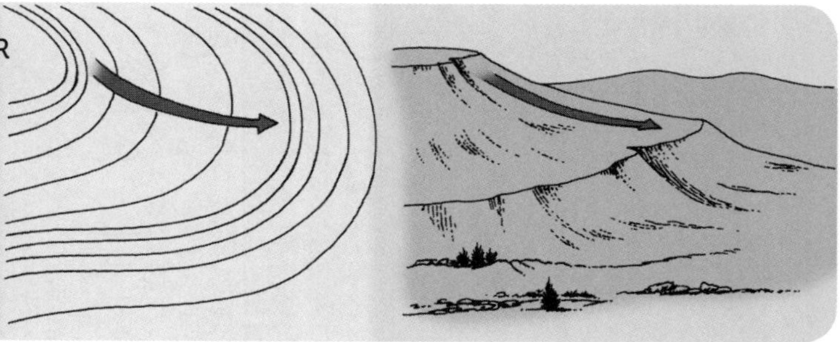

KONVEXER
HANG

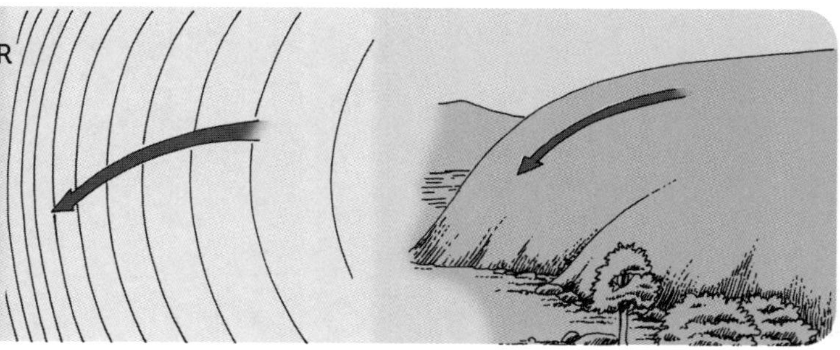

KLIPPE

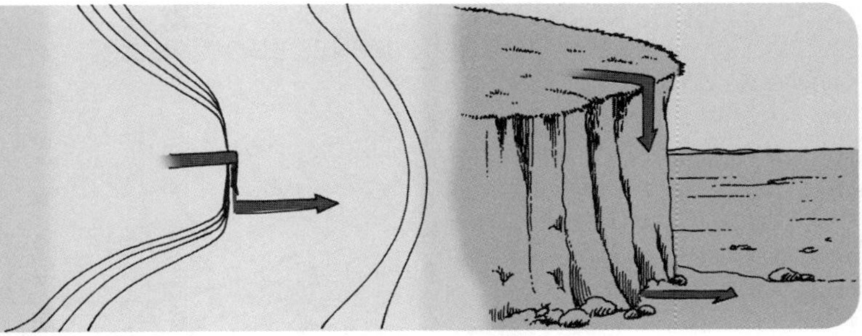

SCHLUCH-
TEN
UND
VOR-
SPRÜNGE

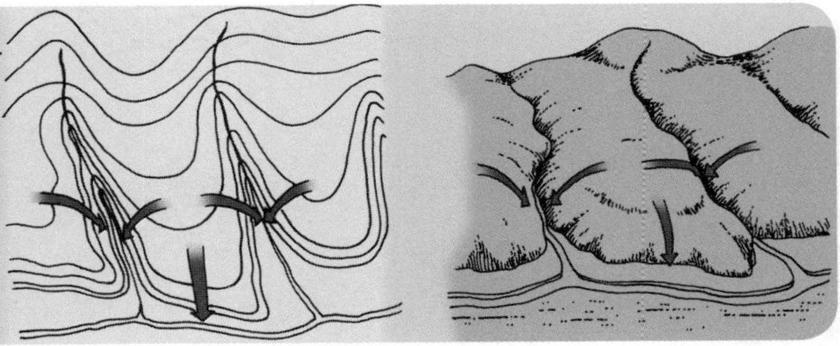

SATTEL

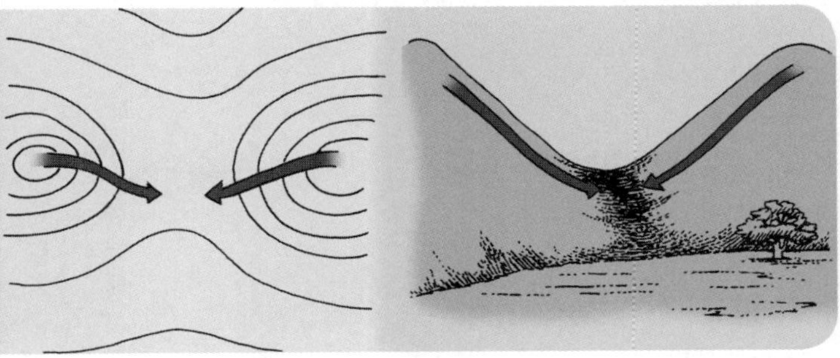

TAL

GEOGRAFISCHE KOORDINATEN

Globales Netz Ein gedachtes Netz von parallel zum Äquator verlaufenden Ringen – die Breitengrade – und von Linien, die von Pol zu Po verlaufen – die Längengrade – ermöglicht es uns, jedem Punkt auf der Erde genaue Positionsangaben zuzuordnen: die Koordinaten.

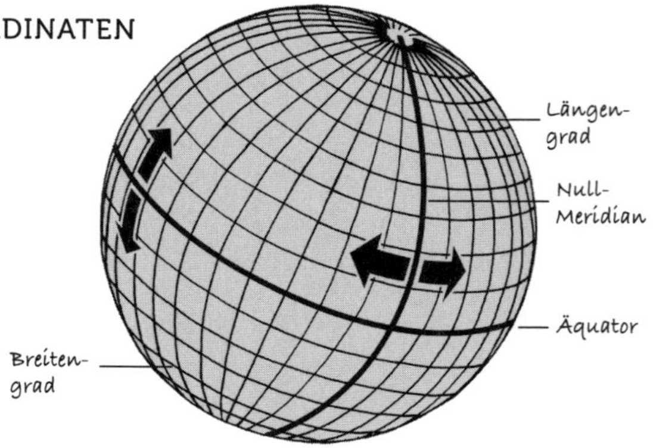

KARTENPROJEKTIONEN

Das Kartierproblem Die Erde ist rund, aber Karten sind flach. Um die Erdoberfläche oder Teile davon auf Karten abbilden zu können, müssen die Kartografen Segmente der Erdkugel dehnen oder stauchen.

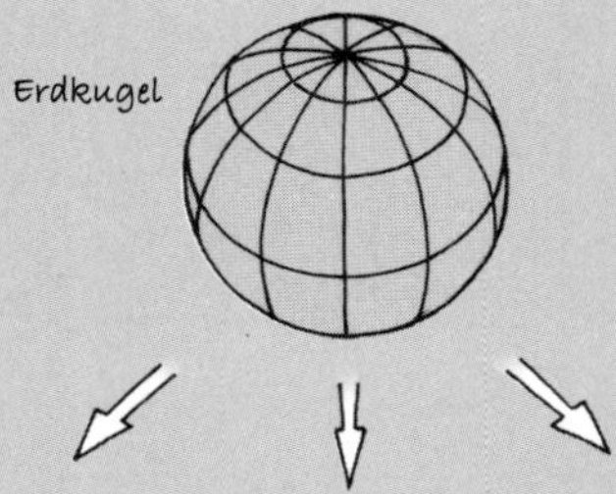

Projektionen Die unterschiedlichen Methoden, mit denen Kartografen Teile die Erde „flach machen", bezeichnet man als Projektionen.

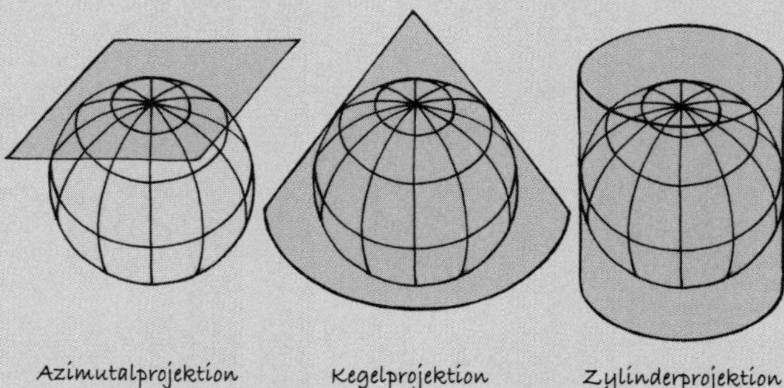

Netzentwurf Weil Wanderkarten relativ kleine Gebiete abbilden, fallen die durch Projektion und Kartennetzentwurf entstandenen Verzerrungen kaum ins Gewicht.

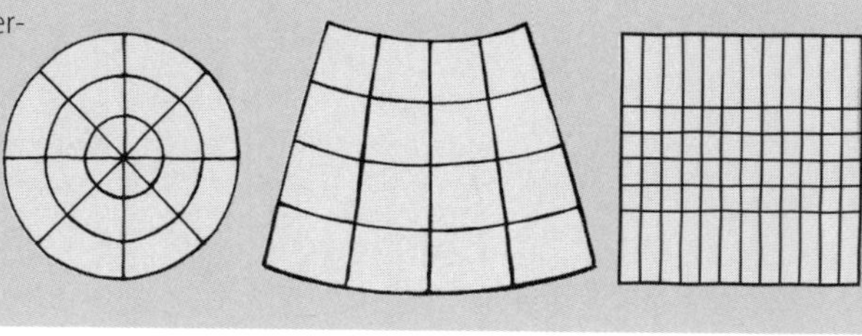

Magnetische Erde

Den Norden finden Unser Planet ist ein riesiger Magnet. Das hilft uns bei der Orientierung, wenn wir Karte und Kompass haben und wissen, dass der magnetische Norden und der geografische Norden zweierlei sind.

MAGNETISCHER NORDEN

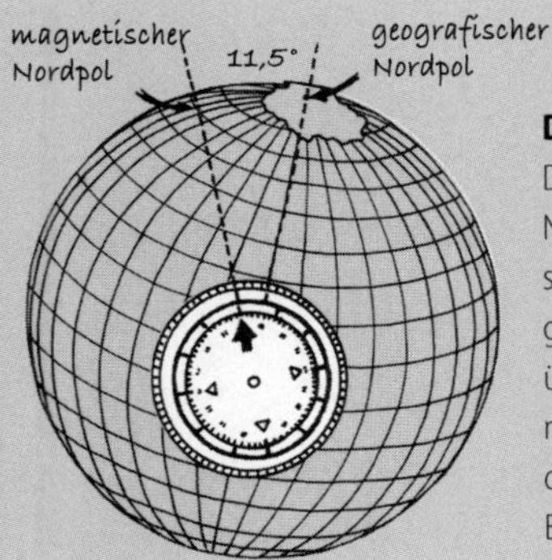

Der wahre Norden? Der magnetische Nordpol der Erde stimmt nicht mit dem geografischen Nordpol überein. Letzterer ist der nördliche Schnittpunkt der Erdachse mit der Erdoberfläche.

Dreimal Norden Die Abweichung zwischen dem Gitternorden, geografischen und magnetischen Norden sollte in der Legende der Karte angegeben sein.

DEKLINATION

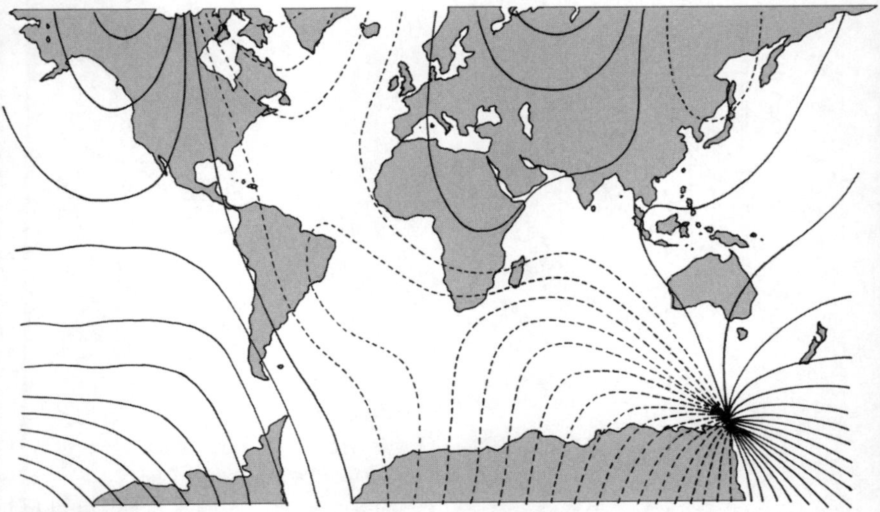

Deklination nennt man den Unterschied zwischen magnetischem und geografischem Norden. Wegen der Ungleichmäßigkeit des Erdmagnetfelds fällt er von Ort zu Ort unterschiedlich aus.

Kompass

Weist den Weg Die Chinesen erfanden den Kompass vor ungefähr 1 000 Jahren, und seither ist und bleibt er für die Orientierung unerlässlich – auch heute noch, im Zeitalter der satellitengestützten Navigation.

ORIENTIERUNG MIT DEM KOMPASS

Fantastisches Plastik Der Kartenkompass liegt auf einer durchsichtigen Grundplatte auf und wird zusammen mit topografischen Karten benutzt. Er ist sehr vielseitig und bei der Fortbewegung in der freien Natur äußerst nützlich.

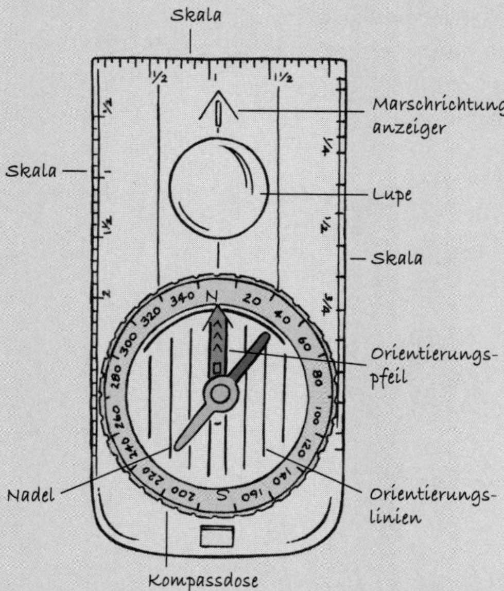

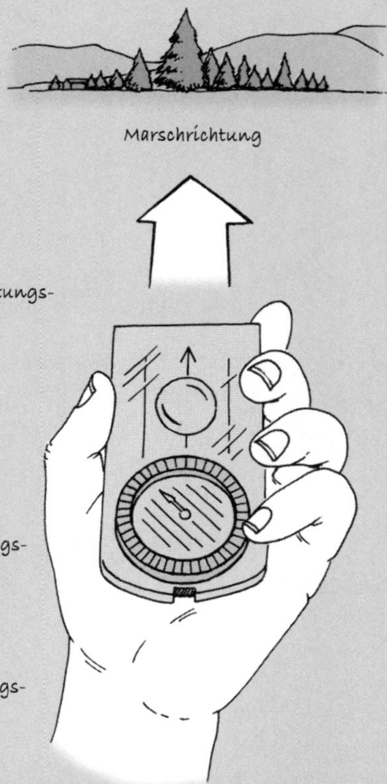

Orientiere dich Halte den Kompass vor dich, drehe den Marschrichtungs-Anzeiger in die gewünschte Richtung und drehe den Kompass, bis die Nord-Nadel über dem Orientierungspfeil liegt.

AUSRICHTEN DER KARTE

Geradlinig Richte die Kante deines Kompasses entsprechend der Nord-Süd-Ausrichtung deiner Karte aus. Drehe die Kompassdose so, dass sie den Norden anzeigt (berücksichtige die in der Gegend bestehende Deklination). Drehe Karte und Kompass, bis das (rote) Nordende der Kompassnadel direkt über dem Orientierungspfeil liegt. Jetzt ist deine Karte korrekt ausgerichtet.

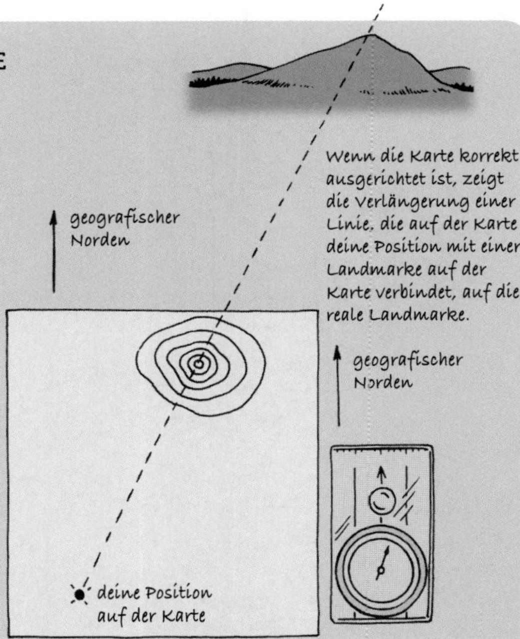

ORIENTIERUNG IM GELÄNDE

Wenn du dich orientieren willst, brauchst du dazu nicht unbedingt die Karte auszurichten. Lege den Kompass so auf die Karte, dass seine Kante deine Marschrichtung anzeigt. Drehe die Kompassdose so, dass das „N" in die Nordrichtung der Karte zeigt und die Orientierungslinien parallel zur Nord-Süd-Ausrichtung der Karte verlaufen. Maßgeblich für dich ist die Angabe des Kompasses. Berücksichtige aber die örtliche Deklination.

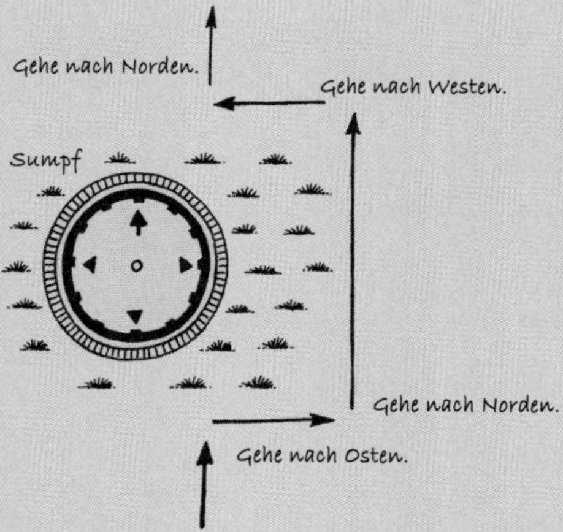

Einfache Umgehung Einen Umweg machen, ohne vom Weg abzukommen: Drei 90°-Wendungen bringen dich sicher am Hindernis vorbei. Zähle deine Schritte, um nicht zu weit von deiner Richtung abzukommen.

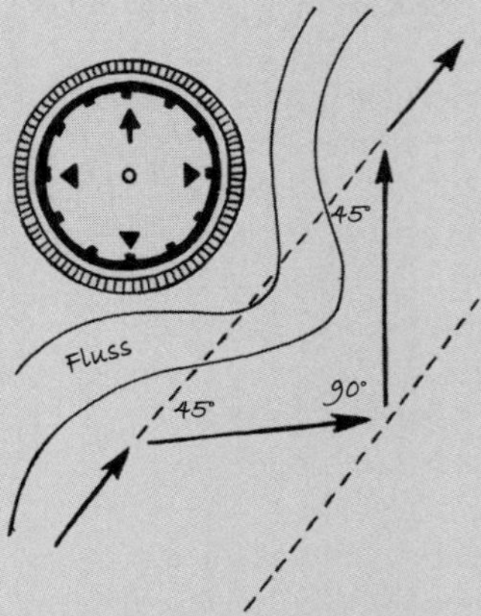

45°- und 90°-Winkel Diese Umgehung erfordert nur drei Wendungen. Zähle deine Schritte, um sicherzugehen, dass du nach jeder Wendung dieselbe Strecke zurücklegst.

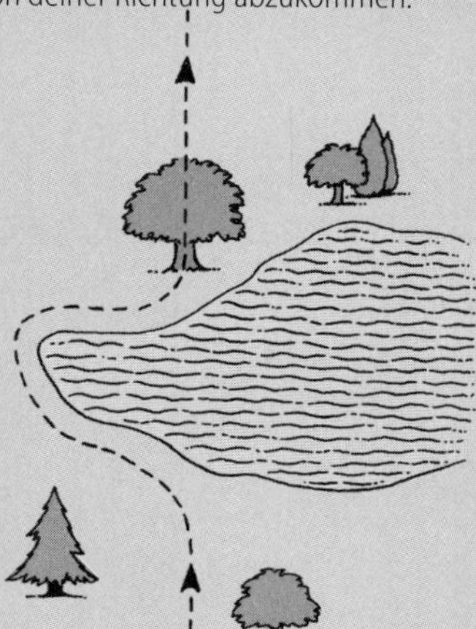

Landmarke Einen Umweg machen, ohne dich zu verirren, kannst du, wenn du hinter dem Hindernis eine Landmarke siehst. Hier zum Beispiel peilst du beim Umweg um den See den Baum an.

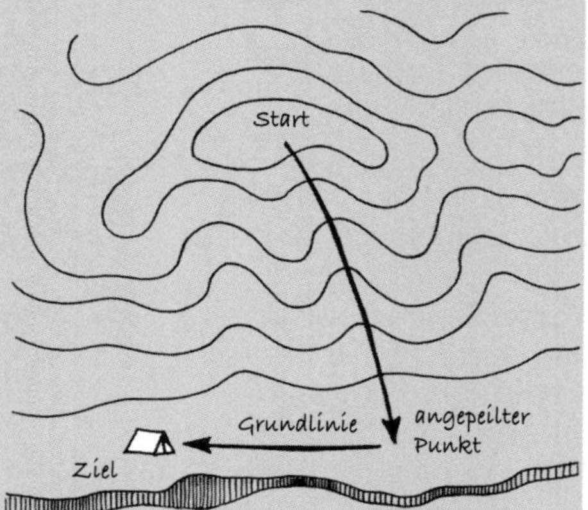

Abstecher Peile einen Punkt links oder rechts von dem geplanten Ziel an. Wenn du auf eine „Grundlinie" stößt, wie zum Beispiel eine Straße oder einen Fluss, weißt du, wie du gehen musst.

SPIEGELKOMPASS

Spiegelgestützt Anders als einfache Kartenkompasse ist dieser Typ durch ein Scharnier mit einem Spiegel verbunden. Dadurch hast du dein Ziel und die Kompassangabe gleichzeitig im Blick.

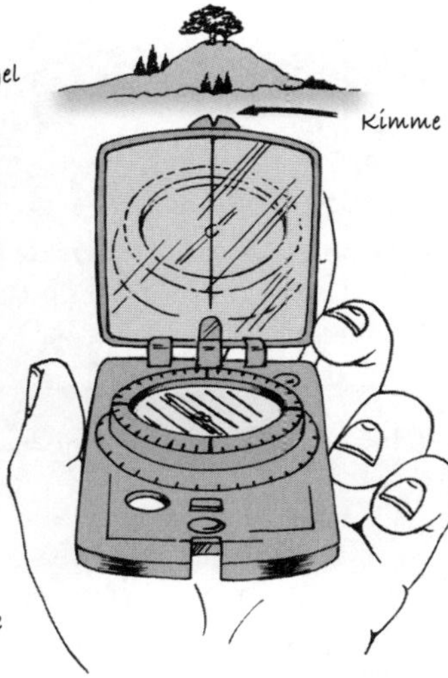

LINSENKOMPASS

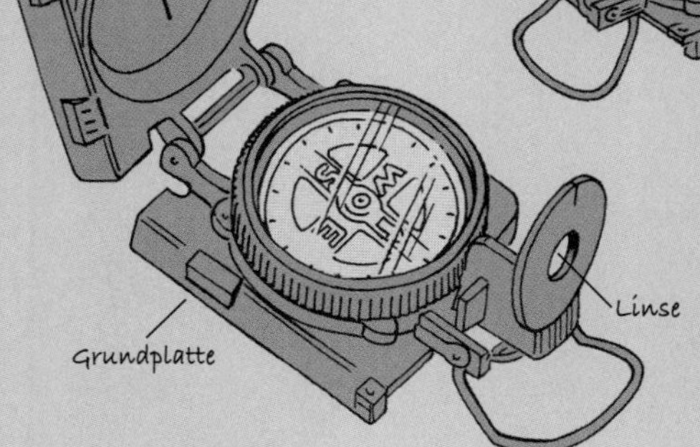

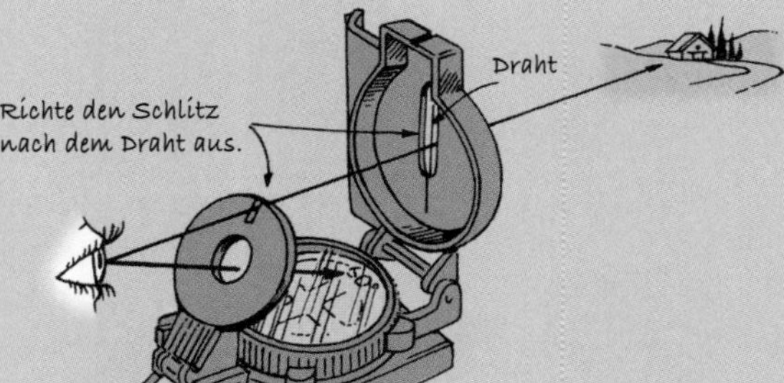

Wenn Präzision gefragt ist Ein Linsenkompass liefert extrem präzise Angaben. Dieser Kompasstyp wird für militärische Zwecke genutzt. Viele Modelle sind beleuchtet, sodass man sie auch nachts benutzen kann.

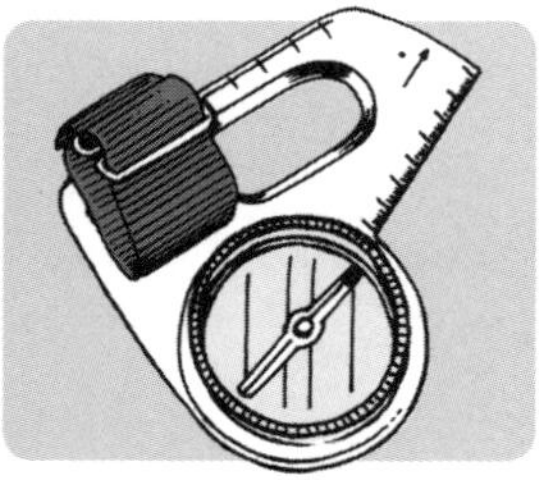

Daumenkompass Diesen Kompass kann man auf den Daumen aufstecken.

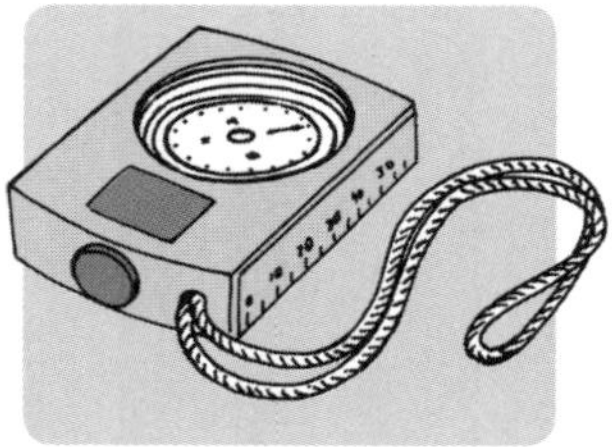

Direkte Peilung Der Blick durch das Okular liefert eine bis auf 1° genaue Angabe.

Knopf Auch ein kleiner Kompass ist präziser.

MACHE DIR EINEN KOMPASS

Magnetisieren Magnetisiere eine Nadel, indem du mit einem Magnet in einer Richtung an ihr entlangfährst. Gehst du Richtung Spitze, wird die Spitze den Norden anzeigen.

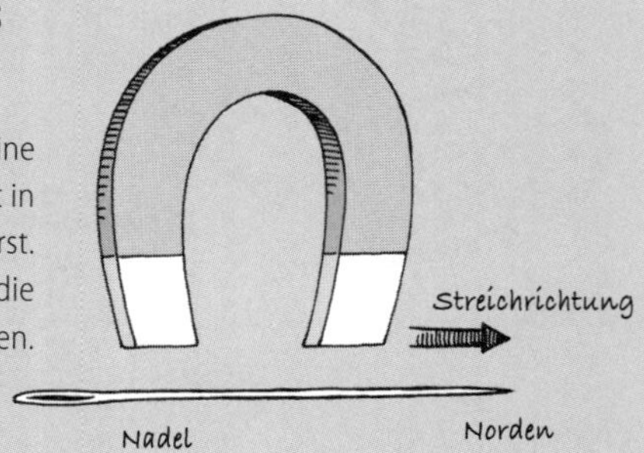

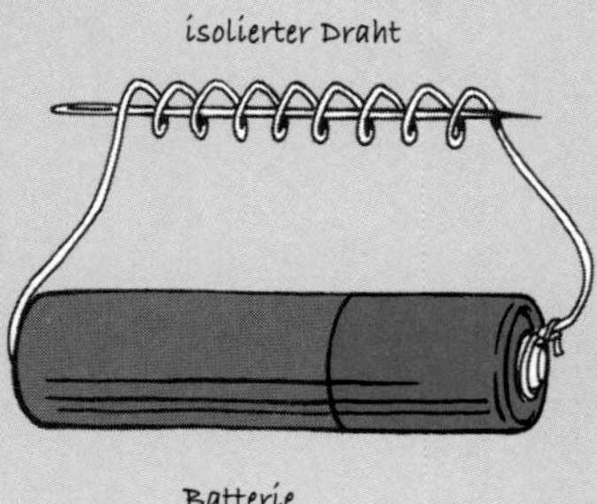

Batteriemethode Du kannst die Nadel auch magnetisieren, indem du sie mit isoliertem Draht umwickelst. Verbinde den Draht fünf bis zehn Minuten lang mit einer Batterie.

Und so gehts weiter: Lege die Nadel behutsam in einen Becher voller Wasser. Dank der Oberflächenspannung treibt sie oben. Wenn nicht, genügt es, sie mit deinen Haaren leicht einzufetten. Die Spitze zeigt auf den magnetischen Norden.

GPS

Hilfe von oben GPS-Geräte zum Mitnehmen sind eine fantastische Navigationshilfe. Trotzdem können sie eine Karte nicht ersetzen, und einen Kompass solltest du auch stets dabeihaben für den Fall, dass das Gerät ausfällt.

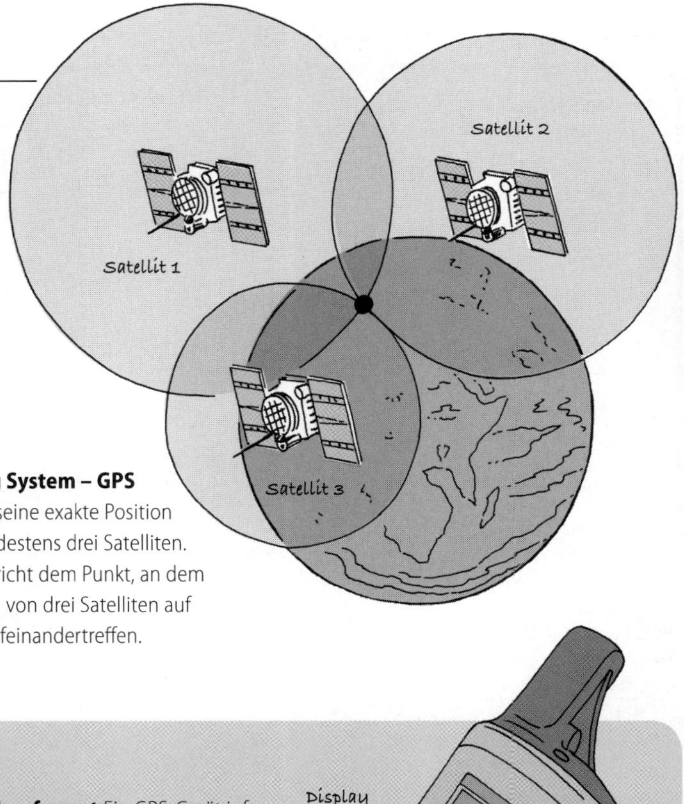

Global Positioning System – GPS
Ein GPS-Gerät misst seine exakte Position im Verhältnis zu mindestens drei Satelliten. Seine Position entspricht dem Punkt, an dem die Reichweiteradien von drei Satelliten auf der Erdoberfläche aufeinandertreffen.

GPS-GERÄT

Wunder im Taschenformat Ein GPS-Gerät informiert dich über deine Position, deine Höhe sowie über die Geschwindigkeit. Es hilft dir, auf der Strecke umzukehren, auf der du gekommen bist, leitet dich zu deinen Zielen und dient, solange du dich in eine Richtung bewegst, als Kompass. Teurere Modelle verfügen über eingespeicherte Karten, einen elektromagnetischen Kompass und Luftdruckmesser.

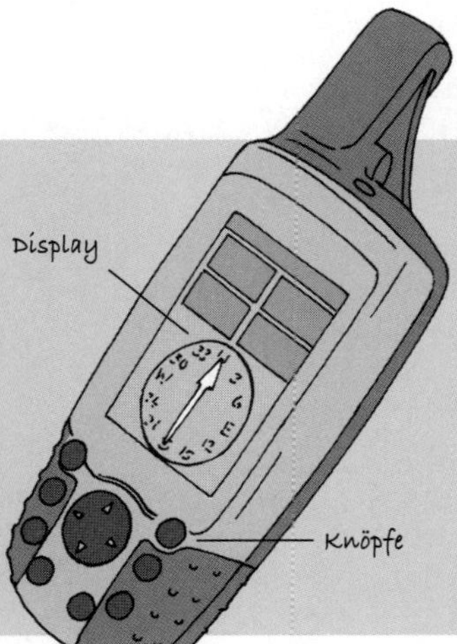

Orientierung ohne Kompass

Sterne, Mond, Sonne und Schatten Auch ohne Kompass lassen sich die Himmelsrichtungen bestimmen – wenn man weiß, wie es geht. Hier erfährst du, wie du dir von den Himmelskörpern den Weg weisen lassen kannst.

NAVIGATION NACH DEN STERNEN

Norden Suche auf der Nordhalbkugel die Sternbilder Großer Bär (oder Großer Wagen) und Kleiner Bär (oder Kleiner Wagen). Der Polarstern oder Polaris ist der letzte und hellste am „Schwanz" des Kleinen Bären.

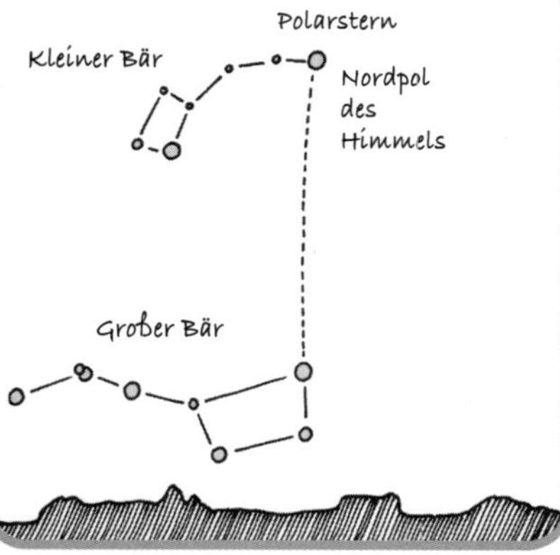

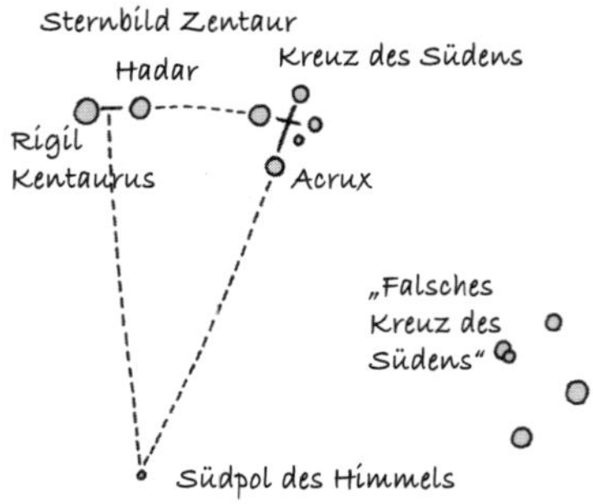

Süden Denke dir, wenn du auf der Südhalbkugel bist, eine Linie, die Rigil Kentaurus und Hadar verbindet. Dort, wo sich diese Linie mit einer gedachten Verlängerung der Querachse des Kreuzes des Südens kreuzt, liegt der Südpol des Himmels.

ORIENTIERUNG NACH DEM MOND

Navigation im Mondlicht Stell dir eine Linie vor, die die Spitzen des Halbmonds verbindet, und verlängere sie zum Horizont. Auf der Nordhalbkugel markiert dieser Punkt ungefähr den Süden, auf der Südhalbkugel den Norden.

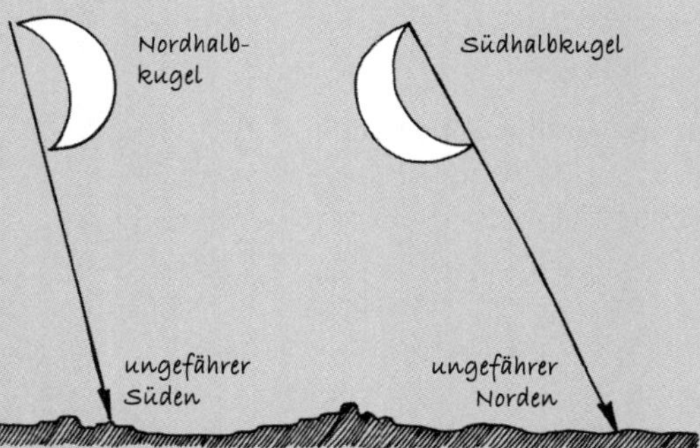

ORIENTIERUNG MIT EINER UHR

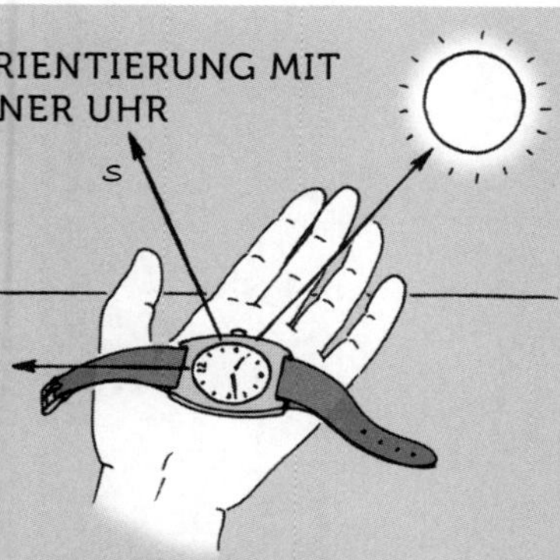

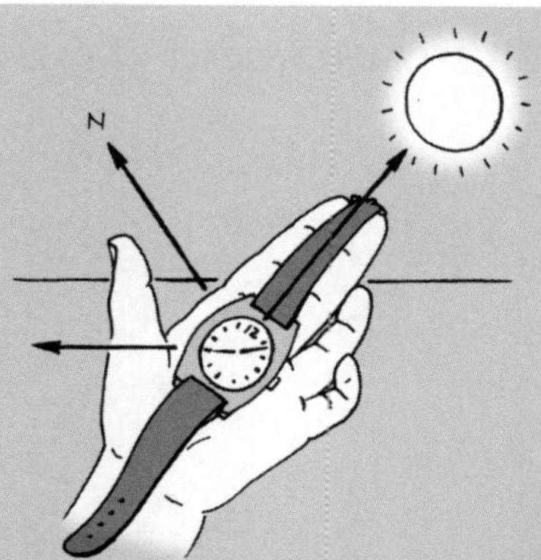

Nordhalbkugel Wenn der Stundenzeiger auf die Sonne zeigt, weist eine gedachte Linie, die den Winkel zwischen Stundenzeiger und der Ziffer zwölf halbiert, auf den Süden.

Südhalbkugel Wenn der Stundenzeiger auf die Sonne zeigt, weist eine gedachte Linie, die den Winkel zwischen Stundenzeiger und der Ziffer zwölf halbiert, auf den Norden.

MIT SCHATTEN

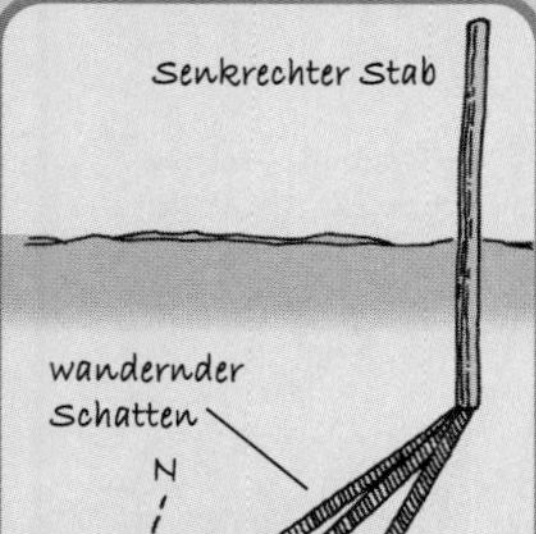

Der Schatten weist den Weg Diese Methode funktioniert auf beiden Erdhalbkugeln und ist gegen Mittag am genauesten.

1 Stecke einen Stab senkrecht in den Boden. Markiere die Spitze des Schattens, zum Beispiel mit einem Stein.

2 Warte mindestens 10 Minuten, bevor du die Spitze des Schattens mit einem zweiten Stein markierst.

3 Die erste Markierung ist auf der Westseite. Eine senkrecht zur Ost-West-Achse verlaufende Linie zeigt nach Norden und Süden.

ORIENTIERUNG MIT KARTE

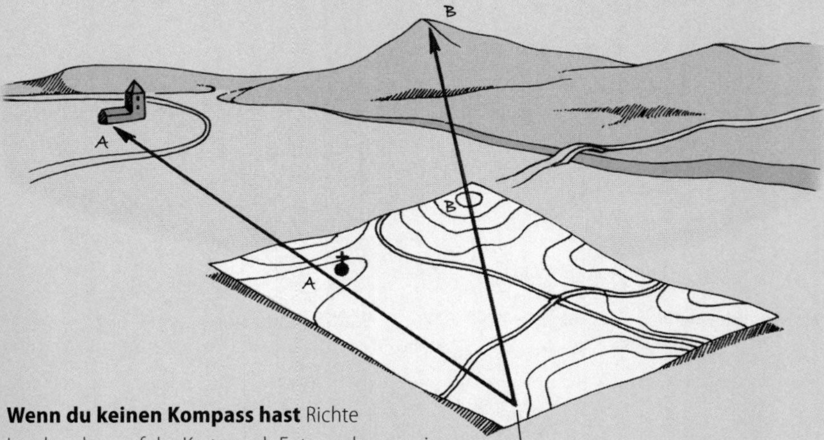

Wenn du keinen Kompass hast Richte Landmarken auf der Karte nach Entsprechungen in der Landschaft aus. Dadurch kannst du ungefähr deine Position und deine Marschrichtung bestimmen.

STERNMETHODE

1 Stecke einen langen Stock schräg in den Boden. Binde an sein oberes Ende eine Schnur. Lege dich so auf den Rücken, dass die Schnur neben deiner Schläfe hängt, und richte sie nach einem hellen Stern aus.

2 Markiere zweimal die Position des Sterns. Die erste Markierung liegt westlich der zweiten. Diese Methode beruht auf demselben Prinzip wie die Orientierung mithilfe des Schattens auf Seite 211.

ORIENTIERUNGSHILFEN IN DER NATUR

Schnee Schnee, der auf einer Seite eines Baums geschmolzen ist, zeigt auf der Nordhalbkugel den Süden an.

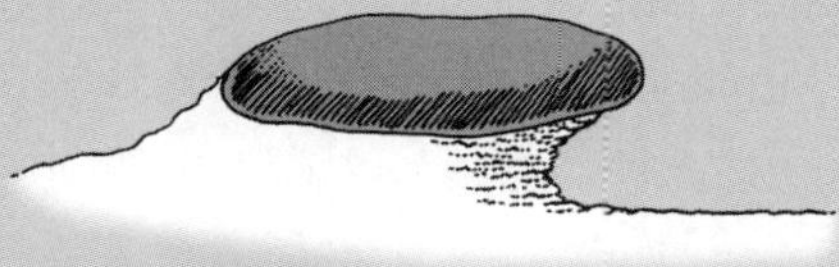

Gletscherfels Diese großen Steine liegen auf Eissockeln, die auf der Nordhalbkugel auf ihrer Südseite wegtauen.

Moos Gewöhnlich wächst Moos auf der schattigen Seite eines Stamms am besten – auf der Nordhalbkugel auf der Nordseite.

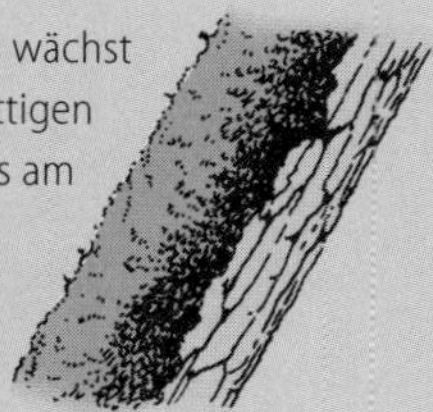

Magnetische Termiten Um starke Sonneneinstrahlung zu vermeiden, richten diese australischen Termiten ihren Bau in Nord-Süd-Richtung aus.

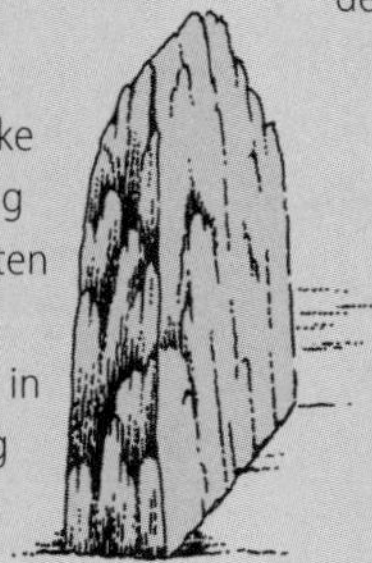

Baum der Reisenden Die Blätter dieser Pflanze bilden einen auffälligen, gewöhnlich in Ost-West-Richtung ausgerichteten Fächer.

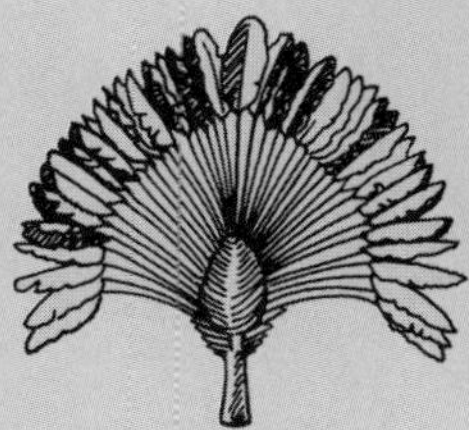

VORHERRSCHENDER WIND

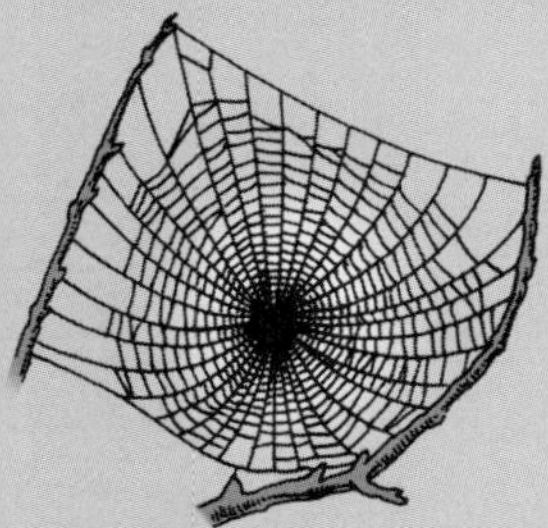

Spinnennetz Spinnen wissen, woher der Wind meist weht und spinnen ihr Netz im rechten Winkel dazu.

Baum Vom Wind geformte Bäume veranschaulichen, aus welcher Richtung der Wind meist weht.

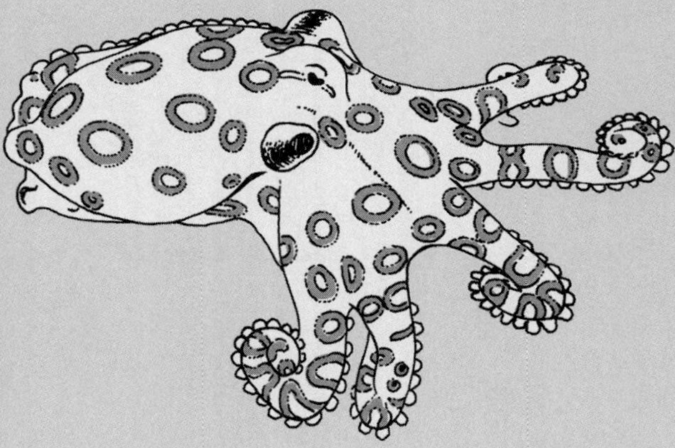

Gefahren und Notfälle

Draußen in der Natur ist man auf sich selbst angewiesen und muss auch mit kritischen Situationen umgehen können. Unerlässliche Voraussetzungen dafür sind eine positive Einstellung, die richtige Ausrüstung und fundiertes Wissen darüber, was im Notfall zu tun ist.

Signale

Boden-Luft-Signale Bei einem Notfall mitten in der Wildnis kommt die Hilfe meist von oben – in Gestalt eines Suchflugzeugs oder -hubschraubers. Durch Boden-Luft-Signale kannst du mit ihm kommunizieren.

BODEN-LUFT-SIGNALE

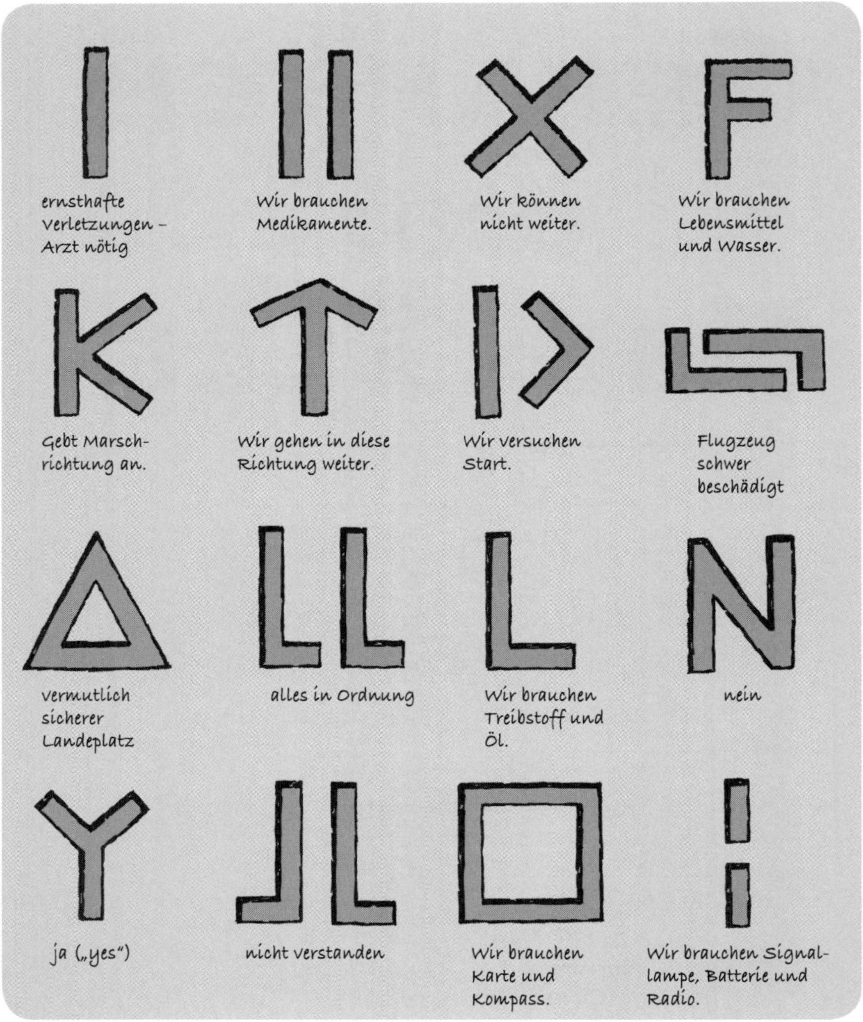

KÖRPERSIGNALE

SIGNALSPIEGEL

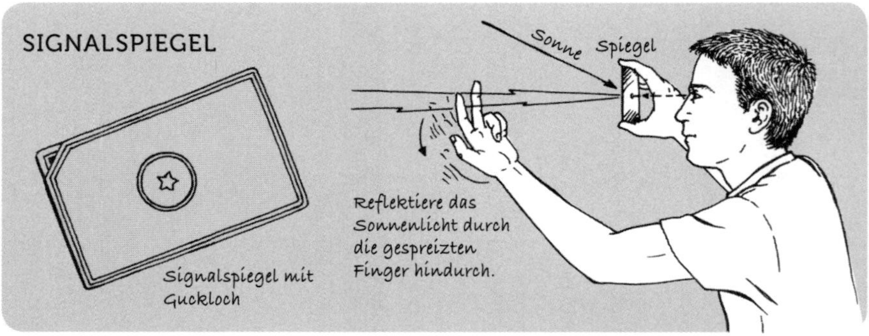

Beame mich rauf! Bei Tag kann man mit einem Spiegel Signale senden. Nimm immer einen mit, wenn du dich in die Wildnis begibst!

PERSÖNLICHE NOTFUNKBAKE

Hightech Persönliche Notrufbaken (PLB) sind kleine, leichte Geräte, die im Notfall überall auf der Welt eingesetzt werden können. Sie sind nicht billig, man kann sie aber auch für Touren in der Wildnis oder auf See mieten.

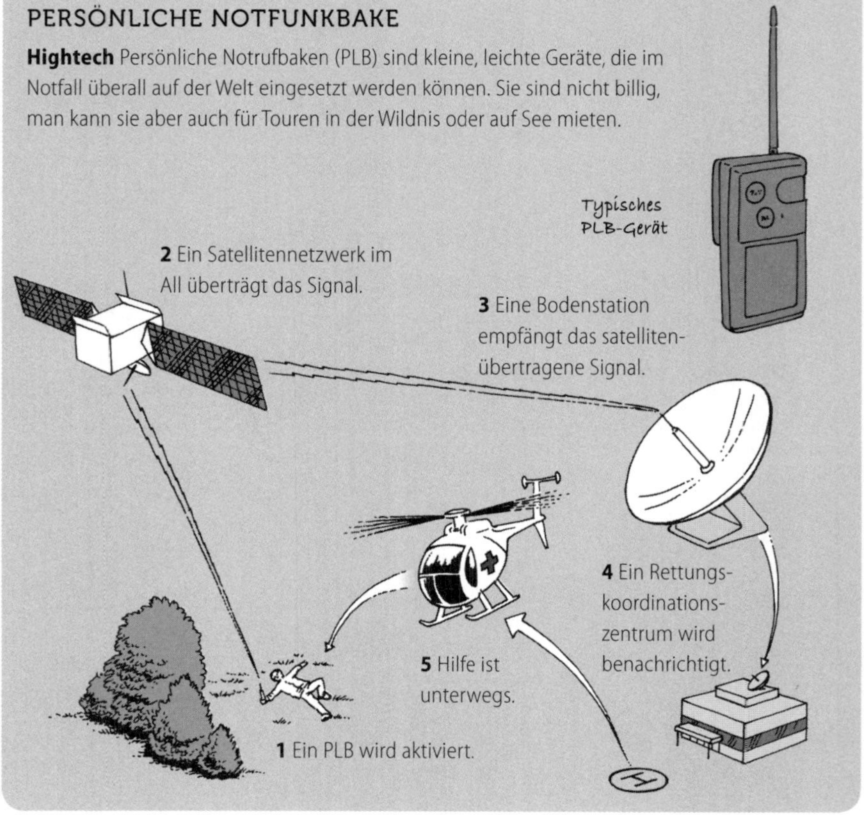

FLUGZEUGSIGNALE

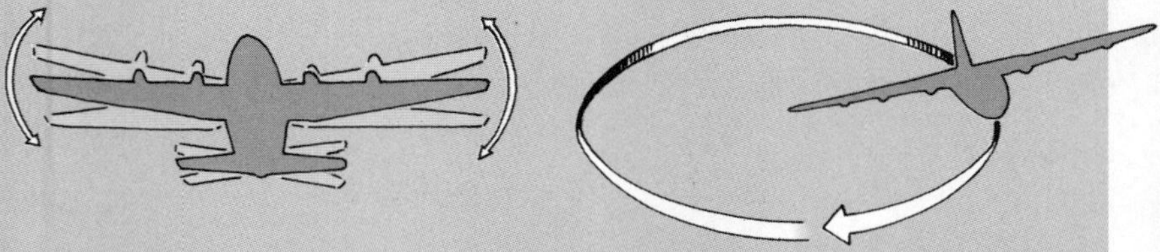

Wackelnde Flügel Der Pilot hat dich gesehen oder deine Nachricht verstanden.

Vollständige Rechtsdrehung Dein Signal wurde nicht verstanden.

SO BEREITET MAN EINEN HUBSCHRAUBERLANDEPLATZ VOR

Gefährliche Tiere

Stechen, beißen, fressen Die meisten wild lebenden Tiere gehen Menschen aus dem Weg. Du solltest aber auch wissen, um welche Arten du einen weiten Bogen machen solltest. Und was zu tun ist, wenn sie angreifen.

INSEKTEN

Biene Ein Bienenstich ist schmerzhaft, gefährlich ist er aber nur für Allergiker. Wenn dich ein Bienenschwarm verfolgt, dann laufe so schnell wie möglich vom ersten Kontaktpunkt weg, bedecke dein Gesicht und suche Schutz.

Ameise Je nach Ameisenart sind die Bisse lästig bis quälend schmerzhaft. Meide die mittel- und südamerikanische Tropische Riesenameise *(Paraponera clavata)*. Ihr Stich gilt als der schmerzhafteste Insektenstich überhaupt.

Wespen und Hornissen Beide Insekten können mehrmals hintereinander stechen. Auf der Futtersuche werden sie leicht aggressiv. Süßes zieht sie magisch an. Halte dich von ihren Nestern fern. Für Allergiker sind sie gefährlich.

Moskito Die lästigen kleinen Biester sind die mörderischsten Tiere der Welt. Die von ihnen übertragenen Krankheiten sind besonders in den Tropen verbreitet, können aber auch in gemäßigteren Regionen auftreten.

Floh Flohbisse jucken meistens nur, doch können Flöhe auch schlimme Krankheiten übertragen, darunter Lyme-Borreliose und Pest. Deshalb sollte man sich vor Flöhen schützen.

Tsetsefliege Diese großen blutsaugenden Fliegen sind auf dem afrikanischen Kontinent zwischen den Wüsten Sahara und Kalahari heimisch. Sie tragen den Erreger der Schlafkrankheit in sich, die unbehandelt tödlich verläuft.

SPINNENTIERE

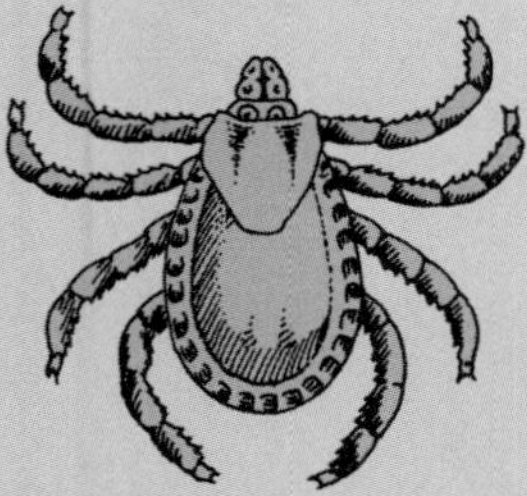

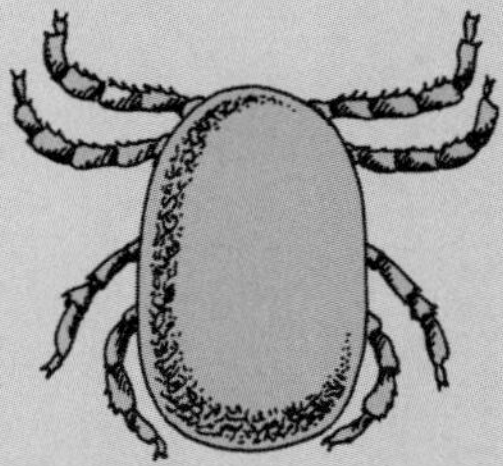

Schildzecke Diese winzigen blutsaugenden Spinnentiere verbreiten zahlreiche Krankheiten, darunter eine Form der Gehirnhautentzündung sowie Borreliose. Schildzecken sind die Familie *(Ixodidae)*, der die meisten Zeckenarten angehören. Ihren Namen verdanken sie einem schildartigen Panzer am oberen Rücken.

Lederzecke Diese eher in heißen Regionen beheimateten Zecken (*Familie Argasidae*) sind rund und ledrig. Kopf und Mundwerkzeuge sind von oben nicht sichtbar. Sie saugen am liebsten das Blut von Vögeln und kleinen Säugetieren, halten sich bei Gelegenheit aber auch an Menschen.

Zecken entfernen Ergreife die Zecke mit einer Pinzette so nah an der Haut wie nur möglich und ziehe sie mit gleichmäßigem Zug nach oben. Drücke dabei nicht den Körper der Zecke zusammen: Das könnte zu einer Infektion führen.

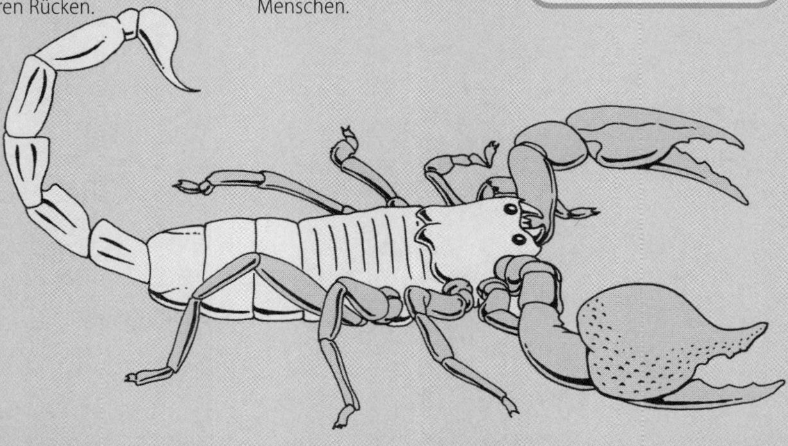

Skorpione Die 25 als tödlich bekannten Skorpionarten leben in Nordafrika, dem Nahen Osten, Mexiko und Südamerika. Der Stich der übrigen ungefähr 1 000 Arten ist sehr schmerzhaft. Skorpione verstecken sich gerne in Kleidung, Schuhen und Bettzeug. Schüttle diese immer aus oder schaue vor dem Anziehen hinein, wenn du dich in Skorpionregionen aufhältst.

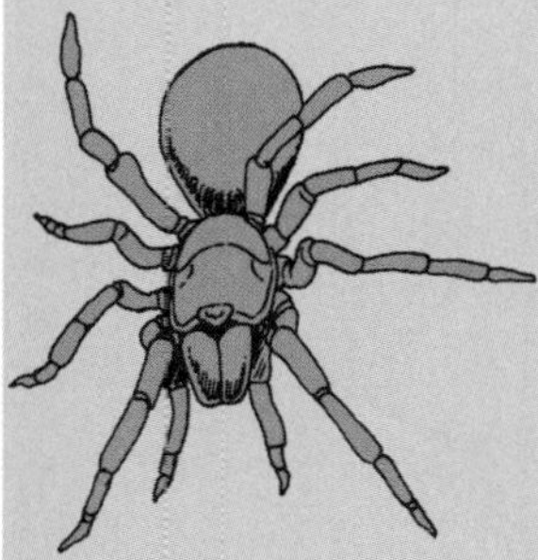

Trichternetzspinne In Australien gibt es ungefähr 40 Arten dieser Spinnen. Die sehr giftige Sydney-Trichternetzspinne *(Atrax robustus)* ist möglicherweise die gefährlichste Spinne der Welt. Aus geringstem Anlass greift sie an – mitunter sogar mehrmals.

Echte Witwen Viele Spinnen der Gattung *Latrodectus* sind hochgiftig. Zu den bekannteren Arten zählen die Südliche Schwarze Witwe (Nordamerika), die Rotrückenspinne (Australien) und die Knopfspinne (Südafrika). Unbehandelte Bisse können tödlich sein.

Brasilianische Wanderspinne Diese aggressiven Spinnen der Gattung *Phoneutria* kommen in Mittel- und Südamerika vor, gelangen aber mit Bananen in alle Welt. Ihr Gift ist das gefährlichste der Spinnenwelt.

Vogelspinne Diese furchterregend aussehenden Spinnen sind in Wirklichkeit sehr scheu. Die Bisse schmerzen meist wie Wespenstiche, doch die der Art *Pelinobius multicus* rufen schwere Halluzinationen hervor. Manche Arten verteidigen sich, indem sie hautreizende Härchen abstoßen.

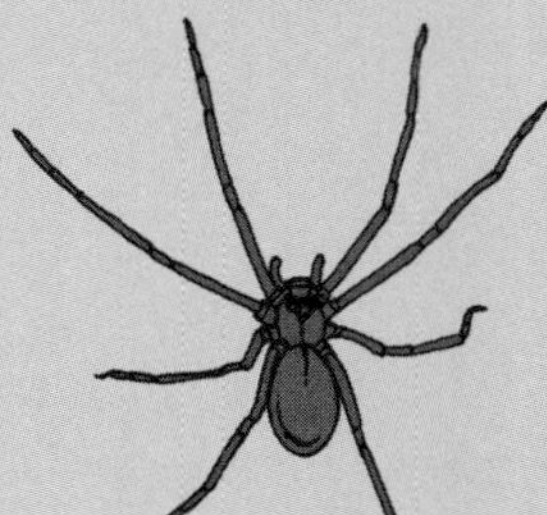

Einsiedlerspinne Bisse von Spinnen der Gattung *Loxosceles* können zum Absterben von Gewebe führen und Hauttransplantationen und andere Eingriffe erforderlich machen. Meistens aber kommt man mit leichten Verätzungen und Juckreiz davon.

REPTILIEN

Gila-Krustenechse Diese giftige Eidechsenart *(Heloderma suspectum)* lebt im Südwesten der USA und im Nordwesten des mexikanischen Bundesstaats Sonora. Ihr Biss ist sehr schmerzhaft, verschuldete aber keine bekannten Todesfälle.

Skorpion-Krustenechse *(Heloderma horridum)* Diese nahe Verwandte der Gila-Krustenechse kommt vor allem in Mexiko und dem südlichen Guatemala vor. Ihr Biss verursacht entsetzliche Schmerzen, Schwellungen und den Abfall des Blutdrucks.

Krokodil Zwei Krokodilarten – das Nilkrokodil *(Crocodylus niloticus)* und das Leistenkrokodil *(Crocodylus porosus)* sind dafür bekannt, dass sie auch Menschen angreifen. Halte dich von Gewässern fern, in denen Krokodile leben!

Alligator Der Mississippi-Alligator *(Alligator mississippiensis)* ist im Südosten der USA heimisch. Normalerweise hat er Angst vor Menschen, kann aber auch überraschend angreifen. Oft sind gefährliche Entzündungen der Bissstellen die Folge.

SCHLANGEN – AMERIKA

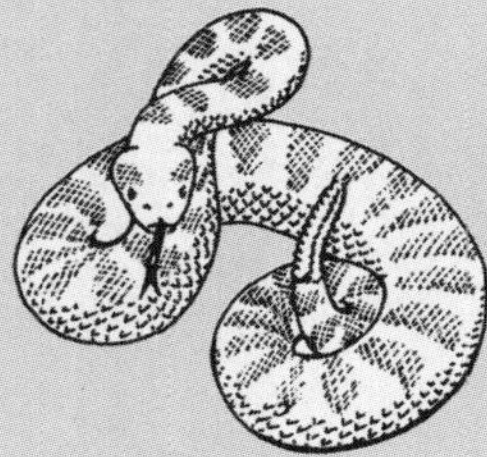

Nordamerikanischer Kupferkopf Der Kupferkopf *(Agkistrodon contortrix)* ist durch seine Musterung gut getarnt und erstarrt, wenn er sich bedroht fühlt. Zu Bissen kommt es, wenn man aus Versehen auf ihn tritt. Zum Glück sind die Folgen nur selten tödlich.

Klapperschlange Diese Schlangen (der Gattung *Crotalus*) sind für die meisten gemeldeten Schlangenbisse und darauf zurückgehenden Todesfälle in Nordamerika verantwortlich. Dabei sind alle Klapperschlangenarten sehr scheu. Wenn sie sich bedroht fühlen, warnen sie rasselnd.

Buschmeister Die großen, giftigen Vipern der Gattung *Lachesis* leben in abgelegenen Waldgebieten Mittel- und Südamerikas. Sie beißen oft mehrmals zu und injizieren dabei größere Giftmengen.

Korallenotter In Amerika gibt es 65 bekannte Arten dieser Gattung *(Micrurus)*. Ihr Gift ist sehr wirksam, aber weil sie wenig aggressiv sind, sind Bisse und dadurch verursachte Todesfälle eher selten. Mehrere harmlose Schlangenarten sind ähnlich rot-gelb-schwarz gemustert (Mimikri).

Wassermokassinotter Diese teils im Wasser lebende Viper *(Agkistrodon piscivorus)* ist im Südosten der USA heimisch. Sie droht, indem sie das Maul aufreißt und den Schwanz vibrieren lässt. Ihre Bisse sind schmerzhaft und können tödlich sein.

SCHLANGEN – EUROPA

Kreuzotter Die Kreuzotter *(Viper berus)* ist Nordeuropas einzige Giftschlange und kommt auch in dicht besiedelten Gebieten vor. Kreuzotterbisse sind häufig, aber nur selten tödlich – außer für Kinder, alte Menschen und Kranke. In Südeuropa hat sie einige größere und gefährlichere Verwandte.

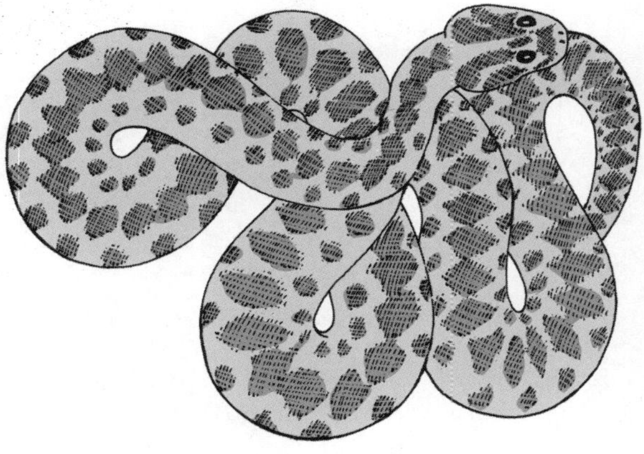

SCHLANGEN – AFRIKA UND ASIEN

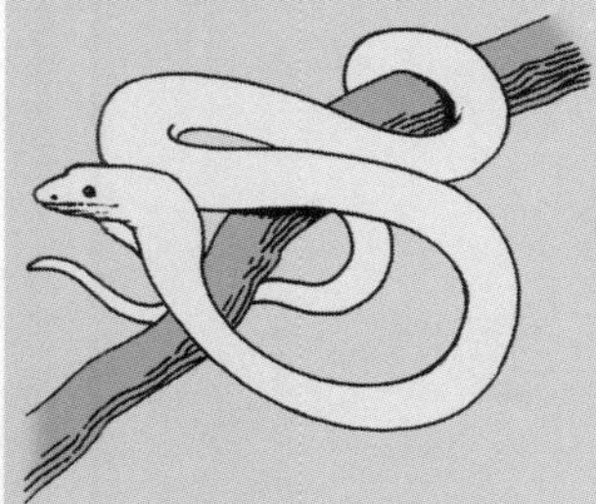

Boomslang Das Gift dieser in Afrika südlich der Sahara lebenden Schlange *(Dispholidus typus)* bewirkt starke innere und äußere Blutungen. Sie beißt schnell zu, wenn sie sich belästigt fühlt.

Kraits Die Gattung *Bungarus* kommt in tropischen Regenwäldern Indiens und Südostasiens vor. Ihr hochwirksames Nervengift lähmt die Muskeln. Bisse, die nicht sofort behandelt werden, haben oft tödliche Folgen.

Kobra Die meisten Kobras (ein Sammelname für Schlangenarten aus mehreren Gattungen), richten sich drohend auf und spreizen ihren Hals. Manche Arten spucken ihr Gift 2 m weit. Sie zielen auf die Augen und treffen meist. Ein Treffer verursacht heftige, brennende Schmerzen.

SCHLANGEN – AFRIKA UND ASIEN (FORTSETZUNG)

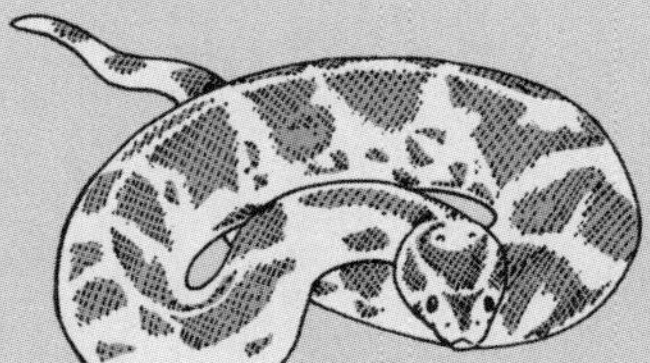

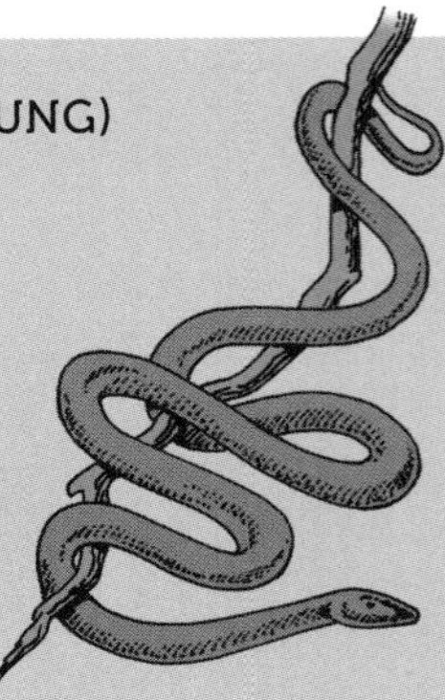

Sandrasselotter Diese kleinen Schlangen aus der Familie der *Viperidae* leben in Trockensavannen. Bei Bedrohung erzeugen sie ein Rascheln, indem sie Teile ihres Körpers aneinanderreiben. Sie sind sehr gefährlich.

Puffotter *Bitis arietans* ist in Afrika für mehr Todesfälle verantwortlich als jede andere Schlangenart. Bei Bedrohung zieht sie den Kopf ein, zischt laut und beißt schnell zu.

Mamba Die meisten Arten der Gattung *Dendroaspis* leben auf Bäumen. Eine Ausnahme stellt die Schwarze Mamba dar, die die weltweit schnellste und zugleich Afrikas giftigste Schlange ist. Ein unbehandelter Biss führt meist zum Tod.

SCHLANGEN – AUSTRALIEN

Östliche Braunschlange Diese Art *(Pseudonaja textilis)* ist für die meisten Todesfälle durch Schlangenbisse in Australien verantwortlich. Neben dem Gift der Inlandtaipan (siehe S. 227) ist ihr Gift das weltweit stärkste aller Landschlangen.

Rotbäuchige Schwarzotter
Diese Art *(Pseudechis porphyriacus)* lebt in Wäldern, Sümpfen und Stadtgebieten des östlichen Australien. Sie ist nicht sehr aggressiv und flieht lieber. Ihre Bisse sind gefährlich, aber nur selten tödlich.

SCHLANGEN – AUSTRALIEN (FORTSETZUNG)

Inlandtaipan Alle Arten der Gattung Taipane *(Oxyuranus)* sind gefährlich. Der Inlandtaipan *(Oxyuranus microlepidotus)* gilt als die weltweit giftigste Schlange. Allerdings lebt er in sehr dünn besiedelten Gebieten und alle Bisse konnten bisher erfolgreich mit Antiserum behandelt werden.

Tigerotter Die Art *Notechis scutatus* kommt im südlichen und östlichen Australien vor. Ihre Giftdrüsen produzieren große Mengen eines hochwirksamen Gifts, das das zentrale Nervensystem angreift, aber auch Muskelgewebe schädigt und die Blutgerinnung beeinträchtigt.

Todesotter Die Ottern der Gattung *Acanthopis* sind in großen Teilen Australiens, Neuguineas und der umliegenden Inseln heimisch. Ihr Gift injizieren sie mittels relativ langer Zähne. Bis zur Entdeckung eines Antiserums hatten etwa 60 Prozent ihrer Bisse bei Menschen tödliche Folgen.

SEESCHLANGEN

Hydrophiinae Seeschlangen leben in warmen Küstengewässern des Indischen und Pazifischen Ozeans. Das Gift mancher Arten ist gefährlicher als das von Landschlangen. Seeschlangen sind neugierig und nähern sich gerne Tauchern, verhalten sich jedoch friedlich, solange man sie in Ruhe lässt.

WASSERBEWOHNER (SÜSSWASSER)

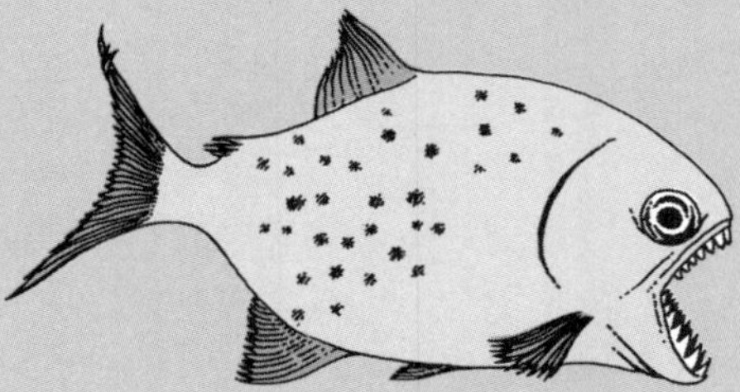

Piranha Die Kiefer dieser südamerikanischen Flussfische aus der Familie der *Characidae* sind mit scharfen dreieckigen Zähnen gesäumt. Mit diesen können sie das Fleisch ihrer Opfer packen und zerreißen. Zwar zerfleischen sie keine Menschen, können ihnen aber Fleischstücke herausreißen und Zehen abbeißen.

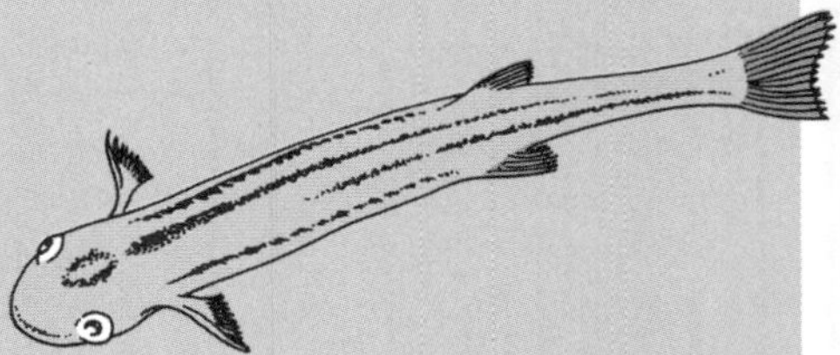

Vandellia Dieser im Amazonas lebende kleine Fisch aus der Familie der *Trichomycteridae* nistet sich in den Kiemen größerer Fische ein und lebt dort von ihrem Blut. Es sind Fälle bekannt, in denen er in die Harnröhre von Menschen eindrang. Also Vorsicht beim Baden im Amazonas!

Bullenhai Die Haiart *Carcharhinus leucas* kann sowohl im offenen Meer als auch in Flüssen leben, in denen sie mehrere Hunderte von Kilometern stromaufwärts wandert. Wegen ihrer Aggressivität und großen Verbreitung gilt sie als die gefährlichste aller Haiarten.

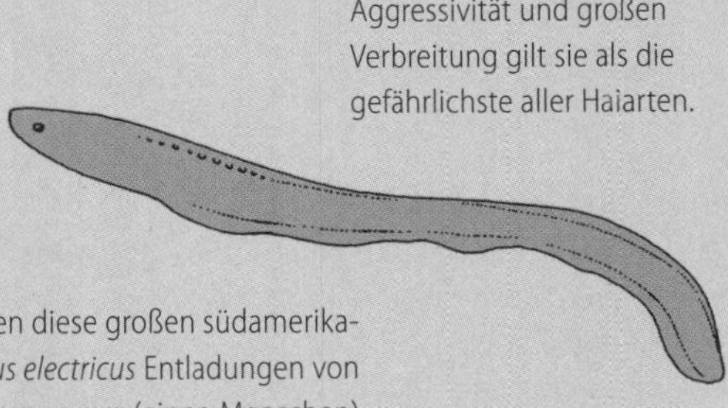

Zitteraal Bei Bedrohung können diese großen südamerikanischen Fische der Art *Electrophorus electricus* Entladungen von bis zu 600 Volt erzeugen – mehr als genug, um (einen Menschen) zu töten. Glücklicherweise passiert das nur sehr selten.

WASSERBEWOHNER (MÜNDUNGSGEWÄSSER UND MEERE)

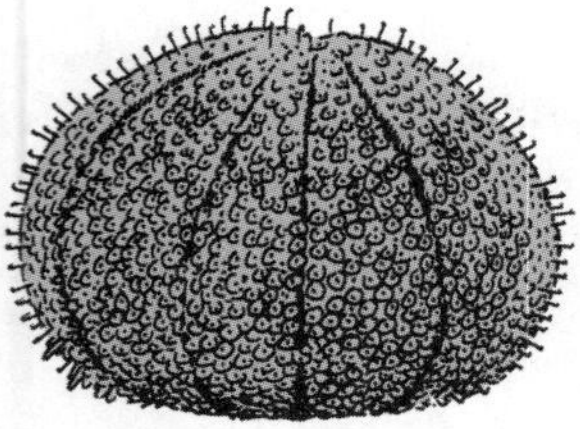

Toxopneustes pileolus Viele Seeigelarten sind mit Stacheln versehen und sollten gemieden werden. Die Stacheln dieser Art aber sind nicht nur spitz, sondern injizieren auch ein hochwirksames Gift, das starke Schmerzen verursacht und mitunter auch Menschen tötet.

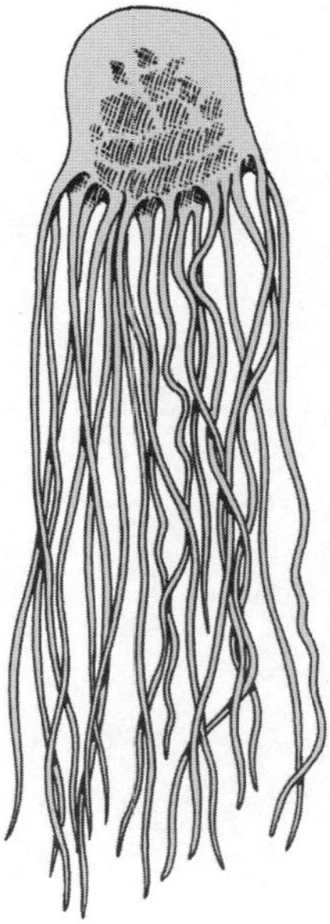

Würfelqualle Die gefährlichen Quallen der Art *Chironex fleckeri* leben in den Gewässern vor der Küste Nordaustraliens sowie im gesamten indopazifischen Raum. Der Kontakt mit ihnen ist so schmerzhaft, dass der Betroffene im Schockzustand ertrinken oder einen Herzinfarkt erleiden kann.

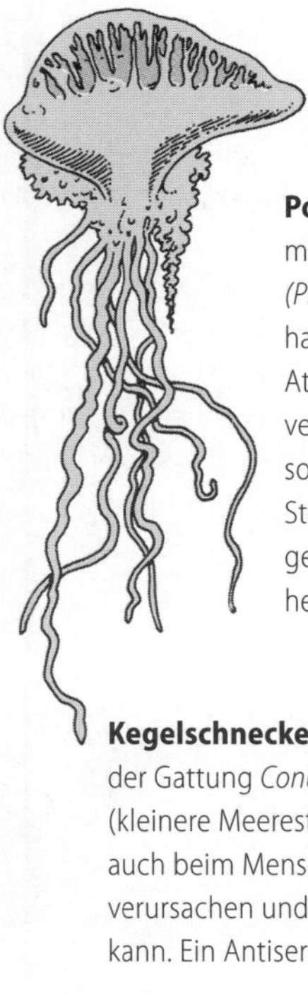

Portugiesische Galeere Der Kontakt mit den Tentakeln dieser Staatsqualle *(Physalia physalis)* ist extrem schmerzhaft und kann Fieber, Schock sowie Atmungs- und Kreislaufstörungen verursachen. Anhaftende Tentakel sind sofort zu entfernen, die betroffenen Stellen sollen mit Meerwasser gewaschen und anschließend in heißes Wasser getaucht werden.

Kegelschnecken Diese Meeresschnecken der Gattung *Conus* lähmen ihre Opfer (kleinere Meerestiere) mit einem Gift, das auch beim Menschen starke Schmerzen verursachen und mitunter tödlich sein kann. Ein Antiserum gibt es noch nicht.

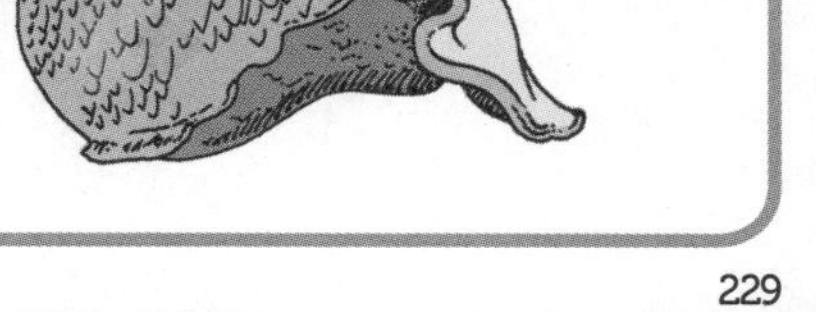

WASSERBEWOHNER (MÜNDUNGSGEWÄSSER UND MEERE, FORTSETZUNG)

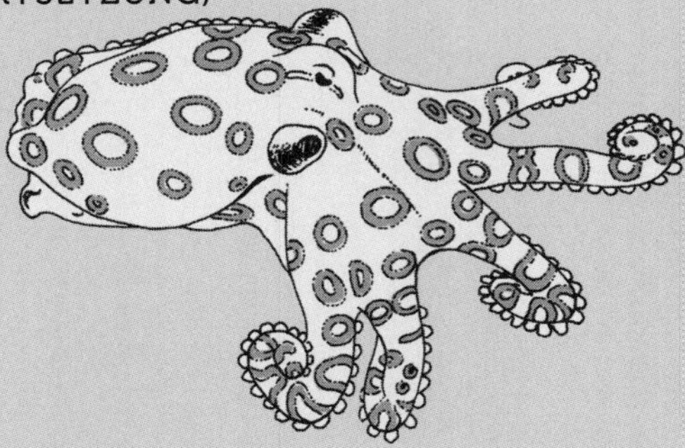

Blaugeringelte Kraken Diese Gattung *(Hapalochlaena)* lebt in Gezeitentümpeln vor den Küsten des Pazifischen Ozeans zwischen Japan und Australien. Jeder dieser kleinen und wenig aggressiven Kraken trägt im Körper genügend Gift, um 26 Erwachsene innerhalb von Minuten zu töten. Ein Biss kann totale Lähmung ohne Verlust des Bewusstseins zur Folge haben. Betroffene müssen künstlich beatmet werden.

Hornhechte Die in seichten Gewässern heimischen Fische (Familie *Belonidae*) schwimmen bis zu 60 km schnell und springen dabei auch aus dem Wasser. Mit dem harten, schnabelartigen Maul, dessen Spitze im Opfer abbrechen kann, verletzen sie mitunter auch Menschen. Künstliches Licht in der Nacht macht sie aggressiv.

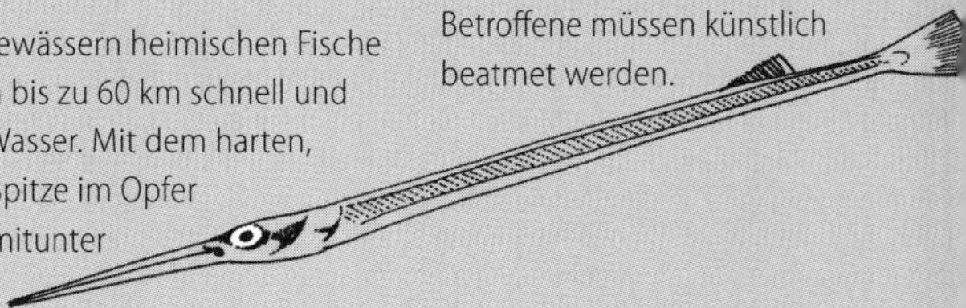

Froschfisch Giftige Froschfische aus der Familie *Batrachoididae* leben in tropischen Gewässern vor den amerikanischen Küsten. Die Stachelstrahlen ihrer Rückenflosse sind spitz und giftig. Weil sich Froschfische im Sand vergraben, treten Taucher mitunter versehentlich auf sie drauf.

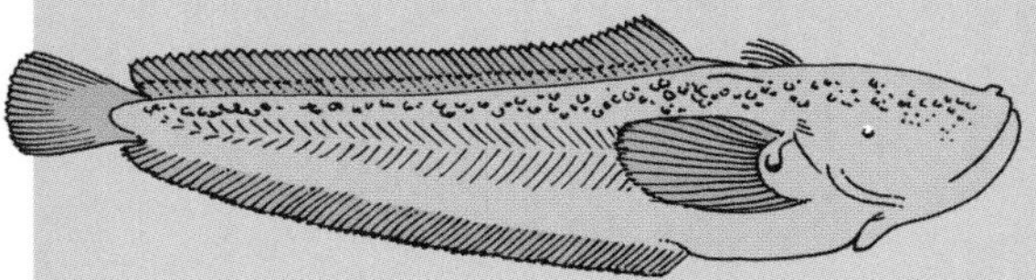

Steinfisch Dieser Bewohner von Küstengewässern des tropischen indopazifischen Raums (Familie *Synanceiidae*) ist der giftigste Fisch der Welt. Das Gift (aus ihren Rückenflossenstacheln) verursacht Muskelschwäche, vorübergehende Lähmungen und Schock. Unbehandelte Betroffene können daran sterben.

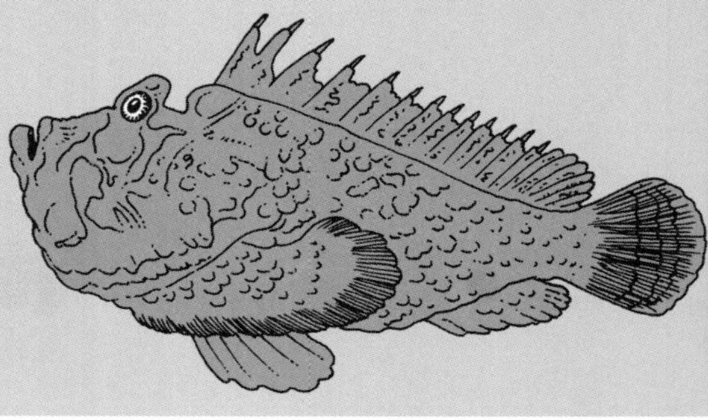

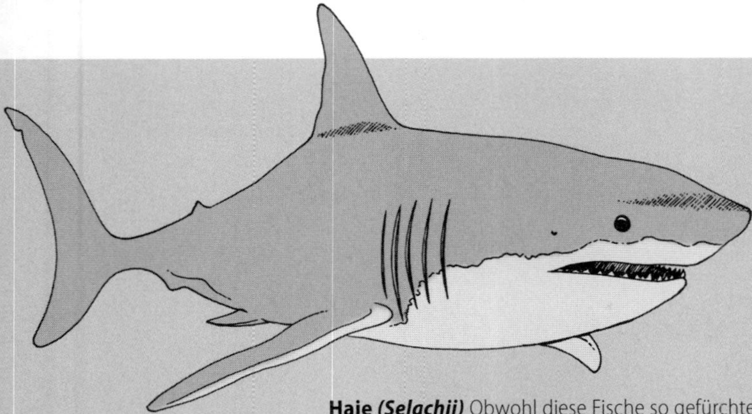

Haie *(Selachii)* Obwohl diese Fische so gefürchtet sind, greifen sie nur selten Menschen an. Von keiner Art ist bekannt, dass sie Menschen als Beute ansieht, und nur vier Arten greifen tatsächlich Menschen an, ohne provoziert worden zu sein.

Feuerfische Die Gattung *Pterois* stammt aus dem tropischen indopazifischen Raum und wurde vom Menschen in die atlantischen Küstengewässer der USA eingeführt. Das Gift aus den Hartstrahlen der Flossen verursacht Erbrechen und Fieber und erwies sich in einigen wenigen Fällen als tödlich.

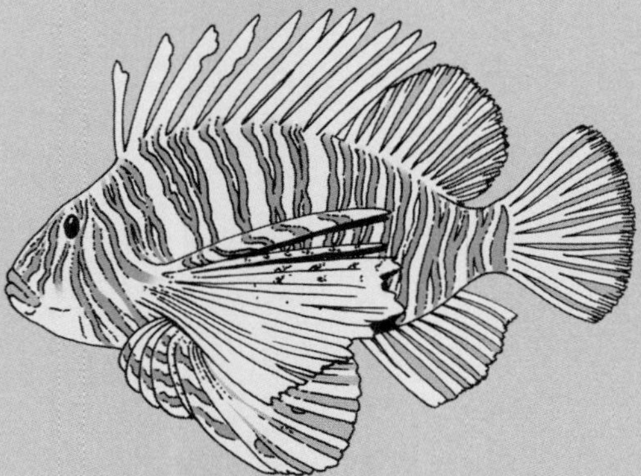

Stechrochen Diese wenig aggressiven Fische der Ordnung *Myliobatiformes* besitzen am Schwanz einen giftigen Stachel. Wer auf den im Sand vergrabenen Rochen tritt, muss mit Schmerzen, Schwellungen, Übelkeit und Muskelkrämpfen rechnen.

Amerikanischer Schwarzbär Diese mittelgroßen Bären *(Ursus americanus)* greifen nur selten Menschen an. Gehe ihnen aus dem Weg und wehre dich, wenn du angegriffen wirst. Gefährlich sind nur hungrige Bären , Weibchen mit Jungen und solche, die den Menschen gewohnt sind.

Braunbär Die großen Bären der Art *Ursus arctos* sind unberechenbar und greifen an, wenn sie sich bedroht fühlen. Besonders gefährlich sind Bärinnen mit Jungen. Bei Angriffen sollte man den Nacken schützen und sich tot stellen.

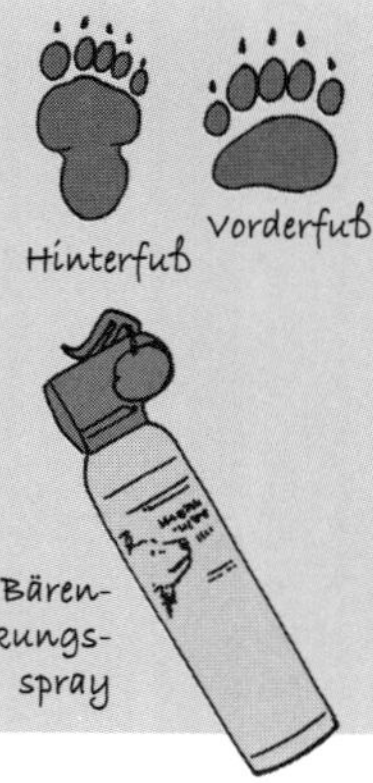

Eisbär Das größte Landraubtier der Welt *(Ursus maritimus)* meidet Menschen normalerweise, außer es ist sehr neugierig. Ein hungriger Eisbär kann Menschen verfolgen, töten und fressen. Wer kein Gewehr dabei hat, sollte sich am Boden eng zusammenrollen und tot stellen.

Vampirfledermaus Der Gemeine Vampir *(Desmodus rotundus)* lebt in den tropischen und subtropischen Regionen Amerikas. Er ernährt sich von Blut und greift, wenn er keine Rinder oder Pferde findet, auch Menschen an. Durch Bisse kann er Tollwut übertragen – eine oft tödliche Viruskrankheit.

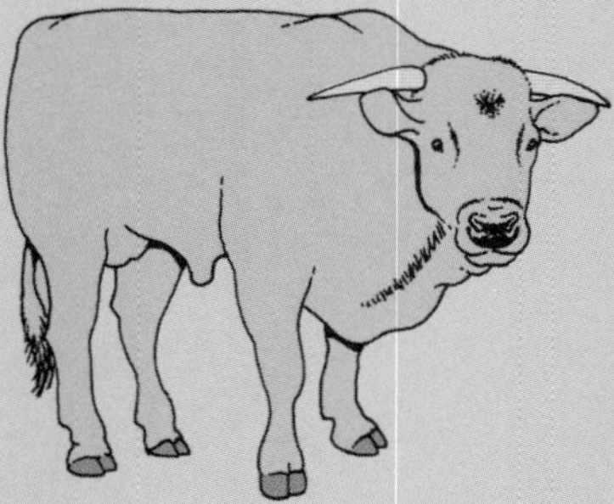

Stier Die Begegnung mit einem ausgewachsenen Hausrindstier *(Bos primigenius taurus)* kann einen Sonntagsspaziergang in ein gefährliches Abenteuer verwandeln. Drehe niemals einem Stier den Rücken zu, der den Kopf gesenkt hat oder scharrt, sondern gehe langsam rückwärts. Ab einem Abstand von etwa 6 m beendet der Stier sein Drohverhalten.

Flusspferd Die gemächlich wirkenden Flusspferde *(Hippopotamus amphibius)* töten in Afrika mehr Menschen als jedes andere größere Tier. Sie sind extrem unberechenbar, aggressiv und haben keine Angst vor Menschen.

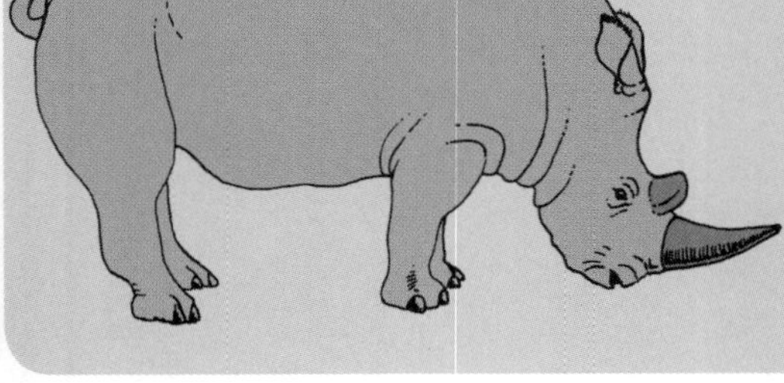

Nashorn Die fünf noch lebenden Nashornarten (Familie *Rhinocerotidae*) greifen auch dann an, wenn man sie nicht provoziert hat. Sie sehen schlecht und geraten durch unbekannte Gerüche und Geräusche in Panik.

SÄUGETIERE (FORTSETZUNG)

Tiger Der Tiger *(Panthera tigris)* ist die größte Großkatze. Die meisten Tiger fallen Menschen nur dann an, wenn sie keine andere Beute finden, doch einzelne Individuen haben sich auf Menschen spezialisiert.

Löwe Ebenso wie Tiger sehen auch Löwen *(Panthera leo)* den Menschen normalerweise nicht als Beute an. Wenn im Löwenrevier jedoch Menschen leben und die normalen Beutetiere knapp geworden sind, töten und fressen Löwen auch Menschen.

Leopard Angriffe von Leoparden *(Panthera pardus)* auf Menschen sind selten, doch kommt es vor, dass verletzte, kranke oder sehr hungrige Tiere Menschen anfallen. Ein als „Leopard von Panar" bekannt gewordenes nordindisches Exemplar soll im frühen 20. Jahrhundert 400 Menschen getötet haben.

Wolf Wie alle großen Raubtiere kann auch der Wolf *(Canis lupus)* dem Menschen gefährlich werden, und man sollte ihm lieber aus dem Weg gehen. Angriffe auf Menschen sind äußerst selten. Am gefährlichsten sind tollwütige Wölfe.

Gefährliche Pflanzen

Grüne Gefahr Gegen Tiere, die sie fressen wollen, entwickelten einige Pflanzenarten hochwirksamen Schutz. Bei manchen kann schon eine leichte Berührung unangenehme Folgen haben.

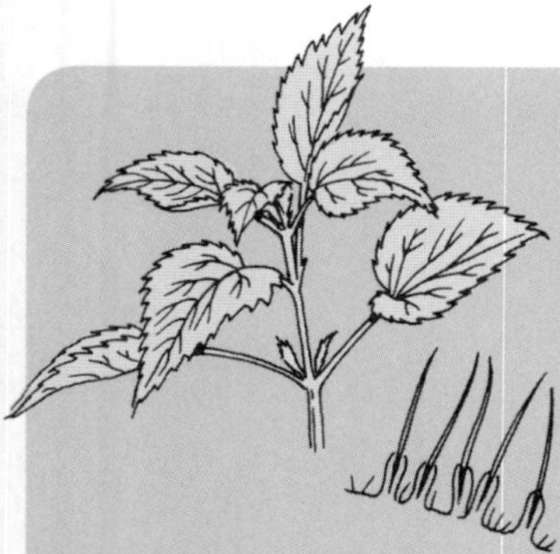

Brennnessel Diese krautige Pflanze *(Urtica dioica)* kommt in vielen gemäßigten Regionen der Welt vor. Die Brennhärchen an Blättern und Stängeln enthalten eine aus mehreren chemischen Stoffen zusammengesetzte Brennflüssigkeit.

Kakteen Entferne große Kaktusstacheln mit einer Pinzette. Aber sei vorsichtig, denn viele haben Widerhaken. Bei kleinen Stacheln drückt man auf die betroffene Stelle ein Klebeband und zieht es dann ab.

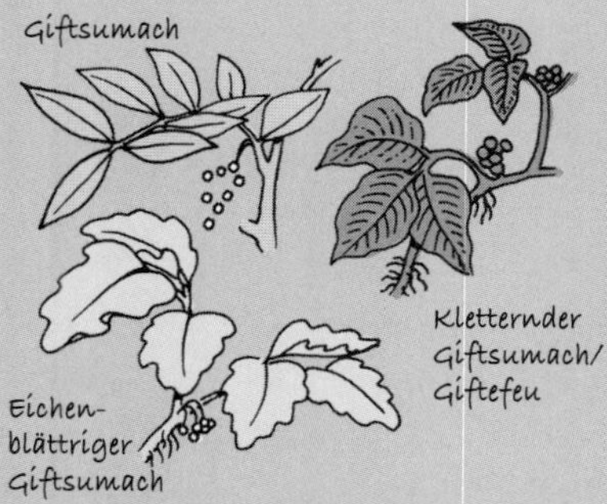

Toxicodendron-Arten Giftige Arten aus der Familie der Sumachgewächse kommen in den USA und Südkanada häufig vor. Bei Berührung kommt es zu Hautreaktionen, die von Mensch zu Mensch unterschiedlich heftig ausfallen können.

Brennende Blätter In Südostasien, Australien und den Inseln im Pazifik gibt es 37 Arten von Brennnesselgewächsen der Familie *Dendrocnide*. Besonders gefährlich ist die Australische Brennnessel *(Dendrocnide moroides)*. Juckreiz oder Schmerzen können monatelang anhalten.

Treibsand

Den Boden unter den Füßen verlieren Treibsand ist eine Masse von feinem Sand oder Lehm, die mit Wasser übersättigt ist. Herauszukommen ist nicht ganz einfach. Auf keinen Fall aber saugt einen der Treibsand nach unten, wie es in Filmen gezeigt wird.

1 Wenn du merkst, dass du einsinkst, dann handle schnell!

2 Nimm deinen Rucksack und alles Schwere ab und wirf es beiseite.

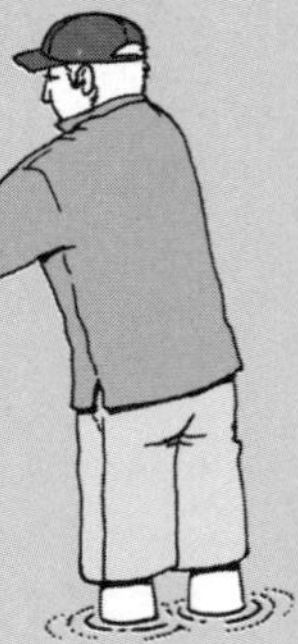

3 Lass dich auf den Rücken fallen, damit dein Gewicht verteilt ist. Zieh sodann die Beine heraus.

4 Durch Schwimmbewegungen oder Schlängeln kehrst du auf festen Boden zurück. Wenige Meter zurückzulegen kann Stunden dauern, aber du darfst dich jederzeit ausruhen.

Wasser suchen

Das Allerwichtigste Wenn du dich verirrt oder deinen Wasservorrat aufgebraucht hast, solltest du als Erstes Wasser suchen. In manchen Gegenden ist es nicht so leicht zu finden.

WASSERINDIKATOREN

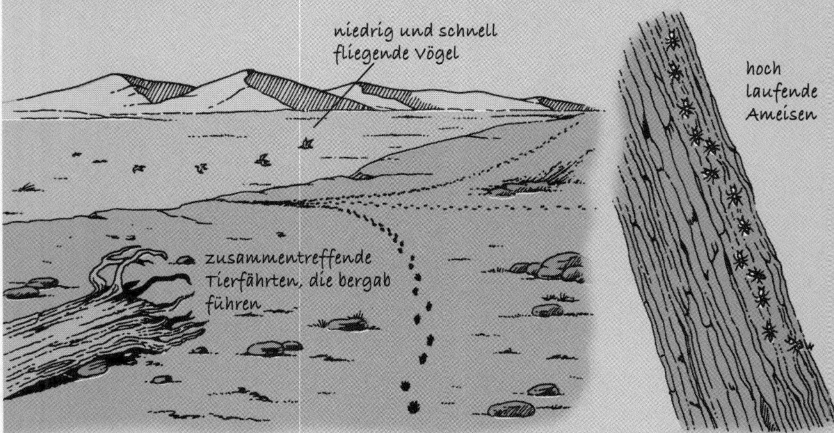

Folge den Tieren Alle Lebewesen brauchen zum Überleben Wasser. Die Tiere in deiner Umgebung liefern dir wertvolle Hinweise. Auch Pflanzen helfen dir bei der Suche: Grüne Pflanzen in dürrer Landschaft zeigen Wasservorkommen unter der Oberfläche an.

Ameisenstraßen, die einen Baumstamm hinaufführen, können ein Hinweis auf angesammeltes Wasser sein.

ENTFERNUNG ZUM WASSER

Bienen Gewöhnlich höchstens 4 km

Fliegen Gewöhnlich höchstens 2 km

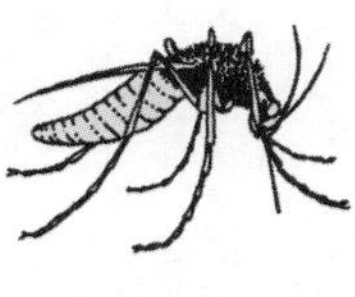

Mücken Gewöhnlich höchstens 500 m

Frösche Gewöhnlich in unmittelbarer Nähe

TROCKENES FLUSSBETT

Im Wasserlauf In einer dürren Landschaft ist ein ausgetrocknetes Flussbett oft der beste Ort, um nach Wasser zu suchen. Am wahrscheinlichsten findest du es, wenn du an tief gelegenen Stellen, der Außenseite von Biegungen oder überall dort, wo Pflanzen wachsen gräbst. Es kann bis in 1 m Tiefe verborgen sein.

AM FUSSE EINER KLIPPE

Gehe dorthin, wohin das Wasser geht Wasser sammelt sich am Fuße von Klippen und Hügeln an. Wenn die Stellen schattig sind, hält sich das Wasser dort länger. Falls du keines findest: Grabe dort, wo sich Wasser nach dem Regen ansammelt.

STRAND

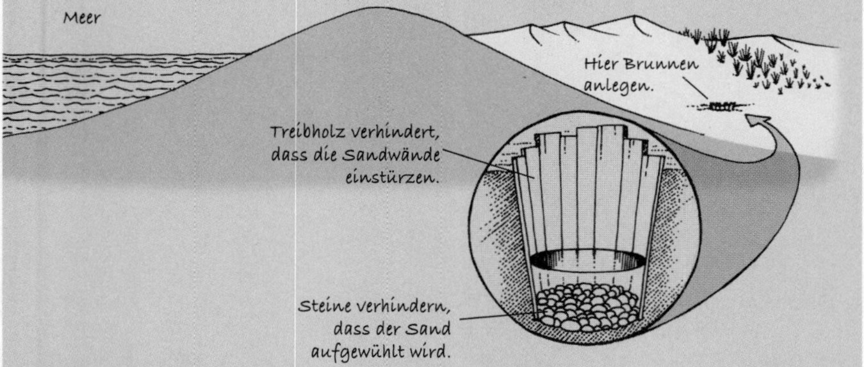

Strandbrunnen Das ist ein Loch, das man hinter der vom Meer aus gesehen ersten Düne einen Meter tief gräbt. Auf das Meer zusickerndes Süßwasser sammelt sich darin und schwebt als Schicht über dem schwereren Salzwasser.

UNREINES WASSER

Filterbrunnen Vielleicht findest du ein Gewässer, dessen Wasser trüb ist, schlecht schmeckt oder riecht oder schwer zugänglich ist. Grabe einen drei Meter vom Gewässer entfernten Brunnen. Das einsickernde Wasser aus dem Gewässer wird gefiltert und kann getrunken werden.

WASSER AUS PFLANZEN

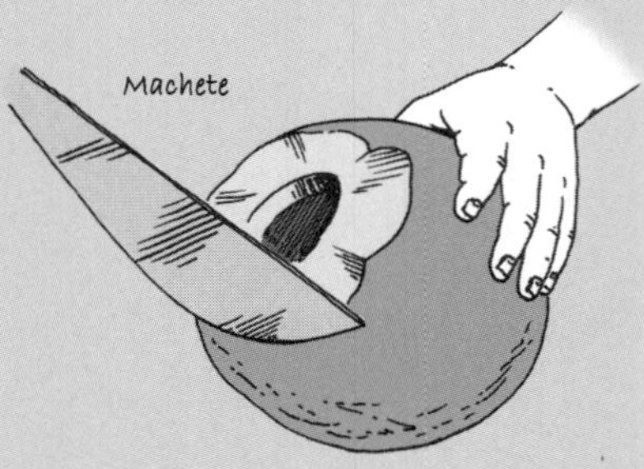

Grüne Kokosnuss Schneide eine grüne Kokosnuss mit einem scharfen Messer auf, um an die Milch zu kommen. Trinke wenig auf einmal, da die Milch abführend wirkt.

Reife Kokosnuss Spalte die grüne Hülle der Nuss, indem du sie auf die Spitze eines in den Boden gerammten Pfahls schlägst. Entferne die Hülle und durchbohre das weiche Keimloch, um die Milch zu trinken.

Bananenstaude Schneide den Stamm einer Bananenstaude in ungefähr 10 cm über dem Boden durch und höhle den Stumpf zu einer „Schüssel" aus. In dieser „Schüssel" wird sich Wasser aus den Wurzeln sammeln. Das erste Wasser schmeckt bitter. Leere die „Schüssel" dreimal aus. Die vierte Füllung ist trinkbar.

Grüner Bambus Selbst mitten in der tropischen Trockenzeit kann dir grüner Bambus Wasser spenden. Biege einen jungen Stängel herunter, binde das Ende fest und schneide die Spitze ab. Aus der Schnittstelle tropft Wasser, das du auffangen kannst.

Wasser aus einer Liane
Schneide ein Stück Liane weit oben und unten ab. Aus der unteren Schnittstelle wird Wasser sickern. Trinke nicht von Lianen, bei denen milchiger oder weißer Saft austritt, wenn man sie anschneidet. Trinke nicht, wenn das Wasser sauer oder bitter schmeckt.

Dicker Bambus Wenn die Bambustriebe dicker sind, schneide unten in jeden Abschnitt eine Kerbe und fange das enthaltene Wasser auf.

TRANSPIRATION

Transpirationsbeutel Dies ist eine der einfachsten und wirksamsten Methoden, um in trockener Umgebung an Wasser zu kommen. Um den stark belaubten Ast eines Baums oder Strauchs wird ein Plastikbeutel gebunden. Nachdem die Sonne einige Stunden darauf geschienen hat, erhältst du ungefähr eine Tasse voll Trinkwasser.

SOLARDESTILLE

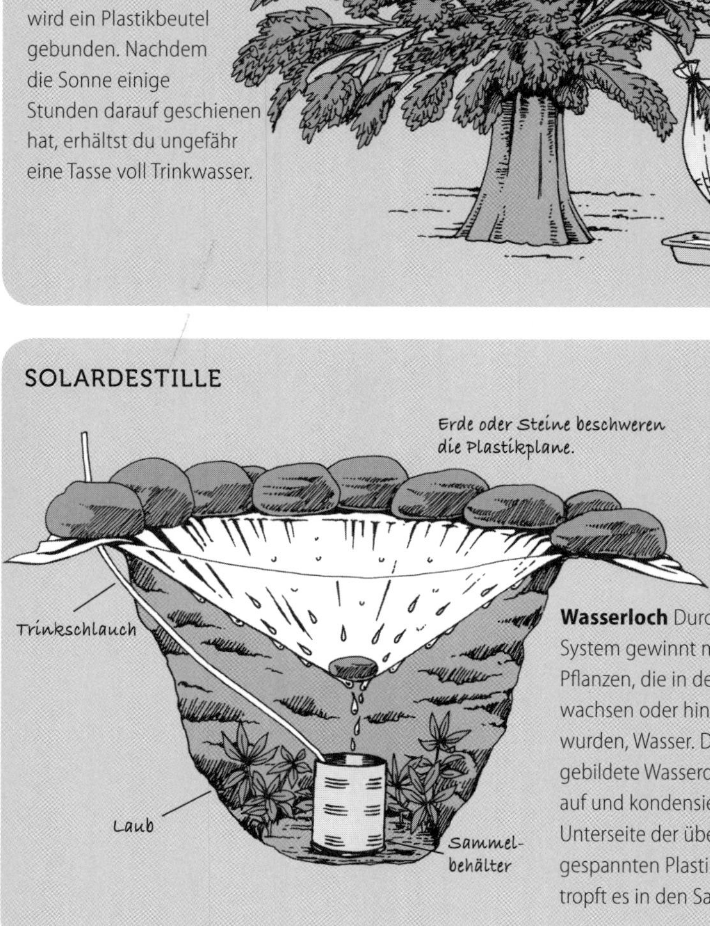

Wasserloch Durch dieses System gewinnt man aus Pflanzen, die in dem Loch wachsen oder hineingelegt wurden, Wasser. Der durch sie gebildete Wasserdampf steigt auf und kondensiert an der Unterseite der über das Loch gespannten Plastikplane. Dann tropft es in den Sammelbehälter.

WASSER AUS ZWEIGEN

Geschnitten und getrocknet
Sammle grüne Zweige und Blätter und lege sie so in einen Plastikbeutel, dass sie die Seiten nicht berühren. Stütze die Mitte des Beutels so ab, dass er ein Zelt bildet, und lege ihn auf eine geneigte Stelle, damit sich das Kondenswasser an einem Punkt sammelt.

TRANSPIRATION AUF DEM BODEN

Auf dem Boden Diese Methode funktioniert nach demselben Prinzip wie der Transpirationsbeutel von S. 242, doch man nimmt dafür am Boden wachsende Pflanzen. Wenn du anstatt eines Plastikbeutels ein Außenzelt verwendest und die Pflanzenmenge vergrößerst, sammelt sich mehr Wasser an.

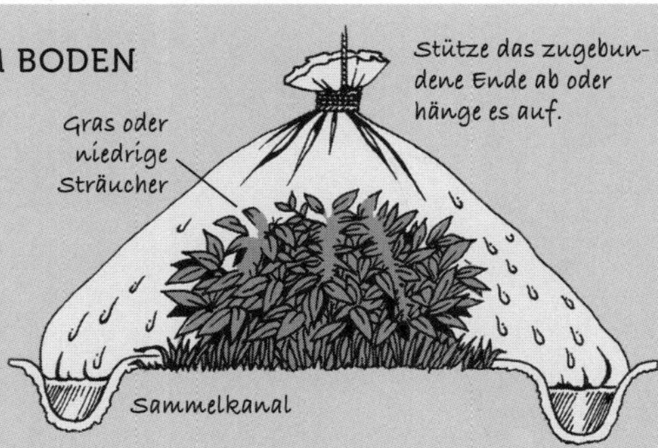

KAKTEEN

Stachelige Retter In der Wüste können Kakteen zu Lebensrettern werden. Die Früchte der Opuntien („Kaktusfeigen") und einiger anderer Arten sind essbar. Viele Kakteen enthalten in den fleischigen Teilen viel Wasser, das mittels einer Solardestille oder eines Transpirationsbeutels gewonnen werden kann. Beachte aber, dass manche Kakteenarten geschützt sind und nur im Notfall beschädigt werden dürfen.

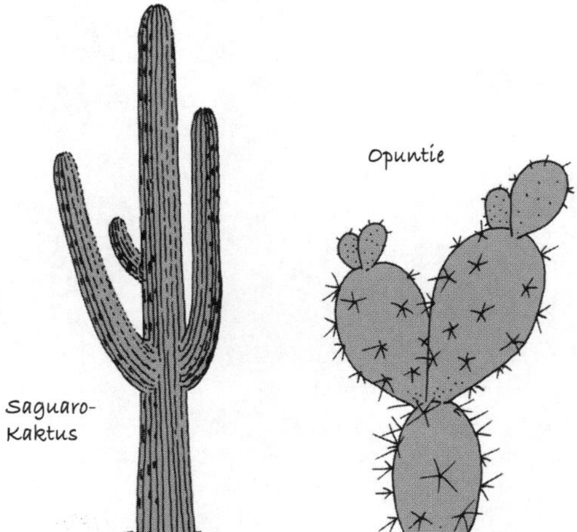

TRINKWASSERGEWINNUNG

Sauberes Wasser Auch Wasser, das sauber und ungefährlich aussieht, kann Keime enthalten. Zum Glück ist es selbst draußen in der Wildnis ziemlich einfach, Trinkwasser aufzubereiten – wenn man weiß, wie es geht und alles Notwendige dabeihat.

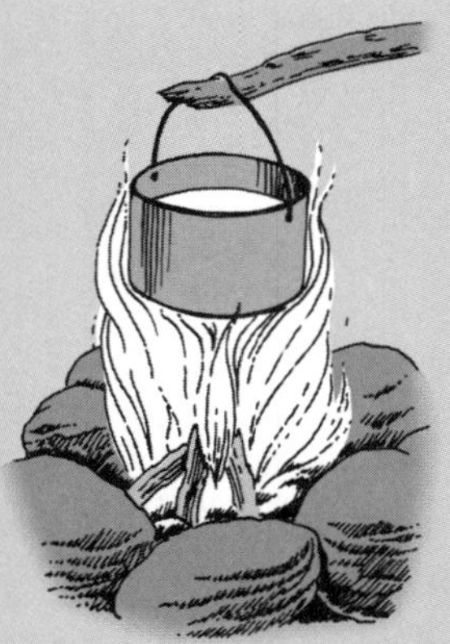

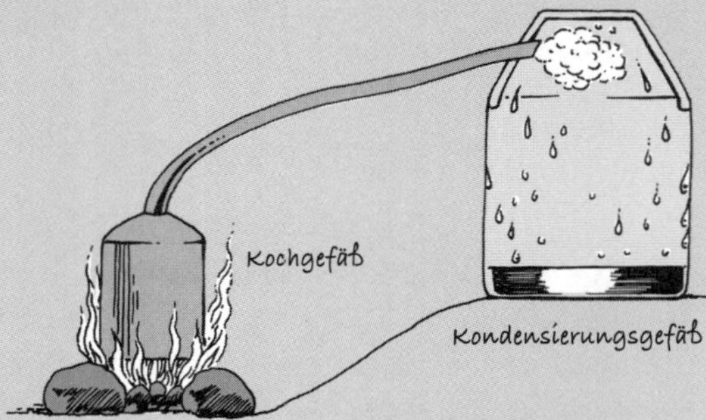

Destillieren Dies ist etwas komplizierter als kochen, macht aber auch verunreinigtes Wasser trinkbar. Mit diesem System lässt sich auch aus Meerwasser oder Urin Trinkwasser gewinnen.

Kochen Dies tötet die meisten Krankheitserreger ab. Lasse das Wasser mindestens eine Minute lang sprudelnd kochen und dann abkühlen.

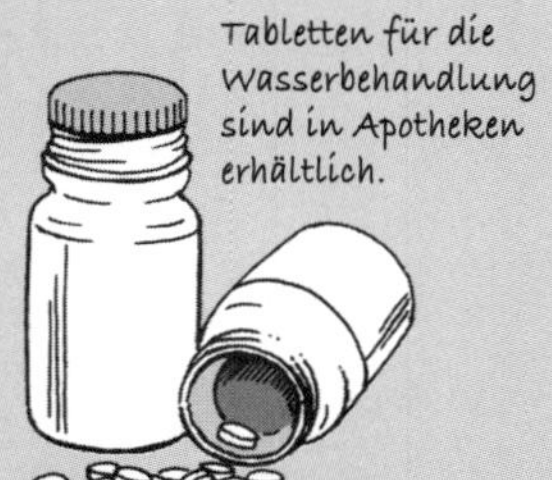

Chemisch Jod, Kaliumpermanganat und Chlor können Wasser reinigen. Das dauert einige Zeit, und das Wasser kann etwas komisch schmecken.

Solar Gieße verdächtiges Wasser in durchsichtige PET-Flaschen und setze diese sechs Stunden lang direktem Sonnenlicht aus (bei bedecktem Himmel zwei Tage lang).

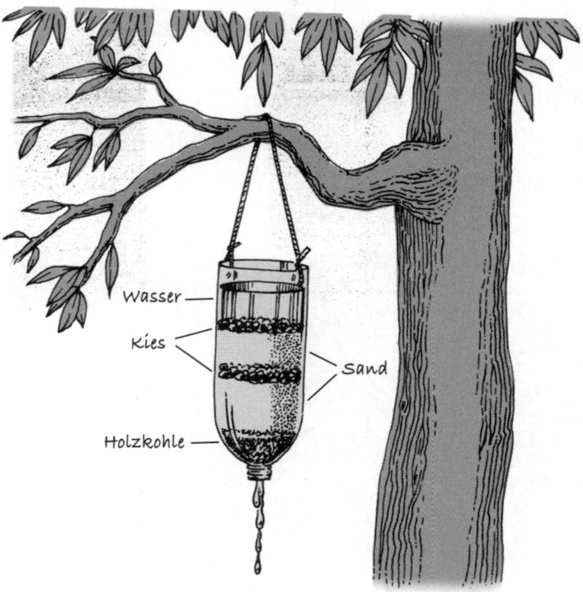

Filter Durch Filtern kann man aus Wasser Partikel und viele Krankheitserreger entfernen. Dennoch empfiehlt es sich, das Wasser nach dem Filtern zu kochen.

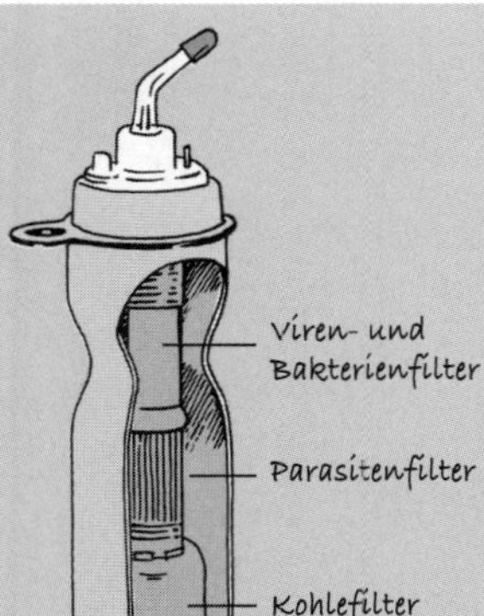

Flaschenfilter Diese Filterflasche hat eine Patrone, die nach 160 Füllungen oder der Filterung von 100 l Wasser ausgetauscht werden muss. Durch Zusammendrücken strömt das Wasser hindurch.

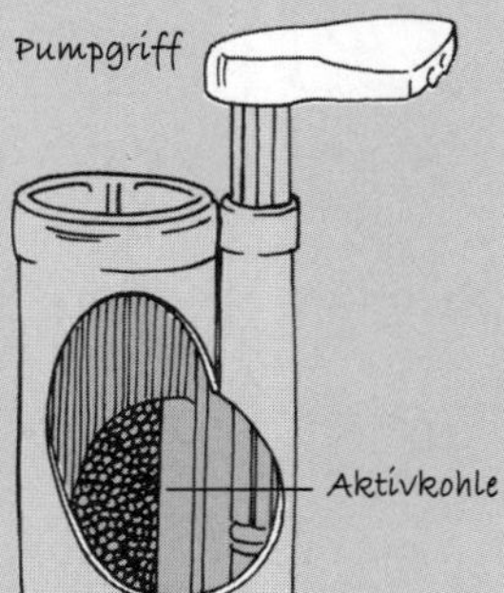

Pumpfilter Es sind viele Pumpfiltersysteme für Wanderer auf dem Markt. Durch Betätigen der Pumpe strömt Wasser durch den Filter und wird gereinigt.

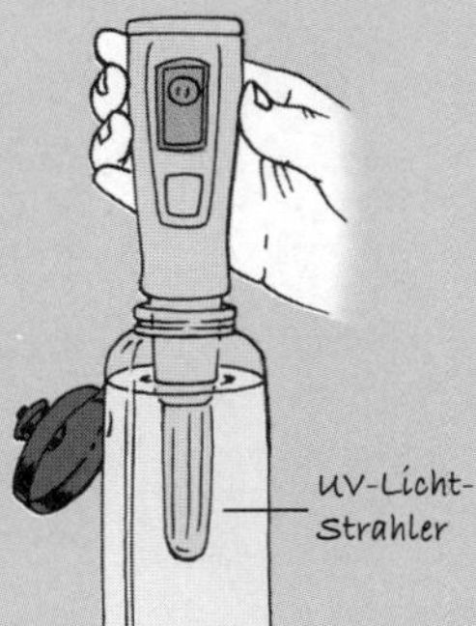

Ultraviolettes Licht Dieses Batteriegerät sterilisiert durch ultraviolettes Licht 1 l Wasser in 90 Sekunden. Damit das Wasser wirklich keimfrei werden kann, muss es klar sein.

Unterstände und Biwaks

Sicher und trocken Ob bei Hitze oder Kälte, trockenem oder nassem Wetter – eine sichere Unterkunft ist in der Wildnis äußerst wichtig. Wie man sein Lager aufschlägt, hängt von Landschaft und Witterung ab. Nutze die natürlichen Gegebenheiten!

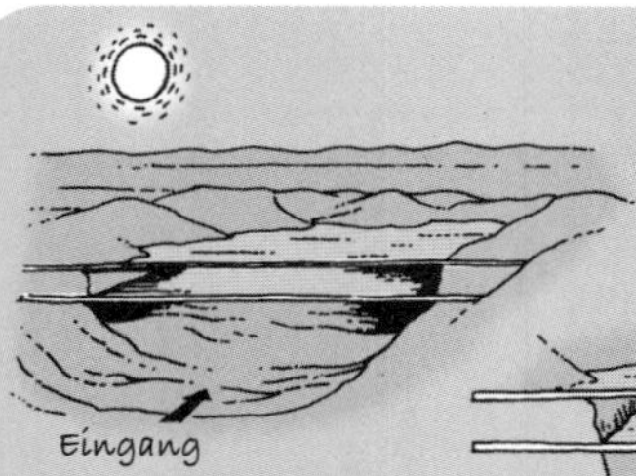

Wüstenbiwak Suche oder grabe ein Loch und spanne darüber zwei Planen so übereinander, dass zwischen ihnen ein isolierender Zwischenraum entsteht. Beschwere die Planen mit Sand.

Biobiwak Ein Bett aus Blättern, ein mit Zweigen abgedeckter Unterstand und ein Feuer sorgen für Wärme und Sicherheit.

Astbett Lege Äste immergrüner Bäume in überlappenden Reihen übereinander. Wenn du es richtig gemacht hast, erhältst du ein weiches, isolierendes Bett und bist vor Bodenfeuchtigkeit geschützt.

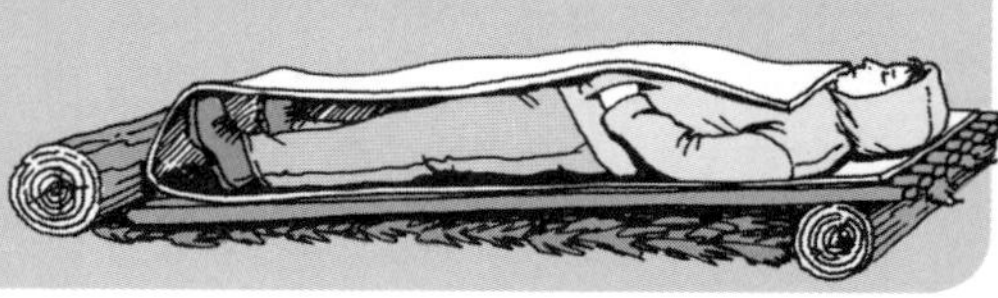

Windbruchunterstand Ein angebrochener Baum kann als Unterstand dienen. Mache dir dein Notquartier wohnlicher, indem du störende Äste entfernst und eine Plane über den Stamm legst.

Bäumchenzelt In einer Schonung mit jungen Bäumen kannst du mehrere Bäumchen paarweise zu einem Tunnelzeltgerüst zusammenbinden. Bedecke deine Konstruktion mit einer Plane.

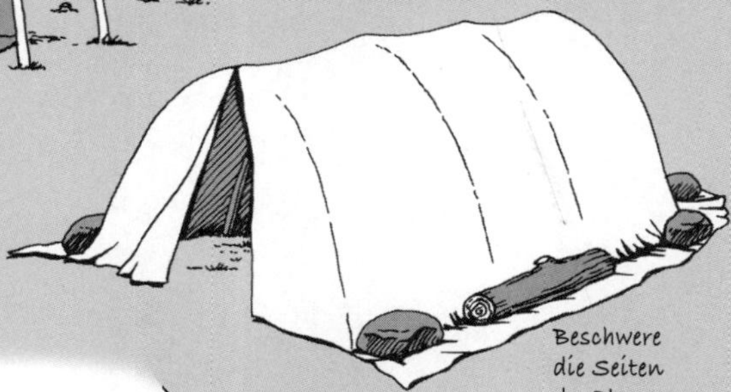

Baumbiwak im Schnee In einem stark verschneiten Wald findest du unter den Ästen großer Nadelbäume schneefreie Stellen. Lege bei Bedarf eine größere Fläche frei und isoliere den Boden mit Ästen.

Register

Meine Notizen